DEEP LEARNING

AI 인공지능 드론
만들고 날리고
딥러닝 구현하기

데이터수집 ➡ 파이썬과 파이토치 ➡ 인공신경망 학습 ➡ 아두이노 AI 드론에 적용

앤써북
ANSWERBOOK

AI 인공지능 드론 만들고 날리고
딥러닝 구현하기

초판 1쇄 발행 | 2023년 05월 30일

지은이 | 서민우 저
펴낸이 | 김병성
펴낸곳 | 앤써북

출판사 등록번호 | 제 382-2012-0007 호
주소 | 파주시 탄현면 방촌로 548
전화 | 070-8877-4177
FAX | 031-942-9852
도서문의 | 앤써북 http://answerbook.co.kr
ISBN | 979-11-93059-02-9 13000

Preface

머리말

이 책은 드론을 이용하여 인공지능 딥러닝을 공부하고 적용하는 방법을 소개하는데 초점을 맞추고 있습니다. 이 책을 통해 독자 여러분은 C/C++ 환경의 Edge 단에서 센서 기반의 데이터를 수집하고, 수집한 데이터를 Python과 PyTorch 환경으로 옮겨와 인공 신경망을 학습시키고, 학습이 끝난 인공 신경망을 다시 드론과 같은 Edge 디바이스에 내려 적용할 수 있는 방법을 배우게 됩니다.

이 책은 다음과 같이 구성되었습니다.

1장에서는 먼저 딥러닝 기반 인공지능 드론에 대해서 살펴봅니다. 강화 학습 기반 광원 탐색 드론과 강화 학습 기반 자율 레이싱 드론을 살펴보고 관련 인공 신경망도 살펴봅니다. 다음은 아두이노 AI 드론 조립방법을 소개합니다. 마지막으로 드론 개발 환경을 구성합니다.

2장에서는 아두이노 AI 드론을 구성하는 하드웨어 부품을 살펴보고 제어해 봅니다. 먼저 시리얼을 통한 문자열 출력, LED 제어, DC 모터 제어 원리를 살펴보고 구현해봅니다. 다음은 GY-91 센서를 살펴보고 가속도 자이로 센서값을 읽어봅니다. RGB LCD 사용법도 살펴봅니다. 마지막으로 PID 함수를 이용하여 드론 자율 비행을 수행해 봅니다.

3장에서는 딥러닝 7공식을 이용하여 딥러닝 기본 알고리즘을 이해하고 아두이노, python, PyTorch 환경에서 구현해 봅니다. 이 과정에서 순전파, 오차 계산, 역전파, 학습률, 인공 신경망 학습에 대해 살펴보고 구현해 봅니다. 딥러닝에서 주로 사용하는 활성화 함수인 sigmoid, ReLU, softmax 함수도 살펴보고 구현해 봅니다. softmax와 관련된 cross entropy 오차 함수도 그 원리를 이해하고 구현해 봅니다.

4장에서는 딥러닝 드론 프로젝트를 수행해 봅니다. 먼저 PyTorch를 활용하여 7 segment 에 대한 인공 신경망을 학습시켜 봅니다. 그리고 PID 함수를 DNN을 이용하여 학습시켜 DPidNN 신경망 함수를 만든 후, DPidNN 신경망 함수를 이용하여 드론을 자율 비행시켜 봅니다.

부록에서는 NumPy의 기반이 되는 C++ Eigen 행렬을 이용한 DNN 구현 과정을 소개합니다.

이 책을 통해 독자 여러분의 딥러닝에 대한 이해와 활용 분야가 넓어지기를 바랍니다.

저자 서 민 우

Reader Support Center
독자 지원 센터

독자 지원 센터는 책 소스 파일, 독자 문의 등 책을 보는데 필요한 사항을 지원합니다. 앤써북 공식 카페에서 [카페 가입하기] 버튼을 눌러 간단한 절차를 거쳐 회원가입 후 독자 지원 센터를 이용할 수 있습니다.

책 소스 및 정오표 파일

이 책과 관련된 실습 소스 및 정오표 파일은 앤써북 카페에 접속한 후 [도서별 독자 지원 센터]–[AI인공지능 드론 만들고 날리고 딥러닝 구현하기] 게시판을 클릭합니다. "〈AI인공지능 드론 만들고 날리고 딥러닝 구현하기〉 책 소스 및 정오표입니다." 게시글을 클릭한 후 안내에 따라 다운로드 받으시면 됩니다.

▶ 앤써북 네이버 카페 : https://cafe.naver.com/answerbook

▶ 책 전용 게시판 바로가기 주소 : https://cafe.naver.com/answerbook/menu/212

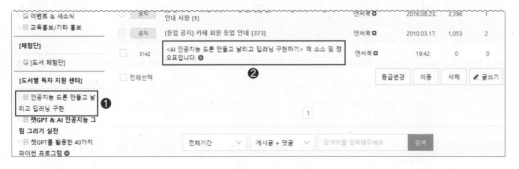

독자 문의

이 책과 관련된 궁금한 내용은 앤써북 공식카페에서 질문과 답변 받을 수 있습니다.

질문하기 위해서 [도서별 독자 지원 센터]–[도서별 독자 지원 센터]–[인공지능 드론 만들고 날리고 딥러닝 구현] 게시판을 클릭합니다. 우측 아래의 [글쓰기] 버튼을 클릭한 후 제목에 다음과 같이 "[문의] 페이지수, 질문제목"을 입력하고 궁금한 사항은 아래에 작성 후 [등록] 버튼을 클릭하여 등록합니다. 등록된 질의 글은 저자님께서 최대한 빠른 시간에 답변드릴 수 있도록 안내드립니다. 단, 책 실습과 직접적인 연관성이 없는 질문, 답변이 난해한 질문, 중복된 질문, 과도한 질문 등은 답변 드리지 못할 수 있음을 양해 부탁드립니다.

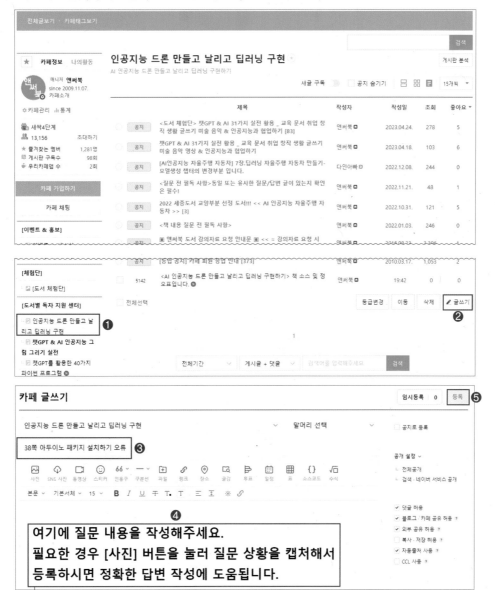

Hands-on supplies
이 책의 실습 준비물

이 책에서 사용하는 전체 부품은 《〈AI 인공지능 드론 키트〉》에 모두 포함되어 있습니다. 단, ESP32 아두이노 보드는 옵션이며, 선택 구매할 수 있습니다.

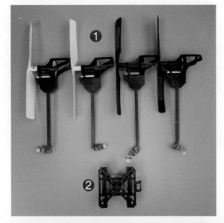

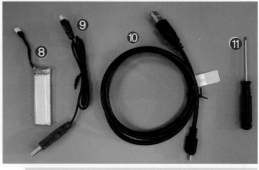

번호	이름	수량
❶	드론 날개 지지대	4개
❷	드론 플라스틱 몸체	1개
❸	드론 쉴드	1개
❹	ESP32 아두이노 보드	1개
❺	GY-91 10축 센서	1개
❻	0.96인치 80x160 RGB LCD	1개
❼	1.4x4 볼트	4개+@1~2개
❽	3.7V/500mA 배터리	1개
❾	배터리 충전기	1개
❿	USB A micro B 케이블	1개
⓫	드라이버	1개

■ 드론 완성품

키트 부품 구성 및 구매에 관한 사항은 다음 사이트를 참조해주세요.
▶ 키트명 : AI 인공지능 드론 키트
▶ 구매처 : 코코랩스 http://www.kocolabs.co.kr

Contents

목차

Contents

목차

Contents

목차

Contents
목차

Contents
목차

Contents
목차

Contents
목차

CHAPTER 04 딥러닝 드론 프로젝트

Contents
목차

Contents

인공지능 드론
이해하기

이번 장에서는 인공지능과 드론의 관계를 살펴보고, 드론을 조립하고, 드론 개발 환경을 구성합니다.

01 인공지능 드론의 이해

인공지능 드론은 인공지능 기술을 이용하여 비행경로를 자동으로 계획하고, 주변 환경을 탐지하고 분석하여 자율적으로 비행할 수 있는 드론입니다.

인공지능 드론은 다양한 센서와 카메라, 컴퓨팅 시스템 등을 이용하여 주변 환경을 인식합니다. 이러한 센서들은 GPS, 자이로스코프, 가속도계, 자기장 센서 등이 있습니다. 인식된 환경 정보는 인공지능 알고리즘을 통해 분석되어 드론의 비행경로를 자동으로 계획하게 됩니다.

드론의 비행 경로는 딥러닝, 강화학습 등의 인공지능 기술을 사용하여 최적화됩니다. 이를 위해 인공신경망을 이용하여 드론이 주변 환경을 인식하고, 그 정보를 바탕으로 비행 경로를 최적화하는 알고리즘이 구현됩니다.

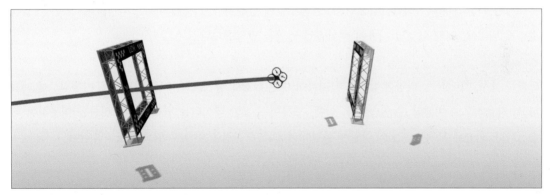

▶ 강화 학습 기반 자율 레이싱 드론 _ 출처 : https://www.youtube.com/watch?v=Hebpmadjqn8

인공지능 드론은 다양한 산업분야에서 사용될 수 있습니다. 예를 들어, 재난 구조 작업에서 인공지능 드론은 인명 구조를 위해 적극적으로 사용되고 있습니다. 또한, 농업 분야에서는 인공지능 드론을 이용하여 작물의 상태를 모니터링하고, 농작물 수확 작업을 자동화하는데 사용될 수 있습니다. 또한, 건설 현장에서는 인공지능 드론을 이용하여 건축물의 상태를 점검하고, 안전 점검 작업을 수행하는데 사용될 수 있습니다.

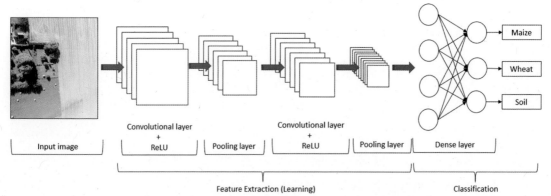

▶ 딥러닝(CNN) 농작물 분류 _ 출처 : https://link.springer.com/article/10.1007/s00521-022-07104-9

인공지능 드론은 인공지능 기술의 발전으로 더욱 정확하고 신뢰성 높은 성능을 갖추게 되었습니다. 이를 통해 드론은 다양한 새로운 분야에서 응용 가능성이 높아지고, 더욱 높은 수준의 자율성과 효율성을 갖출 수 있게 되었습니다.

01_1 딥러닝과 드론

딥러닝은 인공지능 분야에서 대표적인 기술 중 하나로, 인공신경망을 이용하여 데이터를 학습하고 분류하는 기술입니다. 드론은 인공지능 기술과 함께 발전하면서 자율적으로 비행할 수 있는 기술을 갖추게 되었고, 이때 딥러닝 기술이 핵심적인 역할을 담당합니다.

드론은 센서, 카메라 등 다양한 장비를 탑재하여 주변 환경을 탐지하고, 이를 바탕으로 비행경로를 계획하고, 자율적으로 비행할 수 있습니다. 이때, 드론이 수집한 데이터는 딥러닝 알고리즘을 이용하여 학습됩니다. 학습된 모델은 드론이 다양한 환경에서 스스로 결정을 내릴 수 있도록 도와줍니다.

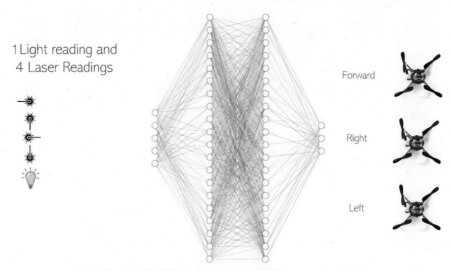

▶ 광원 탐색 드론 심층 인경 신경망 _ 출처 : https://youtu.be/wmVKbX7MOnU

예를 들어, 드론이 주변 환경을 인식하고, 사람이나 차량을 감지할 때, 이러한 객체를 인식하는 딥러닝 모델이 필요합니다. 딥러닝 모델을 통해 드론은 객체를 식별하고, 이를 바탕으로 비행경로를 최적화할 수 있습니다. 이러한 딥러닝 모델은 더욱 정확한 객체 인식과 효율적인 비행을 가능하게 합니다.

딥러닝은 또한 드론의 자율주행 시스템에서도 중요한 역할을 합니다. 자율주행 시스템은 드론이 스스로 비행경로를 결정하고, 안전하게 비행할 수 있도록 합니다. 딥러닝 기술을 이용하면 드론이 주변 환경을 분석하고, 이를 바탕으로 자율주행 시스템을 개발할 수 있습니다.

딥러닝 기술은 드론 분야에서 매우 중요한 역할을 하고 있으며, 더욱 정확하고 신뢰성 높은 드론을 개발할 수 있도록 도와줍니다.

01 _ 2 딥러닝 드론 살펴보기

강화 학습 기반 광원 탐색 드론

다음은 [강화 학습 기반 광원 탐색 드론]입니다.

▶ 출처 : https://www.youtube.com/watch?v=wmVKbX7MOnU

이 드론은 광원을 더 잘 찾을 수 있도록 강화학습을 수행하는 드론입니다. 많은 곤충들은 생존이나 이동을 위해 빛에 의존합니다. 드론과 같은 비행 로봇에 광원 탐색 기능이 더해진다면 다양한 응용이 가능합니다. 예를 들어, 어두운 방에서 출구를 찾는 것이 가능합니다. 드론에는 전후좌우 4 방향에 레이저 센서가 장착되어 주면 장애물을 감지합니다. 그리고 빛 센서가 1개 장착되어 있어 주변 밝기를 측정할 수 있습니다.

다음은 이 드론에서 사용하는 심층 인공 신경망(DNN)입니다.

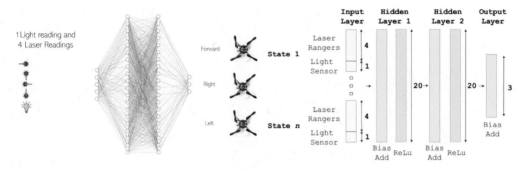

▶ 출처 : https://youtu.be/wmVKbX7MOnU

신경망으로의 입력값은 5개로 4개의 레이저 센서값과 1개의 빛 센서값입니다. 신경망의 은닉층은 2개 층으로 구성되며, 각각 20개의 노드를 가집니다. 활성화 함수로는 ReLU 함수를 사용합니다. 출력층은 3개의 노드로 구성되며 드론의 방향값이 됩니다.

강화 학습 기반 자율 레이싱 드론

다음은 [강화 학습 기반 자율 레이싱 드론]입니다.

▶ 강화 학습 기반 자율 레이싱 드론 _ 출처 : https://www.youtube.com/watch?v=Hebpmadjqn8

드론 레이싱에서의 목표는 연속된 게이트들을 가능한 한 빨리 통과하는 것입니다. 이 그림에서 나타난 드론의 궤적은 강화 학습으로 훈련된 인공 신경망을 사용하여 계산됩니다.

다음은 이 드론에서 사용하는 심층 인공 신경망(DNN)입니다.

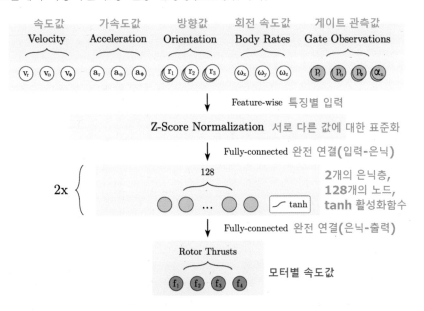

신경망으로의 입력은 서로 다른 5 가지 특징의 값들입니다. 서로 다른 5가지 특징의 값들은 표준화를 거쳐 신경망으로 입력됩니다. 신경망의 은닉층은 2개 층으로 구성되며, 각각 128개의 노드를 가집니다. 활성화 함수로는 tanh 함수를 사용합니다. 출력층은 4개의 노드로 구성되며 모터별 속도값이 됩니다.

02 아두이노 AI 드론 조립하기

여기서는 아두이노 AI 드론 부품을 살펴보고 조립합니다.

02 _ 1 부품 살펴보기

이 책에서 사용될 아두이노 AI 드론 부품 구성은 다음과 같습니다.

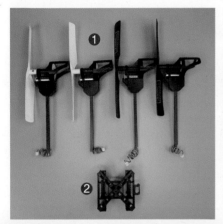

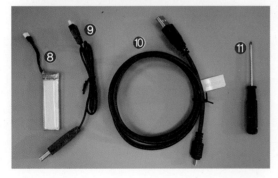

번호	이름	수량
❶	드론 날개 기기대	4개
❷	드론 플라스틱 몸체	1개
❸	드론 쉴드	1개
❹	ESP32 아두이노	1개
❺	GY-91 10축 센서	1개
❻	0.96인치 80x160 RGB LCD	1개
❼	1.4x4 볼트	4개+@1~2개
❽	3.7V/500mA 배터리	1개
❾	배터리 충전기	1개
❿	USB A micro B 케이블	1개
⓫	드라이버	1개

02 _ 2 AI 드론 조립하기

다음은 아두이노 AI 드론을 조립해 봅니다.

01 다음과 같이 드론 쉴드, 드론 플라스틱 몸체, 1.4x4mm 볼트를 준비합니다.

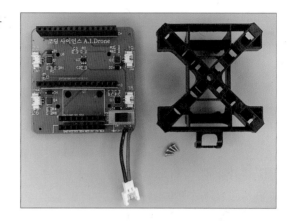

02 드론 쉴드를 드론 플라스틱 몸체에 맞춘 후, 드라이버를 이용하여 다음과 같이 4군데 볼트를 체결합니다. 드론 쉴드가 드론 플라스틱 몸체에서 흔들리지 않도록 볼트를 적당히 단단히 조여 줍니다.

03 다음과 같이 노란 원 부분에 A2라고 쓰인 흰색 드론 날개 지지대를 준비합니다.

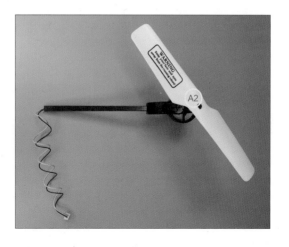

04 다음과 같이 전선을 드론 날개 지지대 아래 부분으로 당겨 잡습니다.

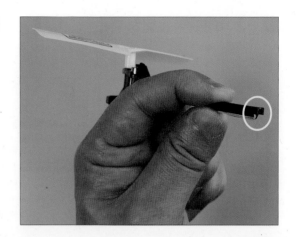

05 다음과 같이 흰색 A2 날개 지지대를 드론 플라스틱 몸체에 끼워 넣습니다. 노란원 표시 부분까지 밀어 넣습니다.

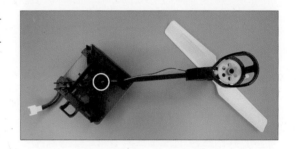

06 나머지 날개도 다음과 같이 조립합니다.

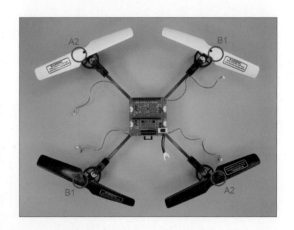

다음은 아래에서 본 모습입니다.

07 다음과 같이 전선을 지지대에 4~5회 감아준 후, 커넥터를 드론 쉴드에 연결해 줍니다.

08 다음과 같이 드론 쉴드에 ESP32 아 두이노를 장착합니다.

09 다음과 같이 드론 쉴드에 GY-91 10 축 센서를 장착합니다.

10 다음과 같이 배터리를 드론 플라스틱 몸체에 끼워 넣은 후, 배터리 커넥터를 연결합니다.

11 다음과 같이 모터 전원 스위치를 OFF 상태로 둡니다.

12 배터리 충전 시에는 다음과 같이 배터리 충전기에 배터리 커넥터를 연결한 후, 충전기를 USB 단자에 연결합니다. 완충 시간은 약 70분입니다. 배터리 사용시간은 드론을 연속적으로 날릴 경우 5분 전후입니다.

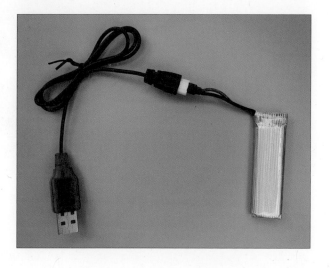

다음은 조립이 완료된 모양입니다.

이상 아두이노 AI 드론 조립을 마칩니다.

※ 0.96인치 80x160 RGB LCD는 뒤에서 장착하고 실습합니다. 드론을 날릴 때는 사용하지 않습니다.

03 아두이노 AI 드론 살펴보기

여기서는 아두이노 AI 드론 실습을 위한 하드웨어 환경을 살펴봅니다.

03_1 ESP32 아두이노 살펴보기

우리가 사용할 비행 제어기(Flight Controller)는 [DOIT ESP32 DEVKIT V1]으로 다음과 같습니다. [DOIT ESP32 DEVKIT V1]은 ESP32 칩을 내장한 ESP-WROOM-32 모듈 기반으로 구성된 개발용 보드입니다. [DOIT ESP32 DEVKIT V1]은 4MB 또는 16MB 크기의 플래시 메모리와 160 또는 240MHz의 클록, 50KB 정도의 사용 가능한 RAM(실제 크기는 520KB), Wifi 모듈과 Bluetooth 모듈을 내장하고 있습니다. [DOIT ESP32 DEVKIT V1]은 아두이노 소프트웨어 기반의 개발이 가능합니다.

다음은 [DOIT ESP32 DEVKIT V1]의 사양입니다.

CPU : Xtensa 듀얼 코어 32 비트 LX6, 240MHz, 600DMIPS
SRAM: 520 KB
Flash Memory: 4 MB
Wi-Fi: IEEE 802.11 b/g/n
Bluetooth : v4.2 BR/EDR, BLE
LED PWM : 16 채널
ADC : 12-bit, 18 채널
DAC : 8-bit x 2개
터치 센서 : 10개
UART : 3개
I2C : 2개
SPI : 4개
I2S : 2개
동작 전압: 3.3V
입력 전압: 7-12V

[DOIT ESP32 DEVKIT V1] 모듈은 와이파이, 블루투스 인터페이스와 시리얼 인터페이스를 가지고 있습니다. 다음 그림은 [DOIT ESP32 DEVKIT V1]의 주요 부분을 나타내고 있습니다.

❶ 부분은 와이파이, 블루투스 기능을 포함한 ESP-WROOM-32 모듈을 붙인 부분입니다.

❷ 부분은 시리얼 영역으로 SILICON LABS 사에서 만든 CP2102 칩입니다. CP2102 칩은 USB-to-UART 브리지 모듈로 ❸ 부분의 USB 단자와 ❶ 부분에 포함된 UART를 연결해주는 역할을 합니다.

ESP-WROOM-32 모듈 살펴보기

ESP-WROOM-32 모듈의 금속 막을 벗기면 내부 모양은 다음과 같습니다. ❶ 부분은 ESP32 칩이고, ❷ 부분은 SPI 통신 방식을 사용하는 플래시 메모리입니다.

❶ ESP32 칩 내부에는 MCU, RAM, Wifi, Bluetooth, IO 등이 내장되어 있습니다. 그러나 프로그래밍 가능한 ROM은 없습니다. 그래서 사용자 프로그램을 저장하기 위해 ESP32 칩 외부에 SPI 플래시 메모리를 장착해야 합니다. ❷ 부분은 4MB 크기의 SPI 플래시 메모리입니다.

다음은 ESP32 칩의 내부 구조를 나타냅니다.

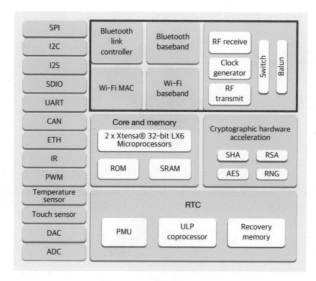

빨간색 사각 박스 부분은 Wifi, Bluetooth 영역이고 나머지 부분은 MCU 영역입니다. MCU 영역은 Xtensa 32 비트 LX6 마이크로 프로세서 2개로 구성됩니다.

03 _ 2 아두이노 AI 드론 쉴드 살펴보기

다음은 아두이노 AI 드론 쉴드입니다. 아두이노는 이 쉴드를 통해서 아두이노 AI 드론의 DC 모터 제어, 그래픽 LCD 제어, 가속도 자이로 센서 입력, 지자계 센서 입력, 압력 센서 입력을 받게 됩니다. 아두이노 AI 드론 쉴드에는 각 부품이 연결된 아두이노 핀을 표시하고 있습니다. 예를 들어, 23 번 핀을 이용하여 좌측 전방 모터를 제어할 수 있습니다.

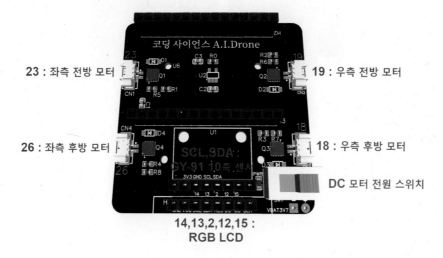

23 : 좌측 전방 모터

19 : 우측 전방 모터

26 : 좌측 후방 모터

18 : 우측 후방 모터

DC 모터 전원 스위치

14,13,2,12,15 :
RGB LCD

04 아두이노 개발환경 구성하기

이제 아두이노 스케치를 구현하고, 컴파일하고, 업로드하기 위한 개발 환경을 구성하도록 합니다. 먼저 아두이노 개발을 위한 아두이노 소프트웨어를 설치하고, 다음은 ESP32 패키지를 설치합니다.

04_1 아두이노 소프트웨어 설치하기

먼저 아두이노 개발을 위한 아두이노 소프트웨어를 설치합니다.
다음과 같은 아두이노 소프트웨어를 설치해 봅니다.

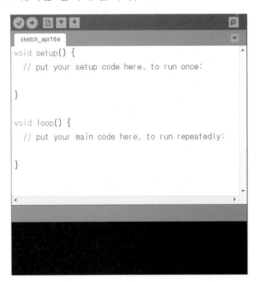

우리는 이 프로그램을 이용하여

❶ 아두이노 스케치를 작성하고,
❷ 작성한 스케치를 컴파일하고,
❸ 컴파일한 스케치를 아두이노 보드상에 업로드하고,
❹ 시리얼 모니터를 통해 결과를 확인하게 됩니다.

01 [www.arduino.cc] 사이트에 접속합니다.

02 홈페이지가 열립니다. [SOFTWARE] 메뉴를 선택합니다.

03 새로 열린 페이지에서 아래로 조금 이동하여 다음 부분을 찾습니다.

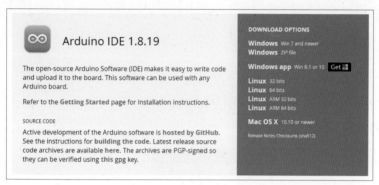

※ 이 책에서는 1.8.19 버전을 사용하여 실습을 진행합니다. 2.0.x 버전의 경우 ESP32 아두이노 실습에 대해 불안정하기 때문에 사용하지 않습니다.

04 [Windows Win 7 and newer]를 마우스 클릭합니다.

Windows Win 7 and newer

05 그러면 다음 페이지로 연결됩니다. 하단에 있는 [JUST DOWNLOAD] 부분을 누릅니다.

※ 맥 OS 사용자의 경우엔 다음을 선택합니다.　　　※리눅스 OS 사용자의 경우엔 다음 중 하나를 선택합니다.

Mac OS X 10.10 or newer

Linux 32 bits
Linux 64 bits
Linux ARM 32 bits
Linux ARM 64 bits

[Linux ARM 32 bits]나 [Linux ARM 64 bits]의 경우엔 라즈베리파이와 같이 ARM 기반 SOC에서 동작하는 리눅스에서 사용합니다.

06 다운로드가 완료되면 마우스 클릭하여 설치 프로그램을 실행시킵니다.

07 다음과 같이 [Arduino Setup: License Agreement] 창이 뜹니다. 사용 조건 동의에 대한 내용입니다. [I Agree] 버튼을 눌러 동의합니다.

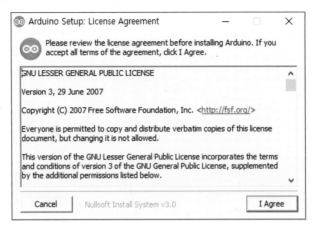

08 다음과 같이 [Arduino Setup: Installation Options] 창이 뜹니다. 설치 선택에 대한 내용입니다. 기본 상태로 둔 채 [Next] 버튼을 누릅니다.

09 다음과 같이 [Arduino Setup: Installation Folder] 창이 뜹니다. 설치 폴더 선택 창입니다. 기본 상태로 둔 채 [Install] 버튼을 누릅니다.

10 그러면 다음과 같이 설치가 진행됩니다.

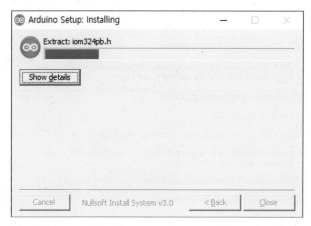

11 설치 마지막 단계에 다음과 같은 창이 하나 이상 뜹니다. 아두이노 보드에 접근하기 위해 필요한 드라이버 설치 창입니다. [설치(I)] 버튼을 눌러줍니다.

12 다음과 같이 [Arduino Setup: Completed] 창이 뜹니다. 설치 완료 창입니다. [Close] 버튼을 눌러 설치를 마칩니다.

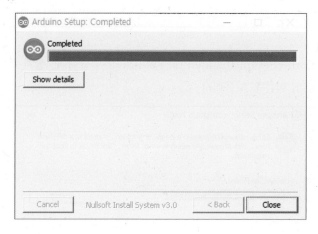

13 바탕 화면에 다음 아이콘이 설치됩니다. 아이콘을 눌러 아두이노 소프트웨어를 실행시킵니다.

14 처음엔 다음과 같은 보안 경고 창이 뜹니다. 아두이노 소프트웨어를 사용하기 위해 필요한 부분이기 때문에 [액세스 허용(A)] 버튼을 누릅니다.

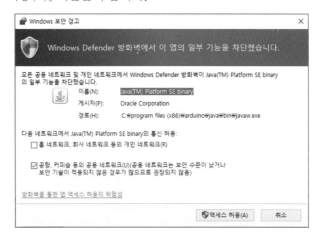

15 그러면 다음과 같이 아두이노 소프트웨어 프로그램이 실행되는 것을 볼 수 있습니다.

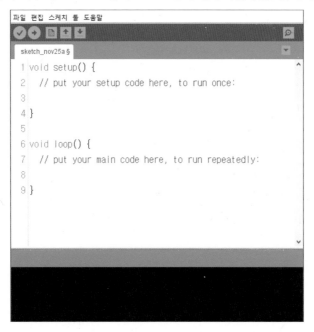

04 _ 2 USB 드라이버 설치하기

우리가 사용할 아두이노 보드 [DOIT ESP32 DEVKIT V1]을 USB에 연결하기 위해서는 CH340 드라이버를 설치해야 합니다.

01 다음과 같이 [ch340 driver download]를 검색합니다.

02 다음 사이트로 들어갑니다.

03 다음 부분을 찾아 마우스 클릭합니다.

04 다음과 같이 드라이버 프로그램을 다운로드 받습니다.

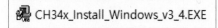

05 압축을 푼 후, 다음 파일을 이용하여 드라이버를 설치합니다.

CH34x_Install_Windows_v3_4.EXE

04 _ 3 ESP32 아두이노 패키지 설치하기

여기서는 ESP32 아두이노 패키지를 설치하고, 아두이노 보드를 컴퓨터에 연결하는 방법, 아두이노 보드와 시리얼 포트를 선택하는 방법을 살펴봅니다.

ESP32 보드 컴퓨터에 연결하기

이제 ESP32 보드와 컴퓨터를 연결해 봅니다. 아두이노 보드의 USB는 다음과 같이 세 가지 기능을 제공합니다.

❶ 전원을 공급 받을 수 있고,
❷ 시리얼 포트를 통해 컴파일한 프로그램을 업로드할 수 있고,
❸ 시리얼 포트를 통해 디버깅 메시지를 볼 수 있습니다.

그래서 아두이노 보드는 USB 케이블 하나로 컴퓨터로 연결될 수 있으며, 간단한 인터페이스를 이용하여, 개발을 진행할 수 있습니다.

01 USB 케이블의 한쪽 끝(micro B 형)을 아두이노 보드에 연결합니다.

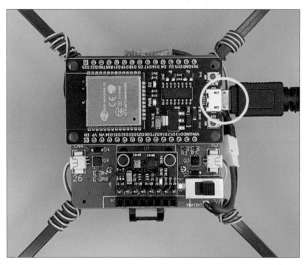

02 USB 케이블의 다른 쪽 끝을 컴퓨터에 연결합니다.

ESP32 패키지 설치하기

아두이노 소프트웨어에서 ESP32 아두이노 프로그래밍을 하기 위해서는 ESP32 아두이노 패키지를 설치해야 합니다. 다음과 같은 순서로 패키지를 설치합니다.

01 아두이노 소프트웨어를 실행합니다.

02 아두이노 소프트웨어에서 [파일]-[환경설정] 메뉴를 선택합니다.

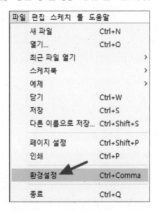

03 환경설정 창의 [추가적인 보드 매니저 URLs] 입력 박스에 다음과 같이 입력한 후, [확인] 버튼을 눌러줍니다. 아래에서 dl은 디엘입니다.

https://dl.espressif.com/dl/package_esp32_index.json

※ 제공되는 소스에서 [ESP32_환경설정.txt] 파일을 열어 복사해서 사용할 수 있습니다.

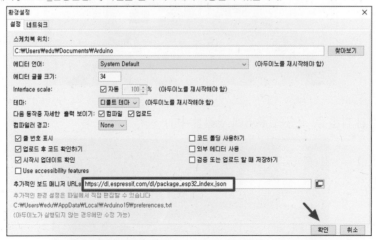

※ AVR 계통의 아두이노가 아닌 추가적인 보드를 아두이노 소프트웨어에 추가할 때 사용하는 방법입니다. 여기서는 아두이노 소프트웨어에 ESP32 아두이노 보드 개발 환경을 추가하기 위해 해당 사이트를 환경설정에서 추가하였습니다.

04 [툴]--[보드]--[보드 매니저...] 메뉴를 선택합니다.

05 [보드 매니저] 창이 뜨면 다음과 같이 esp32을 검색한 후, esp32 패키지를 선택한 후 [설치] 버튼을 누릅니다. 설치가 완료되면 [닫기] 버튼을 누릅니다.

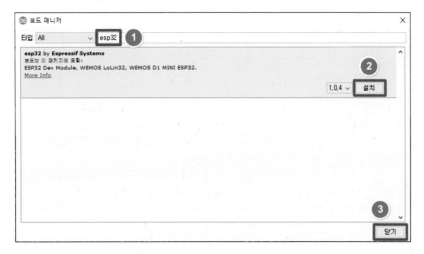

06 [툴] 메뉴를 이용하여 보드, 포트를 다음과 같이 선택합니다.

※ 독자 여러분의 포트 번호는 다를 수 있으며, 해당 포트 번호를 사용하면 됩니다.
※ 우리는 포트를 통해서 아두이노 스케치 프로그램을 업로드하고, 시리얼 모니터를 통한 디버깅 메시지를 확인합니다.

04 _ 4 아두이노 스케치 작성해 보기

여기서는

❶ Hello PC 스케치를 작성한 후,

❷ 컴파일하고,

❸ 아두이노 보드에 업로드하고,

❹ 시리얼 모니터를 통해 결과를 확인해 봅니다.

스케치 작성하기

01 다음과 같이 예제를 작성합니다.

```
sketch_jan31a §
1 void setup() {
2   Serial.begin(115200);
3 }
4
5 void loop() {
6   Serial.println("Hello PC^^. I'm an ESP32~");
7 }
```

2 : 아두이노가 Serial.begin 명령을 수행하여 PC로 연결된 Serial의 통신 속도를 115200bps로 설정하게 합니다. 115200bps 는 초당 115200 비트를 보내는 속도입니다. 시리얼 포트를 통해 문자 하나를 보내는데 10비트가 필요합니다. 그러므로 1초에 115200/10 = 11520 문자를 보내는 속도입니다. 11520 문자는 A4 용지 기준 5~6페이지 정도의 양입니다. 비트는 0 또는 1을 담을 수 있는 데이터 저장의 가장 작은 단위입니다.

6 : 아두이노가 Serial.println 명령을 수행하여 "Hello PC^^. I'm an ESP32~" 문자열을 PC로 출력하게 합니다. println은 print line의 약자입니다. ln의 l은 영문 대문자 아이(l)가 아니고 소문자 엘(l)입니다.

시리얼 통신은 다음 부분을 통해서 이루어집니다.

시리얼 통신의 원리는 종이컵과 실을 이용하여 말하고 들을 수 있는 원리와 같습니다. 우리가 하는 말이 실을 통해 순차적으로 전달되는 원리로 아두이노 보드와 컴퓨터도 통신을 하게 됩니다.

스케치 저장하기

02 다섯 번째 아이콘인 [저장] 버튼을 누릅니다.

03 다음과 같은 창이 뜹니다.

04 프로젝트 디렉터리를 만들기 위해 오른쪽 상단에 있는 [새 폴더 만들기] 버튼을 누릅니다.

05 디렉터리 이름을 [aiLabs]로 합니다. 한글 이름은 오류가 발생할 수 있으므로 사용하지 않습니다.

06 [aiLabs] 디렉터리로 이동하여 [01_serial_println]을 입력한 후, [저장] 버튼을 누릅니다.

스케치 컴파일하기

07 첫 번째 아이콘인 [확인] 버튼을 눌러 컴파일을 수행합니다.

08 [컴파일 완료]를 확인합니다.

컴파일 완료
스케치는 프로그램 저장 공간 3518 바이트(12%)를 사용. 최대 28672 바이트.
전역 변수는 동적 메모리 177바이트(6%)를 사용, 2383바이트의 지역변수가 남음.

> **컴파일** : 작성한 스케치를 아두이노 보드 상에 있는 마이크로 컨트롤러가 읽을 수 있는 코드로 변형하는 작업이며, 컴파일러라는 프로그램이 이 작업을 수행합니다. 한글로 쓴 소설을 영어로 번역하여, 영어를 사용하는 사람들이 읽을 수 있도록 하는 작업과 같다고 보면 됩니다.

스케치 업로드하기

컴파일한 스케치를 아두이노 보드 상에 있는 마이컴에 쓰는 작업입니다. 업로드를 하면 전원을 꺼도 컴파일한 스케치의 내용은 마이컴 상에 남아 있습니다.

확인하기: '03 ESP32 아두이노 보드 패키지 설치하기'을 참고하여 업로드 직전에 아두이노 보드와 포트를 선택합니다.

09 [업로드] 버튼을 눌러줍니다.

10 다음과 같이 업로드가 진행됩니다.

```
Hash of data verified.
Compressed 206544 bytes to 104402...
Writing at 0x00028000... (100 %)
```

11 [업로드 완료]를 확인합니다.

```
Leaving...
Hard resetting via RTS pin...
```

시리얼 모니터 확인

이제 결과를 시리얼 모니터를 통해 확인합니다.

12 [시리얼 모니터] 버튼을 눌러줍니다.

시리얼 모니터 🔎

13 시리얼 모니터 창이 뜨면, 우측 하단에서 통신 속도를 115200으로 맞춰줍니다.

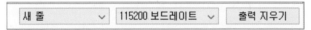

14 다음과 같은 메시지가 반복적으로 뜨는 것을 확인합니다.

```
Hello PC^^. I'm an ESP32~
Hello PC^^. I'm an ESP32~
Hello PC^^. I'm an ESP32~
Hello PC^^. I'm an ESP32~
Hello PC^^. I'm an ESP32~
```

loop 함수가 반복돼서 호출되기 때문에 메시지도 반복돼서 뿌려지게 됩니다.

02

아두이노 드론
살펴보기

이번 장에서는 아두이노 인공지능 드론을 구성하는 시리얼 출력과 입력, LED, 버튼, DC 모터, RGB LCD에 대한 테스트를 수행하도록 합니다.

01 문자열 내보내기

앞에서 우리는 Serial.println 함수를 사용하여 다음과 같은 메시지를 PC로 보냈습니다.

```
Hello PC^^. I'm an ESP32~
Hello PC^^. I'm an ESP32~
Hello PC^^. I'm an ESP32~
Hello PC^^. I'm an ESP32~
Hello PC^^. I'm an ESP32~
```

아두이노가 여러분에게 인사를 한 것이죠. Serial.println 함수는 아주 유용한 함수입니다. 아두이노의 상태가 어떤지 우리에게 알려주는 주인공이 바로 Serial.println 함수입니다. 여러분은 앞으로 아두이노 스케치를 작성하다 버튼이나 센서의 값을 알고 싶은 경우가 있을 수 있습니다. 이 때 필요한 함수가 바로 Serial.println 함수입니다.

여러분은 아두이노 스케치를 통해 메시지를 출력할 때 다음 세 함수를 주로 사용하게 됩니다.

```
Serial.begin(speed)
Serial.println(val)
Serial.print(val)
```

Serial.begin

Serial.begin은 PC로 메시지를 보낼 때 데이터의 속도를 설정하는 함수입니다.

```
Serial.begin(speed);
              ❶
```

❶ PC로 메시지를 보낼 때 데이터 속도
  (300, 600, 1200, 2400, 4800, 9600, 14400, 19200, 28800, 38400, 57600, 115200)

Serial.begin 함수는 PC로 메시지를 보낼 때 데이터의 속도를 설정합니다. speed 인자를 통해 설정할 수 있는 속도 값은 다음과 같습니다.

```
300, 600, 1200, 2400, 4800, 9600, 14400, 19200, 28800, 38400, 57600, 115200
```

우리 책에서는 주로 115200을 사용합니다. 115200bps는 초당 115200 비트를 보내는 속도입니다. 시리얼 포트를 통해 문자 하나를 보내는데 10비트가 필요합니다. 그러므로 1초에 115200/10 = 11520 문자를 보내는 속도입니다. 11520 문자는 A4 용지 기준 5~6페이지 정도의 양입니다. 비트는 0 또는 1을 담을 수 있는 데이터 저장의 가장 작은 단위입니다.

PC로 메시지를 보내기 위해서는 Serial.print 또는 Serial.println 함수를 사용합니다.

Serial.println

Serial.println은 PC로 메시지를 보내는 함수입니다.

```
Serial.println(vol);
              ❶
```
❶ PC로 보낼 메시지로 정수, 실수, 문자열을 보낼 수 있다.

Serial.println 함수는 메시지 출력 후, 커서 위치를 다음 줄 첫 번째 칸으로 옮기는 엔터 키 입력 효과를 줍니다. val 인자를 통해 보낼 수 있는 값은 문자열, 정수 값, 실수 값을 보낼 수 있습니다.

Serial.print 함수는 메시지만 출력하고, 커서의 위치는 옮기지 않습니다.

다음과 같이 형식(format) 인자를 이용하여 메시지 형식을 좀 더 자세하게 줄 수도 있습니다.

```
Serial.println(val, format)
Serial.print(val, format)
```

format 인자의 경우 val 인자가 정수일 경우엔 진법(DEC, HEX, OCT, BIN)을 설정할 수 있으며, 실수인 경우엔 소수점 이하 표시할 자리수를 설정할 수 있습니다. 뒤에서 예제를 통해 사용법을 살펴봅니다.

※ 우리는 이 함수들을 이용하여 문자열과 숫자를 출력하게 됩니다. 숫자의 경우는 정수와 실수로 나눌 수 있습니다. 정수의 경우는 주로 10진수와 16진수로 표현할 수 있으며, 아두이노의 경우엔 2진수 표현도 가능합니다. 실수의 경우는 자릿수를 얼마나 나타낼지를 결정할 수 있습니다.
※ 아두이노 ESP32의 경우 C에서 사용하는 printf 함수를 지원합니다.

01_1 여러 형식의 자료 내보내기

여기서는 Serial.println 함수를 이용하여 문자열, 숫자, 문자를 출력해봅니다.

01 다음과 같이 예제를 작성합니다.

```
211.ino
01 void setup() {
02      Serial.begin(115200);
03
04      Serial.println("Hello PC^^. I'm an ESP32~");
05      Serial.println(78);
06      Serial.println(1.23456);
07      Serial.println('N');
08 }
09
10 void loop() {
11
12 }
```

04 : 문자열을 출력합니다.
05 : 정수 78을 10진수 문자열로 변환하여 출력합니다.
06 : 실수 1.23456을 10진 실수 문자열로 변환하여 출력합니다.
07 : 문자 N을 문자열로 변환하여 출력합니다.

02 [툴] 메뉴를 이용하여 보드, 포트를 다음과 같이 선택합니다.

03 업로드 업로드를 수행합니다.

04 [시리얼 모니터] 버튼을 클릭하고, 통신 속도를 115200으로 맞춰줍니다.

| 시리얼 모니터 🔍 | | 새 줄 ▾ | 115200 보드레이트 ▾ | 출력 지우기 |

05 다음에 표시된 [EN] 버튼을 눌러 재부팅을 수행합니다.

06 출력결과를 확인합니다.

```
Hello PC^^. I'm an ESP32~
78
1.23
N
```

1.23456 실수의 경우 기본적으로 소수점 아래 두 자리만 출력하는 것을 볼 수 있습니다.

> 👀 **C의 자료형** : C에서 일반적으로 사용하는 자료 형은 int, double, char *, char입니다. int는 정수 값을 담을 수 있는 자료 형을, double은 실수 값을 담을 수 있는 자료 형을, char *는 문자열의 첫 문자의 주소를 담을 수 있는 자료 형을, char는 한 문자를 담을 수 있는 자료 형을 나타냅니다. 정수의 경우엔 10진수와 16진수 두 종류가 있습니다. 10진수의 경우엔 개수나 번호 등에 사용되며, 16진수는 메모리 주소 값이나 특정한 비트의 값을 나타낼 때 사용합니다. 10진수는 주로 사칙연산자나 비교연산자와 같이 사용되며, 16진수는 주로 비트연산자와 같이 사용됩니다.

01_2 여러 형식의 숫자 내보내기

여기서는 Serial.println 함수를 이용하여 10진수와 16진수 정수를 출력해 봅니다. 또, 10진 실수의 소수점이하 출력을 조절해 봅니다.

01 다음과 같이 예제를 작성합니다.

```
212.ino
01 void setup() {
02      Serial.begin(115200);
03
04      Serial.println(78, DEC);
05      Serial.println(78, HEX);
06      Serial.println(78, BIN);
07
08      Serial.println(1.23456, 0);
09      Serial.println(1.23456, 2);
10      Serial.println(1.23456, 4);
11 }
12
13 void loop() {
14
15 }
```

04 : 정수 78을 10진수 문자열로 변환하여 출력합니다.

05 : HEX 형식은 정수를 16진수 문자열로 변환하는 형식입니다. 여기서는 정수 78을 16진수 문자열로 변환하여 출력합니다.

06 : 정수 78을 2진수 문자열로 변환하여 출력합니다.

08 : 여기서는 실수 1.23456을 소수점 이하 0개까지 10진 실수 문자열로 변환하여 출력합니다.

09 : 여기서는 실수 1.23456을 소수점 이하 2개까지 10진 실수 문자열로 변환하여 출력합니다.

10 : 여기서는 실수 1.23456을 소수점 이하 4개까지 10진 실수 문자열로 변환하여 출력합니다.

02  업로드 업로드를 수행합니다.

03 [시리얼 모니터] 버튼을 클릭하고, 통신 속도를 115200으로 맞춰줍니다.

시리얼 모니터 🔎 | 새 줄 ∨ | 115200 보드레이트 ∨ | 출력 지우기

04 다음에 표시된 [EN] 버튼을 눌러 재부팅을 수행합니다.

05 출력결과를 확인합니다.

```
78
4E
1001110
1
1.23
1.2346
```

02 LED 켜고 끄기

여러분은 다음과 같이 유튜브 등에서 아두이노를 이용하여 LED를 깜빡이는 동영상을 본적이 있나요?

LED를 깜빡이게 하는 주인공이 바로 digitalWrite 함수입니다.

여러분은 아두이노 스케치를 통해 LED를 제어할 때 다음 세 함수를 주로 사용하게 됩니다.

```
pinMode(pin, mode)
digitalWrite(pin, value)
delay(ms)
```

pinMode

pinMode란 특정 핀을 출력 또는 입력 모드로 설정하는 명령어입니다.

```
PinMode(pin, mode);
         ❶    ❷
```
❶ 설정하고자 하는 핀 번호
❷ 설정하고자 하는 모드로 입력일 때는 INPUT, 출력일 때는 OUTPUT

pinMode 함수는 특정한 핀을 출력으로 사용할지 입력으로 사용할지를 설정합니다. pin 인자로는 보드 상에 나와 있는 숫자를 사용합니다. 본 책에서 사용하는 아두이노 ESP32의 경우 앞에서 살펴본 그림에서 화살표가 가리키는 주황 색깔의 핀에 해당하는 숫자를 사용합니다. mode 인자로는 OUTPUT, INPUT, INPUT_PULLUP을 사용할 수 있습니다. LED를 켜기 위해서는 0 또는 1을 LED로 쓰는 개념이기 때문에 OUTPUT으로 설정합니다. 버튼의 경우 버튼의 값을 읽는 개념이기 때문에 INPUT으로 설정합니다. 버튼의 경우 외부에 저항을 이용하여 회로를 구성하는데, 외부에 저항을 사용하지 않고 아두이노의 칩 내부에 있는 저항을 이용할 경우엔 INPUT_PULLUP으로 설정합니다.

digitalWrite

digitalWrite란 특정 핀을 HIGH 또는 LOW로 설정하는 명령어입니다.

```
digitlwrite(pin, value);
          ❶    ❷
```
❶ 제어하고자 하는 핀 번호
❷ HIGH 또는 LOW

digitalWrite 함수는 디지털 핀으로 HIGH(=1) 또는 LOW(=0) 값을 씁니다. 아두이노 ESP32의 주황 색깔의 핀의 경우 pinMode 함수를 통해 해당 핀이 OUTPUT으로 설정되었을 때, HIGH 값의 경우엔 해당 핀이 3.3V로 설정되며, LOW 값의 경우엔 0V로 설정됩니다.

delay

delay란 인자로 주어진 시간만큼 프로그램의 진행을 멈춥니다.

```
delay(ms);
      ❶
```
❶ 멈춰야할 밀리초(ms : unsigned long 형)
※ unsigned long은 변수형의 한 종류로 아두이노 스케치에서 0∼4,294,967,295 (2^32 − 1) 범위의 0과 양의 정수 값을 갖습니다.

여기서는 digitalWrite 함수를 이용하여 LED를 켜보고 꺼보는 예제를 수행해 봅니다. 또 반복적으로 켜고 끄는 주기를 짧게 해가며 아래 그림과 같은 사각 파형에 대해서도 알아보도록 합니다.

02_1 LED 켜고 끄기 확인하기

먼저 digitalWrite 함수를 이용하여 LED를 주기적으로 켜고 꺼봅니다. 여기서는 아두이노 ESP32의 2번 핀에 연결된 LED를 주기적으로 켜고 꺼 봅니다.

01 다음과 같이 예제를 작성합니다.

221.ino

```
01 const int LED = 2;
02
03 void setup() {
04     pinMode(LED, OUTPUT);
05 }
06
07 void loop() {
08     digitalWrite(LED, HIGH);
09     delay(500);
10     digitalWrite(LED, LOW);
11     delay(500);
12 }
```

01 : LED 상수에 2번 핀을 할당합니다.

04 : pinMode 함수를 이용하여 LED를 출력으로 설정하고 있습니다. pinMode 함수는 digitalWrite 함수를 이용하여 HIGH, LOW 값을 쓰고자 할 때 사용하는 함수입니다.

08 : digitalWrite 함수를 이용하여 LED에 HIGH 값을 씁니다. 그러면 LED는 켜지게 됩니다.

09 : 500 밀리초간 지연을 줍니다. delay 함수는 아두이노가 아무것도 수행하지 않고 일정시간을 기다리게 하는 함수입니다. 함수의 인자로 주어지는 500은 밀리 초 단위입니다. 여기서는 500 밀리 초 동안 아두이노가 아무것도 수행하지 않습니다.

10 : digitalWrite 함수를 이용하여 LED에 LOW 값을 씁니다. 그러면 LED는 꺼지게 됩니다.

11 : 500 밀리초간 지연을 줍니다.

02 [툴] 메뉴를 이용하여 보드, 포트를 다음과 같이 선택합니다.

03  업로드를 수행합니다.

04 LED의 동작을 확인합니다. 1초 주기로 LED가 켜졌다 꺼졌다 하는 것을 확인합니다. 즉, 1Hz의
주파수로 LED가 점멸하는 것을 확인합니다.

```
       HIGH
             1초
                LOW
```

LED의 점등은 LED(=2) 핀을 통해 나오는 HIGH 값에 의해 발생합니다. LED의 소등은 LED 핀을
통해 나오는 LOW 값에 의해 발생합니다. 즉, LED 핀으로는 위 그림과 같이 HIGH값과 LOW 값이
1초 주기로 나오게 되며, 이 값들에 의해 LED는 점멸을 반복하게 됩니다. 그리고 이 경우 여러분은
LED가 점멸 하는 것을 느낄 수 있습니다.

※ Hz : 같은 동작이 1초에 1 번씩 반복될 때 우리는 1Hz로 동작한다고 합니다. 같은 동작이 1초에 2 번씩 반복될 때 우리는 2Hz
로 동작한다고 합니다.

02 _ 2 LED 켜고 끄기 간격 줄여보기

여기서는 digitalWrite 함수를 이용하여 아래와 같은 사각 파형에 대한 주파수와 상하비의 개념을 이해해 보도록 합니다.

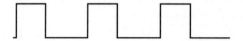

주파수란 1초간 반복되는 사각 파형의 개수를 의미하며, 상하 비란 사각 파형의 HIGH 값과 LOW 값의 비를 의미합니다.

이제 LED의 점멸 간격을 줄여보도록 합니다. 그러면 여러분은 좀 더 조밀하게 LED가 점멸하는 것을 느낄 것입니다.

01 다음과 같이 이전 예제를 수정합니다.

```
222.ino

01 const int LED = 2;
02
03 void setup() {
04     pinMode(LED, OUTPUT);
05 }
06
07 void loop() {
08     digitalWrite(LED, HIGH);
09     delay(50);
10     digitalWrite(LED, LOW);
11     delay(50);
12 }
```

09, 11 : 500을 50으로 변경합니다.

02 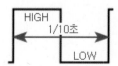 업로드 업로드를 수행합니다.

03 LED의 동작을 확인합니다. 이 예제의 경우 LED는 초당 10번 점멸하게 됩니다. 즉, 10Hz의 주파수로 점멸하게 됩니다.

```
     ┌─ HIGH ─┐      ┌──
     │  1/10초 │      │
  ───┘◄────────►└─ LOW ─┘
```

그림과 같은 파형이 초당 10개가 생성됩니다. 이 경우에도 여러분은 반복적으로 LED가 점멸하는 것을 느낄 것입니다. 그러나 그 간격은 더 조밀하게 느껴질 것입니다.

02 _ 3 LED 켜고 끄기를 밝기로 느껴보기

LED의 점멸 간격을 더 줄여보도록 합니다. 여기서 여러분은 LED의 점멸을 느끼지 못하게 될 것입니다. 오히려 LED가 일정한 밝기로 켜져 있다고 느낄 것입니다.

01 다음과 같이 예제를 수정합니다.

```
223.ino
01 const int LED = 2;
02
03 void setup() {
04      pinMode(LED, OUTPUT);
05 }
06
07 void loop() {
08      digitalWrite(LED, HIGH);
09      delay(5);
10      digitalWrite(LED, LOW);
11      delay(5);
12 }
```

09, 11 : 50을 5로 변경합니다.

02 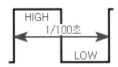 업로드 업로드를 수행합니다.

03 LED의 동작을 확인합니다. 이 예제의 경우 LED는 초당 100번 점멸 하게 됩니다. 즉, 100Hz의 주파수로 점멸하게 됩니다.

```
HIGH
    1/100초
←──────────→
            LOW
```

그림과 같은 파형이 초당 100개가 생성됩니다. 이제 여러분은 LED가 점멸하는 것을 느끼지 못할 것입니다. 오히려 LED가 일정하게 켜져 있다고 느낄 것입니다.

일반적으로 이러한 파형이 초당 50개 이상이 되면, 즉, 50Hz 이상의 주파수로 LED 점멸을 반복하면 우리는 그것을 느끼기 어렵습니다.

02 _ 4 LED 어둡게 하기

이제 delay 함수를 조절하여 LED의 밝기를 어둡게 해 봅니다. 이전 예제의 경우 LED는 100Hz의 속도로 50%는 점등을, 50%는 소등을 반복하였습니다. 그리고 이 경우 우리는 LED의 밝기를 평균 값인 50%의 밝기로 느꼈습니다. 만약 LED에 대해 10%는 점등을, 90%는 소등을 반복한다면 우리는 LED의 밝기를 어떻게 느낄까요? 평균 10%의 밝기로 느끼게 되지 않을까요? 예제를 통해 확인해 보도록 합니다.

01 다음과 같이 이전 예제를 수정합니다.

```
224.ino
a01 const int LED = 2;
02
03 void setup() {
04      pinMode(LED, OUTPUT);
05 }
06
07 void loop() {
08      digitalWrite(LED, HIGH);
09      delay(1);
10      digitalWrite(LED, LOW);
11      delay(9);
12 }
```

09 : 5를 1로 변경합니다.
11 : 5를 9로 변경합니다.

02  업로드를 수행합니다.

03 LED의 동작을 확인합니다. 이 예제의 경우도 LED는 초당 100번 점멸 하게 됩니다. 즉, 100Hz 의 주파수로 점멸하게 됩니다. 그러나 10%는 점등 상태로, 90%는 소등 상태로 있게 됩니다. 그래서 우리는 LED의 밝기가 이전 예제보다 낮다고 느끼게 됩니다.

```
      ┌10%(HIGH)
      │        
──────┘        └──────
       90%(LOW)
```

그림에서 LED는 실제로 10%만 점등 상태이지만 100Hz의 주파수로 점멸하기 때문에 우리는 10%의 평균 밝기로 느끼게 됩니다. 10%는 HIGH 값에 의해 켜져 있고 90%는 LOW 값에 의해 꺼져있으며, 이 경우 (HIGH:LOW)=(1:9)가 되게 됩니다. 즉, 상하비가 1:9가 됩니다.

02 _ 5 LED 밝게 하기

이제 반대로 LED의 밝기를 밝게 해 봅니다.

01 다음과 같이 이전 예제를 수정합니다.

```
225.ino
01 const int LED = 2;
02
03 void setup() {
04     pinMode(LED, OUTPUT);
05 }
06
07 void loop() {
08     digitalWrite(LED, HIGH);
09     delay(9);
10     digitalWrite(LED, LOW);
11     delay(1);
12 }
```

09 : 1를 9로 변경합니다.
11 : 9를 1로 변경합니다.

02 업로드 업로드를 수행합니다.

03 LED의 동작을 확인합니다. 이 예제의 경우도 LED는 초당 100번 점멸 하게 됩니다. 즉, 100Hz의 주파수로 점멸하게 됩니다. 그러나 90%는 점등 상태로, 10%는 소등 상태로 있게 됩니다. 그래서 우리는 LED가 이전 예제에 비해 아주 밝다고 느끼게 됩니다.

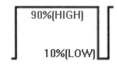

그림에서 LED는 실제로 90%만 점등 상태이지만 100Hz의 주파수로 점멸하기 때문에 우리는 90%의 평균 밝기로 느끼게 됩니다. 90%는 HIGH 값에 의해 켜져 있고 10%는 LOW 값에 의해 꺼져 있으며, 이 경우 (HIGH:LOW)=(9:1)이 되게 됩니다. 즉, 상하비가 9:1이 됩니다. 상하비가 8:2가 되면 우리는 LED가 80%의 밝기로 켜져 있다고 느끼게 됩니다. 9:1에 해당되는 부분을 차례대로 다음과 같이 바꾸어 볼 수 있습니다.

    0:10, 1:9, 2:8, 3:7 ... 10:0

우리는 HIGH와 LOW의 상하 비에 따라 LED의 밝기를 조절할 수 있습니다.

02 _ 6 LED 밝기 조절해 보기

여기서는 1초 간격으로 다음의 상하비로 LED의 밝기를 조절해 보도록 합니다.

```
0:10, 1:9, 2:8, 3:7 ... 10:0
```

즉, HIGH의 개수는 0부터 10까지 차례로 늘어나며, 반대로 LOW의 개수는 10부터 0까지 차례로 줄게 됩니다.

0.01초 간격으로 LED 밝기 11 단계 조절해 보기

먼저 0.01초 간격으로 LED의 밝기를 11단계로 조절해 봅니다.

01 다음과 같이 이전 예제를 수정합니다.

226.ino

```
01 const int LED = 2;
02
03 void setup() {
04     pinMode(LED, OUTPUT);
05 }
06
07 void loop() {
08     for(int t_high=0;t_high<=10;t_high++) {
09             digitalWrite(LED, HIGH);
10             delay(t_high);
11             digitalWrite(LED, LOW);
12             delay(10-t_high);
13     }
14 }
```

08 : t_high 변수를 0부터 10까지 1씩 증가시켜가면서, 중괄호 안쪽(8줄~13줄)의 동작을 수행합니다.
09, 10 : LED를 켜고 t_high 시간만큼 기다립니다.
11, 12 : LED를 끄고 (10-t_high) 시간만큼 기다립니다.
10, 12 : t_high + (10 − t_high) = 10이 되어 for문을 한 번 도는 데는 10밀리 초 정도가 되며 for문 전체를 도는 데는 110밀리 초 정도가 됩니다.

02 ✓ → 🗒 ⬆ ⬇ 업로드 업로드를 수행합니다.

03 LED의 동작을 확인합니다. 10밀리 초 간격으로 다음의 비율로 LED가 밝아집니다.

```
0%, 10% 20%, 30%, ... 100%
```

아래와 같은 형태의 파형이 반복되면서 LED의 밝기가 변합니다.

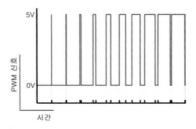

이 예제의 경우 밝기의 변화가 너무 빨라 밝기가 변하는 것을 느끼기 힘듭니다. 깜빡임으로 느낄 수 있습니다.

0.1초 간격으로 LED 밝기 11 단계 조절해 보기

다음은 0.1초 간격으로 LED의 밝기를 11단계로 조절해 봅니다.

01 다음과 같이 이전 예제를 수정합니다.

226_2.ino

```
01 const int LED = 2;
02
03 void setup() {
04     pinMode(LED, OUTPUT);
05 }
06
07 void loop() {
08     for(int t_high=0;t_high<=10;t_high++) {
09         int cnt =0;
10         while(true) {
11             digitalWrite(LED, HIGH);
12             delay(t_high);
13             digitalWrite(LED, LOW);
14             delay(10-t_high);
15
16             cnt++;
17             if(cnt==10) break;
18         }
19     }
20 }
```

08 : for 문을 사용하여 t_high 변수 값을 0부터 10까지 주기적으로 변경하고 있습니다. t_high 변수 값은 16, 18 번째 줄에서 사용되며, LED을 통해 HIGH, LOW 값이 나가는 시간 값을 가집니다.

10 : 조건이 없는 while 문을 수행합니다. while 문을 나오는 조건은 21 번째 줄에 있으며, 1초 간격으로 나오게 됩니다.

09 : cnt 변수 생성 후, 0으로 초기화합니다.

16 : cnt 변수를 하나씩 증가시킵니다.

17 : cnt 변수가 10이 되면 break 문을 수행하여 while 문을 벗어납니다.

08 : cnt 변수를 선언한 후, 0으로 초기화합니다.

09 : 무한루프를 돌면서

15 : cnt 값을 하나씩 증가시킵니다.

16 : cnt 값이 10이 되면 내부 while 문을 나옵니다.

이렇게 하면 09~17줄을 cnt값이 0에서 9까지 10회 반복하게됩니다. 그러면 0.001*t_high 값을 유지하는 시간을 10밀리초(0.01초)에서 100밀리초(0.1초)로 늘릴 수 있습니다. for 문을 수행하는 시간도 110밀리초(0.11초)에서 1100밀리초(1.1초)로 늘릴 수 있으며, 우리는 LED 밝기의 변화를 느낄 수 있습니다.

02 ✓ ➡ 📄 ⬆ ⬇ 업로드 업로드를 수행합니다.

03 LED의 동작을 확인합니다. 1.1 초 주기로 다음의 비율로 LED가 밝아집니다.

```
0%, 10% 20%, 30%, ... 100%
```

02 _ 7 모터 회전 정지 반복해 보기

여기서는 digitalWrite 함수를 이용하여 모터를 돌렸다 멈췄다를 반복해 봅니다.

주의! 여기서 수행할 예제들의 경우엔 ESP32 아두이노 드론 기준으로 작성되었습니다. ESP32 아두이노 드론이 아닌 경우에는 수행하지 않도록 합니다. 모터의 용량에 따라 전선이 타는 경우도 있으니 주의하도록 합니다.

※ 주의! 모터가 돌면 위험하니 독자 여러분이나 주변 사람들이 다치지 않도록 주의합니다.

여기서는 23 번 모터의 속도를 조절해 보도록 합니다. 본 책에서 다루고 있는 ESP32 아두이노 드론의 모터는 다음과 같이 핀 배치가 되어 있습니다.

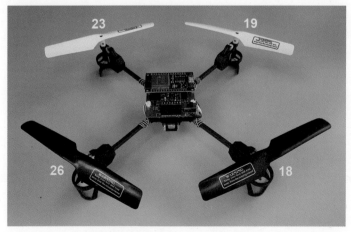

01 다음과 같이 예제를 작성합니다.

```
227.ino
01 const int fan_pin = 23;
02
03 void setup() {
04      pinMode(fan_pin, OUTPUT);
05 }
06
07 unsigned int howMany = 5;
08 void loop() {
09      if(howMany>0) {
10              howMany--;
11
12              digitalWrite(fan_pin, HIGH);
13              delay(100);
14              digitalWrite(fan_pin, LOW);
15              delay(900);
16      }
17 }
```

01 : fan_pin 상수에 23 번 모터 핀을 할당하고 있습니다.

04 : pinMode 함수를 이용하여 fan_pin을 출력으로 설정하고 있습니다. pinMode 함수는 digitalWrite 함수나 digitalRead 함수를 이용하여 HIGH, LOW 값을 쓰거나 읽고자 할 때 사용하는 함수입니다.

07 : howMany 변수를 선언한 후, 5로 초기화합니다. howMany 변수는 9, 10줄에서 사용하여 9~16줄의 수행 횟수를 결정합니다.

09 : howMany 변수 값이 0보다 크면

10 : howMany 변수 값을 1 감소시킵니다.

12 : digitalWrite 함수를 이용하여 fan_pin에 HIGH 값을 쓰고 있습니다. 그러면 17 번 모터는 최고 속도로 돌게 됩니다.

13 : 0.1초간 지연을 줍니다.

14 : digitalWrite 함수를 이용하여 fan_pin에 LOW 값을 쓰고 있습니다. 그러면 17 번 모터는 멈추게 됩니다.

15 : 0.9초간 지연을 줍니다.

02 드론의 전원을 끕니다.

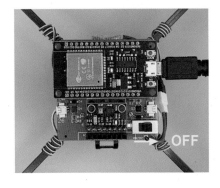

03 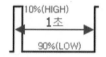 업로드 업로드를 수행합니다.

04 23번 핀에 연결된 프로펠러가 회전 시 손에 닿지 않도록 드론을 주의해서 잡은 후, 전원을 켭니다.

1초 주기로 모터가 돌았다 멈추었다 하는 것을 확인합니다. 즉, 1Hz의 주파수로 모터가 회전하고 정지하는 확인합니다.

```
          10%(HIGH)
      ┌───┐    ┌
      │←── 1초 ──→│
      └───────────┘
          90%(LOW)
```

모터의 회전은 23번 핀을 통해 나오는 HIGH 값에 의해 발생합니다. 모터의 정지는 23번 핀을 통해 나오는 LOW 값에 의해 발생합니다. 즉, 23번 핀으로는 위 그림과 같이 HIGH값과 LOW 값이 1초 주기로 나오게 되며, 이 값들에 의해 모터는 회전과 정지를 반복하게 됩니다. 그리고 이 경우 여러분은 모터가 돌았다 멈추었다 하는 것을 느낄 수 있습니다.

※ 모터를 재구동하고 싶다면 다음에 표시된 [EN] 버튼을 눌러 재부팅을 수행합니다.

모터 회전 정지 간격 줄여보기

이제 모터의 회전 정지 간격을 줄여보도록 합니다. 그러면 여러분은 좀 더 조밀하게 모터가 돌다 멈추는 것을 느낄 것입니다.

01 이전 예제를 다음과 같이 수정합니다.

```
227_2.ino
01 const int fan_pin = 23;
02
03 void setup() {
04     pinMode(fan_pin, OUTPUT);
05 }
06
07 unsigned int howMany = 50;
08 void loop() {
09     if(howMany>0) {
10             howMany--;
11
12             digitalWrite(fan_pin, HIGH);
13             delay(10);
14             digitalWrite(fan_pin, LOW);
15             delay(90);
16     }
17 }
```

07 : howMany 변수 값을 50으로 변경합니다.
13 : 100을 10으로 변경합니다.
15 : 900을 90으로 변경합니다.

02 ✓ → 🗎 ⬆ ⬇ 업로드 업로드를 수행합니다.

※ 업로드가 안 될 경우 USB 단자를 다시 연결해 줍니다.

이 예제의 경우 모터는 초당 10번 돌았다 멈추었다 하게 됩니다. 즉, 10Hz의 주파수로 돌게 됩니다.

그림과 같은 파형이 초당 10개가 생성됩니다. 이 경우에도 여러분은 반복적으로 모터가 돌다 멈추는 것을 느낄 것입니다. 그러나 그 간격은 더 조밀하게 느껴질 것입니다.

반복적인 모터 회전 정지를 일정한 회전으로 느껴보기

모터의 회전 정지 간격을 더 줄여보도록 합니다. 여기서 여러분은 모터의 회전 정지를 느끼지 못하게 될 것입니다. 오히려 모터가 일정하게 회전하고 있다고 느낄 것입니다.

01 이전 예제를 다음과 같이 수정합니다.

```
227_3.ino
01 const int fan_pin = 23;
02
03 void setup() {
04       pinMode(fan_pin, OUTPUT);
05 }
06
07 unsigned int howMany = 500;
08 void loop() {
09       if(howMany>0) {
10              howMany--;
11
12              digitalWrite(fan_pin, HIGH);
13              delay(1);
14              digitalWrite(fan_pin, LOW);
15              delay(9);
16       }
17 }
```

07 : howMany 변수 값을 500으로 변경합니다.
13 : 10을 1로 변경합니다.
15 : 90을 9로 변경합니다.

02 ✓ → 📄 ⬆ ⬇ 업로드 업로드를 수행합니다.

이 예제의 경우 모터는 초당 100번 돌았다 멈추었다 하게 됩니다. 즉, 100Hz의 주파수로 돌게 됩니다.

그림과 같은 파형이 초당 100개가 생성됩니다. 이제 여러분은 모터가 돌다 멈추는 것을 느끼지 못할 것입니다. 오히려 모터가 일정한 속도로 회전한다고 느낄 것입니다.

일반적으로 이러한 파형이 초당 50개 이상이 되면, 즉, 50Hz 이상의 주파수로 모터가 돌고 멈추고를 반복하면 우리는 그것을 느끼기 어렵습니다.

03 모터 속도 조절 : ledcWrite

이전 예제에서 우리는 100Hz의 속도로 1:9의 상하비로 모터를 돌려 보았습니다. 23 번 핀에 ledcWrite 함수를 사용할 경우 더 조밀한 상하비로 모터의 속도를 조절할 수 있습니다. 예를 들어, 0~1023 사이의 HIGH 값으로 모터의 속도를 조절할 수 있습니다.

ESP32의 경우 analogWrite 함수 대신에 ledcWrite 함수를 지원합니다. ledcWrite 함수는 사각파형에 대한 세밀한 제어 기능을 제공합니다.

ESP32의 경우 ledcWrite 함수는 모든 핀에 대해 아래와 같은 형태의 사각 파형을 내보내며, 특히 상하비를 결정하는 역할을 합니다. 상하비는 한 주기당 3V 비율을 의미합니다.

다음 그림은 ESP32 내부의 LED PWM Controller 모듈입니다.

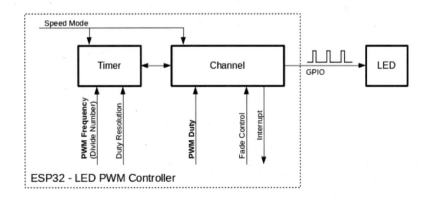

ledcWrite 함수는 내부 LED PWM Controller 모듈에 명령을 주어 해당 핀으로 일정한 모양의 사각 파형을 내보내게 합니다. LED PWM Controller 모듈은 새로운 ledcWrite 명령을 받을 때까지 해당 핀으로 똑같은 사각 파형을 내보냅니다.

다음 그림에서 물결 표시된 핀은 사각 파형을 내보낼 수 있는 핀입니다.

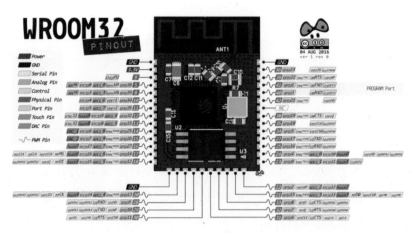

여러분은 아두이노 스케치를 통해 LED의 밝기를 조절하거나 모터의 속도를 조절할 때 다음 세 함수를 사용하게 됩니다.

```
ledcAttachPin(pin, channel)
ledcSetup(channel, frequency, resolution)
ledcWrite(channel, dutycycle)
```

ledcAttachPin

ledcAttachPin이란 특정 핀으로 사각파형을 내보낼 채널을 연결하는 명령어입니다.

```
ledcAttachPin(pin, channel);
             ❶     ❷
```
❶ 제어하고자 하는 핀 번호입니다. 정수형을 씁니다.
❷ 사각 파형을 내보낼 채널 번호입니다. 0~15 사이의 값을 쓸 수 있습니다. 정수형을 씁니다.

ledcSetup

ledcSetup이란 특정 채널에 주파수, 듀티 사이클 정밀도를 설정하는 명령어입니다.

```
ledcSetup(channel, frequency, resolution);
          ❶         ❷          ❸
```
❶ 사각 파형을 내보낼 채널 번호입니다. 정수형을 씁니다.
❷ 사각 파형의 주파수입니다. 정수형을 씁니다.
❸ 사각 파형의 듀티사이클의 정밀도입니다. 예를 들어, resolution 값이 10 이면 듀티사이클 값은 0~1023()
사이의 값을 갖습니다.

ledcWrite

ledcWrite란 특정 채널에 듀티사이클을 적용하는 명령어입니다.

```
ledcWrite(channel, dutycycle);
          ❶         ❷
```
❶ 사각 파형을 내보낼 채널 번호입니다. 0~16 사이의 값을 쓸 수 있습니다. 정수형을 씁니다.
❷ 듀티 사이클 값입니다. ledcSetup 함수에서 설정한 해상도 인자에 따라 결정됩니다. 예를 들어,
resolution 값이 10 이면 듀티사이클 값은 0~1023()사이의 값을 갖습니다.

03 _ 1 ledcWrite 함수로 모터 회전 정지 반복해 보기

먼저 ledWrite 함수로 모터를 돌렸다 멈췄다를 반복해 봅니다.

01 다음과 같이 예제를 작성합니다.

```
231.ino
01 const int fan_pin = 23;
02 const int fan_channel = 1;
03 const int fan_freq = 1;
04 const int fan_resolution = 10;
05
06 void setup() {
07     ledcAttachPin(fan_pin, fan_channel);
08     ledcSetup(fan_channel, fan_freq, fan_resolution);
09
10     ledcWrite(fan_channel, 100);
11
12     delay(5000);
13
14     ledcWrite(fan_channel, 0);
15 }
16
17 void loop() {
18
19 }
```

01 : fan_pin 정수 상수를 선언한 후, 23으로 설정합니다.
02 : fan_channel 정수 상수를 선언한 후, 1로 설정합니다.
03 : fan_freq 정수 상수를 선언한 후, 1로 설정하여 주파수를 1로 맞추어 줍니다.
04 : fan_resolution 정수 상수를 선언한 후, 10으로 설정합니다.
07 : ledcAttachPin 함수를 호출하여 핀에 채널을 연결합니다.
08 : ledcSetup 함수를 호출하여 fan_channel에 주파수와 듀티 사이클 해상도를 설정합니다.
10 : ledcWrite 함수를 호출하여 fan_channel에 100의 HIGH 값을 줍니다. 이렇게 하면 10%의 속도로 모터가 회전합니다.
12 : 5초간 지연을 줍니다.
14 : ledcWrite 함수를 호출하여 fan_channel에 0의 HIGH 값을 줍니다. 이렇게 하면 모터의 회전이 멈춥니다.

02 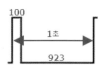 업로드를 수행합니다.

1초 주기로 모터가 돌았다 멈추었다 하는 것을 확인합니다. 즉, 1Hz의 주파수로 모터가 회전하고 정지하는 확인합니다.

```
100
   ┌──1초──┐
   │       │
───┘       └───
       923
```

모터 회전 정지 간격 줄여보기

이제 모터의 회전 정지 간격을 줄여보도록 합니다. 그러면 여러분은 좀 더 조밀하게 모터가 돌다 멈추는 것을 느낄 것입니다.

01 이전 예제를 다음과 같이 수정합니다.

231_2.ino

```
01 const int fan_pin = 23;
02 const int fan_channel = 1;
03 const int fan_freq = 10;
04 const int fan_resolution = 10;
05
06 void setup() {
07     ledcAttachPin(fan_pin, fan_channel);
08     ledcSetup(fan_channel, fan_freq, fan_resolution);
09
10     ledcWrite(fan_channel, 100);
11
12     delay(5000);
13
14     ledcWrite(fan_channel, 0);
15 }
16
17 void loop() {
18
19 }
```

03 : fan_freq 정수 상수 값을 10으로 설정하여 주파수를 10으로 맞추어 주고 있습니다. 이 경우 주파수는 10Hz가 됩니다.

02 ✓ ➡ 📄 ⬆ ⬇ 업로드 업로드를 수행합니다.

※ 업로드가 수행이 안 될 경우, ESP32를 분리한 후, 업로드를 수행해 봅니다.

이 예제의 경우 모터는 초당 10번 돌았다 멈추었다 하게 됩니다. 즉, 10Hz의 주파수로 돌게 됩니다.

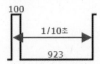

반복적인 모터 회전 정지를 일정한 회전으로 느껴보기

모터의 회전 정지 간격을 더 줄여보도록 합니다. 여기서 여러분은 모터의 회전 정지를 느끼지 못하게 될 것입니다. 오히려 모터가 일정하게 회전하고 있다고 느낄 것입니다.

01 이전 예제를 다음과 같이 수정합니다.

```
231_3.ino
01 const int fan_pin = 23;
02 const int fan_channel = 1;
03 const int fan_freq = 100;
04 const int fan_resolution = 10;
05
06 void setup() {
07     ledcAttachPin(fan_pin, fan_channel);
08     ledcSetup(fan_channel, fan_freq, fan_resolution);
09
10     ledcWrite(fan_channel, 100);
11
12     delay(5000);
13
14     ledcWrite(fan_channel, 0);
15 }
16
17 void loop() {
18
19 }
```

03 : fan_freq 정수 상수 값을 100으로 설정하여 주파수를 100으로 맞추어 주고 있습니다. 이 경우 주파수는 100Hz가 됩니다.

02 ✓ ➔ 🗈 ⬆ ⬇ 업로드 업로드를 수행합니다.

이 예제의 경우 모터는 초당 100번 돌았다 멈추었다 하게 됩니다. 즉, 100Hz의 주파수로 돌게 됩니다.

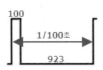

그림과 같은 파형이 초당 100개가 생성됩니다. 이제 여러분은 모터가 돌다 멈추는 것을 느끼지 못할 것입니다. 오히려 모터가 일정한 속도로 회전한다고 느낄 것입니다.

모터 회전 부드럽게 만들기

주파수를 늘리면 모터의 회전이 더 부드러워집니다. 여기서는 주파수를 늘여 모터 회전을 좀 더 부드럽게 만들어 봅니다.

01 이전 예제를 다음과 같이 수정합니다.

```
231_4.ino
01 const int fan_pin = 23;
02 const int fan_channel = 1;
03 const int fan_freq = 1000;
04 const int fan_resolution = 10;
05
06 void setup() {
07      ledcAttachPin(fan_pin, fan_channel);
08      ledcSetup(fan_channel, fan_freq, fan_resolution);
09
10      ledcWrite(fan_channel, 100);
11
12      delay(5000);
13
14      ledcWrite(fan_channel, 0);
15 }
16
17 void loop() {
18
19 }
```

03 : fan_freq 정수 상수 값을 1000으로 설정하여 주파수를 1000으로 맞추어 주고 있습니다. 이 경우 주파수는 1000Hz가 됩니다.

02 ✓ ➔ 📄 ⬆ ⬇ 업로드 업로드를 수행합니다.

이 예제의 경우 모터는 초당 1000번 돌았다 멈추었다 하게 됩니다. 즉, 1000Hz의 주파수로 돌게 됩니다.

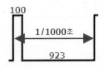

모터의 회전이 훨씬 부드러운 것을 느낄 수 있습니다.

03 _2 모터로 멜로디 연주하기

다음은 소리에 따른 주파수 표를 나타냅니다. 예를 들어 4 옥타브에서 도 음에 대한 주파수는 262 Hz가 됩니다. 즉, 1초에 262 개의 사각 파형을 만들어 내면 도 음이 나게 됩니다. 레는 294 Hz, 미는 330 Hz, 파는 349 Hz, 솔은 392 Hz, 라는 440 Hz, 시는 494 Hz, 5 옥타브의 도는 523 Hz가 됩니다.

Frequency in hertz (semitones above or below middle C)										
Octave → Note ↓	0	1	2	3	4	5	6	7	8	9	10
C	16.352 (−48)	32.703 (−36)	65.406 (−24)	130.81 (−12)	261.63 (±0)	523.25 (+12)	1046.5 (+24)	2093.0 (+36)	4186.0 (+48)	8372.0 (+60)	16744.0 (+72)
C#/Db	17.324 (−47)	34.648 (−35)	69.296 (−23)	138.59 (−11)	277.18 (+1)	554.37 (+13)	1108.7 (+25)	2217.5 (+37)	4434.9 (+49)	8869.8 (+61)	17739.7 (+73)
D	18.354 (−46)	36.708 (−34)	73.416 (−22)	146.83 (−10)	293.66 (+2)	587.33 (+14)	1174.7 (+26)	2349.3 (+38)	4698.6 (+50)	9397.3 (+62)	18794.5 (+74)
Eb/D#	19.445 (−45)	38.891 (−33)	77.782 (−21)	155.56 (−9)	311.13 (+3)	622.25 (+15)	1244.5 (+27)	2489.0 (+39)	4978.0 (+51)	9956.1 (+63)	19912.1 (+75)
E	20.602 (−44)	41.203 (−32)	82.407 (−20)	164.81 (−8)	329.63 (+4)	659.26 (+16)	1318.5 (+28)	2637.0 (+40)	5274.0 (+52)	10548.1 (+64)	21096.2 (+76)
F	21.827 (−43)	43.654 (−31)	87.307 (−19)	174.61 (−7)	349.23 (+5)	698.46 (+17)	1396.9 (+29)	2793.8 (+41)	5587.7 (+53)	11175.3 (+65)	22350.6 (+77)
F#/Gb	23.125 (−42)	46.249 (−30)	92.499 (−18)	185.00 (−6)	369.99 (+6)	739.99 (+18)	1480.0 (+30)	2960.0 (+42)	5919.9 (+54)	11839.8 (+66)	23679.6 (+78)
G	24.500 (−41)	48.999 (−29)	97.999 (−17)	196.00 (−5)	392.00 (+7)	783.99 (+19)	1568.0 (+31)	3136.0 (+43)	6271.9 (+55)	12543.9 (+67)	25087.7 (+79)
Ab/G#	25.957 (−40)	51.913 (−28)	103.83 (−16)	207.65 (−4)	415.30 (+8)	830.61 (+20)	1661.2 (+32)	3322.4 (+44)	6644.9 (+56)	13289.8 (+68)	26579.5 (+80)
A	27.500 (−39)	55.000 (−27)	110.00 (−15)	220.00 (−3)	440.00 (+9)	880.00 (+21)	1760.0 (+33)	3520.0 (+45)	7040.0 (+57)	14080.0 (+69)	28160.0 (+81)
Bb/A#	29.135 (−38)	58.270 (−26)	116.54 (−14)	233.08 (−2)	466.16 (+10)	932.33 (+22)	1864.7 (+34)	3729.3 (+46)	7458.6 (+58)	14917.2 (+70)	29834.5 (+82)
B	30.868 (−37)	61.735 (−25)	123.47 (−13)	246.94 (−1)	493.88 (+11)	987.77 (+23)	1975.5 (+35)	3951.1 (+47)	7902.1 (+59)	15804.3 (+71)	31608.5 (+83)

여기서는 모터를 이용하여 멜로디를 생성해 보도록 하겠습니다. 드론의 19번 모터를 이용해 멜로디를 생성해 보도록 합니다.

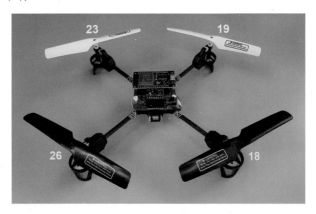

01 다음과 같이 예제를 작성합니다.

232.ino

```
01 const int fan_pin = 19;
02 const int fan_channel = 1;
03 const int fan_resolution = 10;
04
05 const int melody[] = {
06      262, 294, 330, 349, 393, 440, 494, 523,
07 };
08
```

```
09 void setup() {
10      ledcAttachPin(fan_pin, fan_channel);
11
12      for(int note=0;note<8;note++) {
13              ledcSetup(fan_channel, melody[note], fan_resolution);
14              ledcWrite(fan_channel, 10);
15              delay(500);
16
17              ledcWrite(fan_channel, 0);
18              delay(50);
19      }
20
21      ledcWrite(fan_channel, 0);
22 }
23
24 void loop() {
25
26 }
```

05~07 : 4 옥타브의 도, 레, 미, 파, 솔, 라, 시, 도에 해당하는 주파수를 값으로 갖는 melody 배열 상수를 선언합니다.

10   : ledcAttachPin 함수를 호출하여 핀에 채널을 연결합니다.

13   : ledcSetup 함수를 호출하여 fan_channel에 주파수와 듀티 사이클 해상도를 설정합니다.

14   : ledcWrite 함수를 호출하여 fan_channel에 10의 HIGH 값을 줍니다. 이렇게 하면 모터는 거의 회전하지 않으면서, 소리만 납니다.

15   : 500밀리 초간 기다립니다.

17   : ledcWrite 함수를 호출하여 fan_channel에 0의 HIGH 값을 줍니다. 이렇게 하면 소리가 꺼집니다.

18   : 50밀리 초간 기다립니다.

21   : ledcWrite 함수를 호출하여 fan_channel에 0의 HIGH 값을 줍니다. 이렇게 하면 소리가 꺼집니다.

02 ✓ → 🗎 ⬆ ⬇ 업로드 업로드를 수행합니다.

드론의 전원을 켠 후, 19 번 모터에서 나는 멜로디를 확인합니다.

04 드론 모터의 이해와 테스트

여기서는 드론 모터를 살펴보고 모터 테스트 프로그램을 작성해봅니다. 또 사용자로부터 입력을 받아 모터의 속도를 조절해 봅니다.

04_1 드론 모터의 구조 이해

일반적으로 드론 용 모터로는 BLDC 모터가 사용됩니다. BLDC(BrushLess DC) 모터는 DC 모터의 일종으로 브러시 없는(Brushless) 모터입니다.

일반 DC 모터의 구조

브러시가 있는 일반 DC 모터는 다음과 같은 모양입니다.

일반 DC 모터는 모터를 구동시키기 위해 다음과 같은 형태의 브러시가 사용됩니다.

이 브러시는 다음과 같은 형태로 정류자(commutator)를 통해 코일과 연결됩니다.

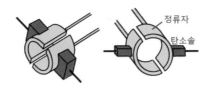

정류자
탄소솔

즉, 다음 그림과 같이 전지로부터의 전류가 카본 브러시와 정류자를 통해 코일로 전류가 흐르면서 회전을 하게 됩니다.

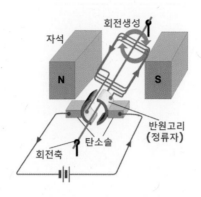

이 과정에서 브러시와 정류자 간에 마찰과 열이 발생하게 됩니다. 그래서 브러시가 있는 일반 DC모터는 이러한 마찰과 열에 의해 모터 효율이 60% 내외가 됩니다. 또 브러시의 마모에 의해 모터의 수명도 짧아지게 됩니다.

BLDC 모터의 구조

이러한 단점을 극복하기 위해 BLDC 모터는 브러시를 사용하지 않습니다. BLDC 모터는 다음과 같은 구조입니다.

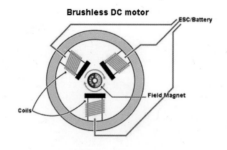

BLDC 모터는 축을 돌리기 위해 코일과 자석이 사용된다는 점에서는 일반 DC 모터와 같습니다. 그러나 BLDC 모터는 회전축에 연결되어 코일 내의 전원의 방향을 바꾸는 역할을 하는 브러시가 없습니다. 대신에 BLDC 모터는 모터의 내부 주변에 코일이 원통에 고정되어 있습니다. 중앙에는 회전축에 붙어있는 원통이 있고, 이 원통에 자석이 붙어있는 구조입니다. BLDC 모터는 BLDC 용 모터 컨트롤러로 구동하여야 하지만, 수명이 길고 마찰이 적어 우주 항공 분야, 의료 분야, 반도체, 측정기, 로봇 등 정밀제어분야에 주로 사용됩니다. BLDC 모터는 효율이 80% 이상입니다.

BLDC 모터에 대한 자세한 내용은 이 책에서는 다루지 않습니다. 본 책에서는 안전 문제 상 BLDC 모터를 사용하지 않고 Coreless 모터를 사용합니다.

CLDC 모터의 구조

Coreless 모터는 다음과 같은 모양의 소형 모터입니다.

Coreless 모터의 내부 구조는 다음과 같습니다.

Coreless 모터는 브러시를 사용하는 DC 모터의 한 종류이지만 구리선이 감겨있는 철심이 없습니다. 즉, 일반 DC 모터의 내부에 코일은 다음과 같이 철심에 감겨져 있습니다.

구리선을 벗겨낸 철심의 모양은 다음과 같습니다.

Coreless 모터는 모터 내부에 철심이 없기 때문에 더 가볍고 작게 만들 수 있습니다. Coreless 모터는 주로 의료 기기, 우주 항공, 자동차, 해저 탐사용 로봇들에 사용됩니다. Coreless 모터의 효율은 보통 70% ~ 80%입니다.

04 _ 2 드론 모터 회로 살펴보기

본 책에서 다루고 있는 KocoNode 드론 모터는 ESP32의 23, 19, 18, 26 번 핀에 연결되어 있습니다.

다음과 같이 23, 18 번 핀에 연결된 모터는 시계 방향, 19, 26 번 핀에 연결된 모터는 반시계 방향으로 돌게 됩니다.

아두이노의 모터를 제어하는 핀은 모터와 직접 연결되지 않습니다. 일반적으로 모터를 제어하기 위해서는 모터 회로가 필요합니다. 본 책에서 다루는 드론의 경우는 다음과 같은 형태의 모터 회로를 가지고 있습니다.

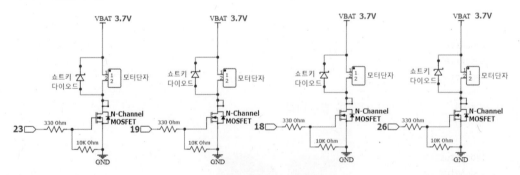

모터 제어 핀은 23, 19, 18, 26을 통해 MOSFET을 통해 모터에 연결됩니다. MOSFET은 트랜지스터의 일종으로 전자 스위치입니다. 그림에서 23, 19, 18, 26 핀을 통해 ESP32에서 HIGH 값을 주면 모터 회로가 연결되어 모터가 회전하며, LOW 값을 주면 모터 회로가 끊기며 모터가 멈추게 됩니다. 이 책에서 사용하는 드론 모터 드라이버는 9926A로 모양은 다음과 같습니다.

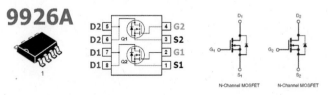

04 _ 3 모터 제어 프로그램 작성하기

여기서는 ESP32의 ledcWrite 함수를 이용하여 4개의 모터를 제어해보도록 합니다. ledcWrite 함수는 칩 내부에 있는 Timer 모듈에 명령을 주어 아래와 같은 형태의 사각 파형을 내보낼 수 있습니다.

모터 돌려 보기

먼저 아두이노 스케치를 이용하여 4 개의 모터를 차례대로 돌려 보도록 하겠습니다. 모터가 도는 방향에 대해 자세히 살펴보도록 합니다.

01 다음과 같이 예제를 작성합니다.

```
243.ino
01 const int MOTOR_A = 23;
02 const int MOTOR_B = 19;
03 const int MOTOR_C = 18;
04 const int MOTOR_D = 26;
05 const int CHANNEL_A = 10;
06 const int CHANNEL_B = 11;
07 const int CHANNEL_C = 12;
08 const int CHANNEL_D = 13;
09 const int MOTOR_FREQ = 5000;
10 const int MOTOR_RESOLUTION = 10;
11
12 void setup() {
13     ledcAttachPin(MOTOR_A, CHANNEL_A);
14     ledcAttachPin(MOTOR_B, CHANNEL_B);
15     ledcAttachPin(MOTOR_C, CHANNEL_C);
16     ledcAttachPin(MOTOR_D, CHANNEL_D);
17
18     ledcSetup(CHANNEL_A, MOTOR_FREQ, MOTOR_RESOLUTION);
19     ledcSetup(CHANNEL_B, MOTOR_FREQ, MOTOR_RESOLUTION);
20     ledcSetup(CHANNEL_C, MOTOR_FREQ, MOTOR_RESOLUTION);
21     ledcSetup(CHANNEL_D, MOTOR_FREQ, MOTOR_RESOLUTION);
22
23     ledcWrite(CHANNEL_A, 0);
24     ledcWrite(CHANNEL_B, 0);
25     ledcWrite(CHANNEL_C, 0);
26     ledcWrite(CHANNEL_D, 0);
27
28     delay(3000);
29 }
30
31 unsigned int howMany =3;
32 void loop() {
```

```
33
34        if(howMany>0) {
35                howMany--;
36
37                ledcWrite(CHANNEL_A, 100); delay(1000);
38                ledcWrite(CHANNEL_B, 100); delay(1000);
39                ledcWrite(CHANNEL_C, 100); delay(1000);
40                ledcWrite(CHANNEL_D, 100); delay(1000);
41
42                ledcWrite(CHANNEL_A, 0);
43                ledcWrite(CHANNEL_B, 0);
44                ledcWrite(CHANNEL_C, 0);
45                ledcWrite(CHANNEL_D, 0);
46                delay(4000);
47        }
48
49 }
```

01~04 : 모터 A, B, C, D에 연결된 핀 상수를 선언합니다.

05~08 : 모터 A, B, C, D 핀에 연결한 채널 상수를 선언합니다.

09   : 모터 주파수 값을 저장할 주파수 상수를 선언합니다.

10   : 모터 듀티 사이클 해상도 값을 저장할 상수를 선언합니다.

13~16 : ledcAttachPin 함수를 호출하여 모터 A, B, C, D 핀에 채널을 연결합니다.

18~21 : ledcSetup 함수를 호출하여 모터 A, B, C, D 채널에 주파수와 듀티 사이클 해상도를 설정합니다.

23~26 : ledcWrite 함수를 호출하여 채널 A, B, C, D에 0값을 줍니다. 즉, 4개의 모터를 멈춥니다.

28   : 3초간 기다립니다. 이 부분은 실습 시 안전을 위해 넣은 부분입니다.

31   : howMany 변수를 선언한 후, 3으로 초기화합니다. howMany 변수는 34, 35줄에서 사용하여 34~47줄의 수행
          횟수를 결정합니다.

37~40 : ledcWrite 함수를 호출하여 채널 A, B, C, D에 100 값을 줍니다. 1023 중 100에 해당하는 값만큼 HIGH가 (1023-
          100)에 해당하는 값만큼 LOW가 출력되게 됩니다. 그리고 1초간 지연을 줍니다.

42~45 : ledcWrite 함수를 호출하여 채널 A, B, C, D에 0값을 줍니다. 즉, 4개의 모터를 멈춥니다.

46   : 4초간 기다립니다.

02 ✓ → 📄 ⬆ ⬇ 업로드 업로드를 수행합니다.

03 USB에 연결된 상태로 배터리 전원을 켭니다. 드론 모터는 배터리 전원으로 동작하도록 회로 구
성이 되어 있습니다.

04 23, 19, 18, 26의 순서대로 4 개의 모터가 1초 간격으로 차례대로 돌아가는 것을 확인합니다. 그리고 4 초간 멈추는 것을 확인합니다. 이 동작을 3회 반복합니다.

모터의 회전 방향은 다음과 같습니다.

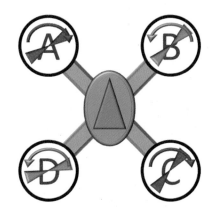

05 테스트가 끝났으면 모터 전원을 끕니다.

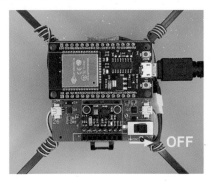

브라운 아웃 리셋 비활성화하기

외부 전원을 사용하여 4개의 모터를 동시에 구동할 경우에 ESP32로 공급되는 전력이 순간적으로 부족하여 brownout 리셋이 발생할 수 있습니다. ESP32의 경우 내부적으로 WiFi와 BLE 하드웨어 모듈을 내장하고 있으며, 이러한 하드웨어 모듈들은 안정적인 전력 공급을 필요로 합니다. 따라서 ESP32 칩 내부에는 Brownout Detector 기능이 있어 전원 전압이 내부적으로 설정한 전압값 이하로 떨어지면 자동으로 리셋을 발생시켜 ESP32를 재부팅하게 됩니다. 외부 전원만으로 ESP32를 구동할 경우에, 특히 모터와 같이 순간적으로 구동 전력을 많이 사용하는 하드웨어와 같이 구동할 경우에 ESP32에 brownout 리셋이 발생할 가능성이 높습니다. 이 경우, ESP32로 전원을 따로 공급하거나 또는 다음과 같이 Brownout Detector를 비활성화시켜 문제를 해결합니다.

```
01 #include "soc/soc.h"
02 #include "soc/rtc_cntl_reg.h"
03
04 void setup() {
05     WRITE_PERI_REG(RTC_CNTL_BROWN_OUT_REG, 0);
06     // 여러분의 코드를 작성합니다.
07 }
08
09 void loop() {
10     // 여러분의 코드를 작성합니다.
11 }
```

01 : soc/soc.h 파일을 포함합니다. soc.h 파일은 05줄에서 호출하는 함수 WRITE_PERI_REG에 대한 정보를 담고 있습니다.

02 : soc/rtc_cntl_reg.h 파일을 포함합니다. rtc_cntl_reg.h 파일은 05줄에서 사용하는 레지스터 RTC_CNTL_BROWN_OUT_REG에 대한 정보를 담고 있습니다.

05 : WRITE_PERI_REG 함수를 호출하여 RTC_CNTL_BROWN_OUT_REG 레지스터 변수에 0을 써 줍니다. 이렇게 하면 Brownout Detector를 비활성화시켜 brownout 리셋을 막게 됩니다.

05 사용자 입력 받기

우리는 앞에서 Serial.println 함수를 통해서 아두이노의 이야기를 듣는 방법을 살펴보았습니다. 그러면 아두이노가 우리의 이야기를 듣는 방법을 없을까요? 아두이노가 우리의 이야기를 들어야 우리가 원하는 것을 아두이노에게 시킬 수 있지 않을까요? 이 때 필요한 함수가 바로 Serial.read 함수입니다.

여기서는 시리얼 입력을 살펴봅니다. 시리얼 입력은 사용자의 입력을 받기 위해 필요하며 Serial. available 함수와 Serial.read 함수를 이용합니다. 사용자의 입력을 받기 때문에 아주 중요한 기능 입니다.

ESP32는 USB 단자를 통해 PC로부터 메시지를 받습니다.

여러분은 아두이노 스케치를 통해 아두이노가 PC로부터 메시지를 받게 할 때 다음 세 함수를 주로 사용하게 됩니다.

```
Serial.begin(speed)
Serial.available()
Serial.read()
```

Serial.begin 함수는 앞에서 이미 살펴보았습니다. 여기서는 따로 설명하지 않습니다.
Serial.available은 PC로부터 도착한 데이터의 바이트 수를 돌려줍니다.
Serial.read는 PC로부터 받은 메시지의 첫 번째 바이트를 읽는 함수입니다.

05 _ 1 사용자 입력 받기

여기서는 Serial.available 함수와 Serial.read 함수를 이용하여 PC를 통해 사용자로부터 문자를 입력받은 후, PC로 사용자 입력을 돌려보내 봅니다.

01 다음과 같이 예제를 작성합니다.

```
251.ino
01 void setup() {
02     Serial.begin(115200);
03 }
04
05 void loop() {
06     if(Serial.available()>0) {
07         char userInput = Serial.read();
08         Serial.print(userInput);
09     }
10 }
```

06 : Serial.available 함수를 호출하여 시리얼을 통해 도착한 문자가 있는지 확인합니다. 도착한 문자가 있을 경우 6~9줄을 수행합니다. Serial.available 함수는 시리얼 입력 버퍼에 도착한 데이터의 개수를 주는 함수입니다.

07 : Serial.read 함수를 호출하여 키보드 입력 문자 하나를 userInput 변수로 받습니다. Serial.read 함수는 시리얼 입력 버퍼에 도착한 데이터를 한 바이트 읽어내는 함수입니다.

08 : Serial.print 함수를 호출하여 사용자로부터 전달된 문자를 출력합니다.

02 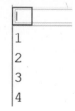 업로드를 수행합니다.

03 [시리얼 모니터] 버튼을 클릭하고, 통신 속도를 115200으로 맞춰줍니다.

04 시리얼 모니터 창의 빨간 박스 입력 창에 1, 2, 3, 4를 입력해 봅니다.

```
|
1
2
3
4
```

1,2,3,4 문자가 표시되는 것을 확인합니다.

05 _ 2 모터 속도 조절해 보기

여기서는 시리얼을 이용하여 모터의 속도를 조절해 봅니다.

01 다음과 같이 예제를 작성합니다.

```
252.ino
01 const int MOTOR_A = 23;
02 const int MOTOR_B = 19;
03 const int MOTOR_C = 18;
04 const int MOTOR_D = 26;
05 const int CHANNEL_A = 10;
06 const int CHANNEL_B = 11;
07 const int CHANNEL_C = 12;
08 const int CHANNEL_D = 13;
09 const int MOTOR_FREQ = 5000;
10 const int MOTOR_RESOLUTION = 10;
11
12 void setup() {
13      ledcAttachPin(MOTOR_A, CHANNEL_A);
14      ledcAttachPin(MOTOR_B, CHANNEL_B);
15      ledcAttachPin(MOTOR_C, CHANNEL_C);
16      ledcAttachPin(MOTOR_D, CHANNEL_D);
17
18      ledcSetup(CHANNEL_A, MOTOR_FREQ, MOTOR_RESOLUTION);
19      ledcSetup(CHANNEL_B, MOTOR_FREQ, MOTOR_RESOLUTION);
20      ledcSetup(CHANNEL_C, MOTOR_FREQ, MOTOR_RESOLUTION);
21      ledcSetup(CHANNEL_D, MOTOR_FREQ, MOTOR_RESOLUTION);
22
23      ledcWrite(CHANNEL_A, 0);
24      ledcWrite(CHANNEL_B, 0);
25      ledcWrite(CHANNEL_C, 0);
26      ledcWrite(CHANNEL_D, 0);
27
28      Serial.begin(115200);
29 }
30
31 void loop() {
32      if(Serial.available()>0) {
33              char userInput = Serial.read();
34              Serial.println(userInput);
35
36              if(userInput>='0' && userInput<='9') {
37                      int throttle = (userInput-'0')*40;
38                      ledcWrite(CHANNEL_A, throttle);
39                      ledcWrite(CHANNEL_B, throttle);
40                      ledcWrite(CHANNEL_C, throttle);
41                      ledcWrite(CHANNEL_D, throttle);
42              }
43      }
44 }
```

36   : 사용자 입력 값이 '0'(0 문자)보다 크거나 같고 '9'(9 문자) 값보다 작으면

37 : 사용자 입력 값에서 '0' 문자 값을 빼서 숫자 값을 만든 후, 40을 곱해서 throttle 변수 값에 할당합니다. throttle 변수는 각 모터에 적용되는 속도 값을 저장하는 변수입니다.

38~41 : ledcWrite 함수를 호출하여 23, 19, 18, 26 번 핀에 throttle 값을 줍니다.

※ '0'~'9' 문자에 대응되는 아스키 숫자 값은 48~57입니다. 그래서 사용자가 '3'문자를 입력할 경우 '3'-'0'=51-48=3이 됩니다. 이 3의 값에 40을 곱하면 120이 되며 이 값을 ledcWrite 함수의 두 번째 인자로 넣게 됩니다. 이 예제에서는 모터의 최대 속도로 360까지 줄 수 있습니다. 최대 속도는 1023을 주었을 때입니다.

02  업로드를 수행합니다.

03 [시리얼 모니터] 버튼을 클릭하고, 통신 속도를 115200으로 맞춰줍니다.

04 USB에 연결된 상태로 배터리 전원을 켭니다. 드론 모터는 배터리 전원으로 동작하도록 회로 구성이 되어 있습니다.

05 시리얼 모니터 창의 빨간 박스 입력 창에 1, 2, 3, 4를 입력해 봅니다. 9까지 입력할 수 있습니다.

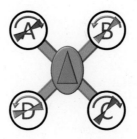

06 드론의 프로펠러가 회전하는 것을 확인합니다.

07 테스트가 끝났으면 모터 전원을 끕니다.

06 GY-91 모듈 살펴보기

우리가 사용하고 있는 아두이노 드론에는 다음과 같은 GY-91 모듈이 장착되어 있습니다.

다음과 같이 드론의 후방 중앙에 장착되어 있습니다.

GY-91 모듈은 MPU9250 9축 센서(가속도 3축, 자이로 3축, 지자계 3축)와 BMP280 기압 센서로 구성되어 있습니다. 이 책에서는 MPU9250 모듈의 가속도 센서와 자이로 센서를 이용합니다. MPU9250 모듈은 가속도 자이로 센서를 이용하여 드론의 기울어진 정도와 회전속도를 알려줍니다. 우리는 드론의 기울어진 정도나 회전속도에 따라 모터의 속도를 조절해 드론의 중심을 잡게 됩니다. MPU9250 모듈은 가속도 3축, 자이로 3축, 지자계 3축, 온도에 대한 총 10 가지 센서 값을 제공합니다. 이 중 우리는 가속도, 자이로 센서에 대한 값을 활용하게 됩니다. 가속도 자이로 센서에 대한 분석 방법은 아주 복잡하지만, 드론의 동작을 이해하기 위해 꼭 필요한 부분입니다.

이 책에서 다루는 가속도 자이로 지자계 센서는 InvenSense 사의 제품인 MPU9250 센서로 다음 사진의 가운데에 있는 칩입니다.

MPU9250 모듈은 하나의 칩 안에 MEMS 가속도 센서와 MEMS 자이로 센서를 가지고 있습니다. MEMS란 Micro Electro Mechanical Systems의 약자로 미세 전자기계 시스템으로 불리며, 반도체 제조 공정 기술을 기반으로 한 마이크로미터(μm)이나 밀리미터(mm)크기의 초소형 정밀기계 제작 기술을 말합니다. 아래 그림은 MEMS 기술로 만들어진 초소형 기계 시스템을 보여주고 있습니다.

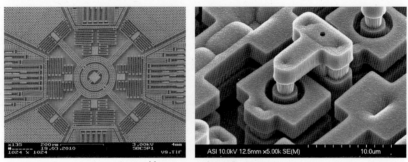

http://www.machinedesign.com
http://www.kinews.net

MPU9250 센서는 각 채널에 대해 16 비트 크기의 값을 출력해 주는 ADC 모듈을 가지고 있습니다. 다음은 MPU9250 센서의 내부 블록도입니다.

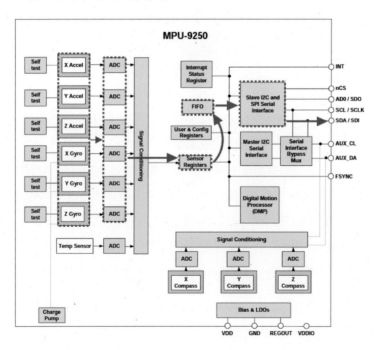

X, Y, Z 축에 대한 가속도와 자이로 값이 각각의 ADC 블록을 거쳐 센서 레지스터(Sensor Register)에 저장됩니다. 센서 레지스터는 센서 내부에 있는 이름을 가진 변수와 같습니다. 센서 레지스터에 저장된 값은 I2C 통신을 통해 ESP32 아두이노로 전달됩니다.

다음은 ESP32의 I2C 핀입니다.

MPU9250 센서는 ESP32와 I2C 통신을 합니다. ESP32의 I2C 핀은 21, 22 번 핀으로 각각 ESP32 내부에 있는 I2C 모듈의 SDA, SCL 핀과 연결됩니다. ESP32의 SDA, SCL 핀은 MPU9250 센서의 SDA, SCL 핀과 연결됩니다.

06 _ 1 Roll, Pitch, Yaw 이해하기

드론에서 Roll, Pitch, Yaw는 아주 중요한 요소입니다. 이 세 가지 조건에 대한 정확한 정보가 이 없다면, 드론을 제대로 띄울 수가 없습니다. 그러면 Roll, Pitch, Yaw란 무엇일까요?
다음과 같은 형태의 배가 물에 떠 있는 경우를 생각해 봅니다.

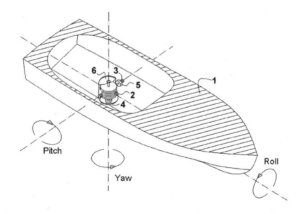

전방을 기준으로 배는 좌우로 흔들릴 수 있습니다. 배는 앞뒤로도 흔들릴 수 있습니다. 배는 방향을 전환할 수도 있습니다. 이 때, 각각을 Roll, Pitch, Yaw라고 합니다. 배의 경우는 Yaw가 아주 중요한 요소가 됩니다.

이러한 현상은 비행기에도 나타날 수 있습니다. 다음 그림을 살펴봅니다.

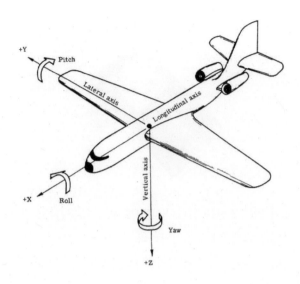

Roll은 비행체의 좌우 기울어짐의 정도, Pitch는 전후 기울어짐의 정도, Yaw는 수평 회전 정도를 나타냅니다.

다음 그림은 비행기의 Roll, Pitch, Yaw를 좀 더 구체적으로 보여주고 있습니다.

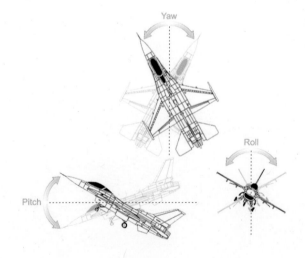

비행기의 경우엔 Roll, Pitch, Yaw가 모두 중요합니다.

드론의 경우는 비행기와 같습니다. 아래 그림은 드론의 Roll, Pitch, Yaw를 나타냅니다.

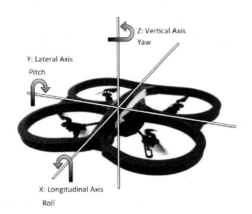

드론의 전방을 기준으로 좌우 기울어짐을 Roll, 전후 기울어짐을 Pitch, 수평 회전 정도를 Yaw라고 합니다. 드론의 Roll, Pitch, Yaw 대한 정보는 MPU9250 센서를 이용하여 얻어낼 수 있습니다.

MPU9250 센서를 좀 더 자세히 살펴보도록 하겠습니다.

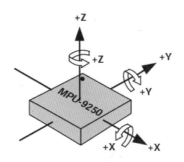

그림에서 MPU9250 센서는 총 6개의 축을 표시하고 있습니다. 직선 3축과 곡선 3축을 합쳐서 총 6 개의 축이 됩니다. 직선 3 축은 기울기 센서가 사용합니다. 곡선 3축은 자이로 센서가 사용합니다. 직선 3 축은 각 축에 대해 중력 방향을 기준으로 센서의 기울어진 정도를 측정할 때 사용합니다. 곡 선 3 축은 직선 3 축에 대한 회전 정도를 측정할 때 사용합니다.

06 _ 2 가속도 센서 축의 이해

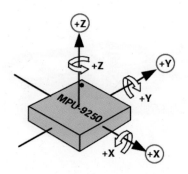

그림에서 직선 +X, +Y, +Z 방향은 가속도 센서의 + 방향입니다. 예를 들어, 센서가 정적인 상태에서 직선의 +X가 중력 방향과 같은 방향을 보게 되면 가속도 센서 X_Accel은 음수 값을 갖습니다. 또, 직선 +X가 중력 방향과 반대 방향을 보게 되면 가속도 센서 X_Accel은 양수 값을 갖습니다. 직선 +Y, +Z에 대해서도 마찬가지 방식으로 생각하면 됩니다. X_Accel, Y_Accel, Z_Accel은 아래 그림의 센서 값을 나타냅니다.

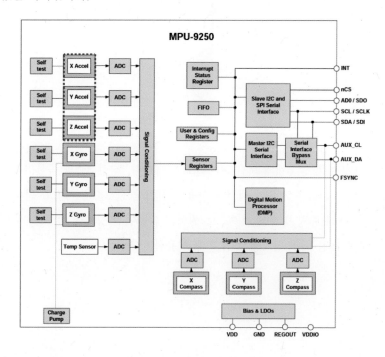

가속도 센서 값은 뒤에서 실습을 통해 구체적으로 살펴 볼 것입니다.

MPU9250 센서를 수평면에 두었을 때, 직선 +Z는 중력과 정 반대 방향을 보게 되며, 가속도 센서 Z_Accel은 양수 값을 갖게 됩니다.

06 _ 3 자이로 센서 축의 이해

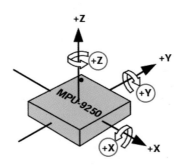

그림에서 곡선 축의 +X, +Y, +Z는 센서가 회전할 경우에 자이로 센서의 + 값의 기준이 됩니다. 예를 들어, 센서가 +X 방향으로 돌면 자이로(각속도 또는 회전속도) 센서 X_Gyro는 양수 값을 갖습니다. 반대 방향으로 돌면 자이로 센서 X_Gyro는 음수 값을 갖습니다. 곡선 축 +Y, +Z에 대해서도 마찬가지 방식으로 생각하면 됩니다.

X_Gyro, Y_Gyro, Z_Gyro는 아래 그림의 센서 값을 나타냅니다.

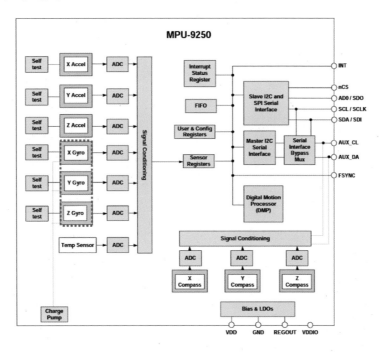

자이로 센서 값은 뒤에서 실습을 통해 구체적으로 살펴 볼 것입니다.

06 _ 4 ESP32 아두이노 드론과 가속도 자이로 센서

우리가 사용하는 ESP32 아두이노 드론은 직선 축 +X, +Y가 각각 전방, 좌측을 보고 있습니다. 다음 그림을 살펴보도록 합니다.

MPU9250 부분만 확대해 보면 다음과 같습니다.

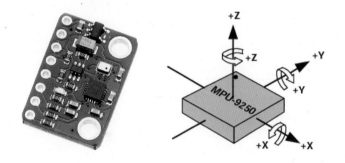

직선 축 +X는 전방을, 직선 축 +Y는 좌측을 가리킵니다.

그러면 ESP32 아두이노 드론에 대해서 드론의 회전하는 상태에 따라 가속도와 자이로 센서 값에 대해 생각해 보겠습니다. 먼저 드론이 앞으로 기울어진 상태와 오른쪽으로 기울어진 상태에 대해서 생각해 보겠습니다. 드론이 앞으로 기울어지면 직선 +X축은 중력 방향을 향하게 되므로 기울기 센서 X_Accel은 음수 값을 갖습니다. 드론이 오른쪽으로 기울어지면 직선 +Y축이 중력 반대 방향을 향하게 되므로 기울기 센서 Y_Accel은 양수 값을 갖습니다.

다음 그림은 비행기를 예로 앞으로 기울어진 상태와 오른쪽으로 기울어질 상태를 나타냅니다. 오른쪽 비행기의 경우 지면을 향해 나오는 그림입니다.

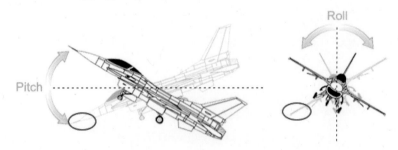

드론이 회전할 경우에 대해서도 살펴보겠습니다. 수평 상태에서 드론이 오른쪽으로 기울면서 회전이 발생할 경우 곡선 축 +X 방향으로 돌게 됩니다. 따라서 자이로 센서 X_Gyro는 양수 값을 갖습니다. 드론이 왼쪽으로 기울면서 회전이 발생할 경우 곡선 축 +X 반대 방향으로 돌게 됩니다. 따라서 자이로 센서 X_Gyro는 음수 값을 갖습니다. 수평 상태에서 드론의 앞부분이 땅 방향으로 회전이 발생할 경우 곡선 축 +Y 방향으로 돌게 됩니다. 따라서 자이로 센서 Y_Gyro는 양수 값을 갖습니다. 드론의 앞부분이 하늘 방향으로 회전이 발생할 경우 곡선 축 +Y 반대 방향으로 돌게 됩니다. 따라서 자이로 센서 Y_Gyro는 음수 값을 갖습니다.

06 _ 5 MPU9250 레지스터 살펴보기

여기서는 MPU9250을 초기화하기 위한 설정 레지스터와 자이로 센서 값을 저장하는 레지스터를 살펴보도록 합니다. 레지스터는 CPU와 디바이스가 통신하기 위한 디바이스가 가진 변수와 같습니다.

다음은 PWR_MGMT_1 레지스터를 나타냅니다. 이 레지스터는 MPU9250의 내부 0x68 번지에 있습니다.

6B	107	PWR_MGMT_1	R/W	DEVICE _RESET	SLEEP	CYCLE	-	TEMP_DIS	CLKSEL[2:0]

SLEEP 부분이 1로 설정되면 MPU9250은 sleep mode가 되며 반대로 0으로 설정되면 깨어나게 됩니다.

다음은 MPU9250의 내부 0x3b~0x48 번지에 있는 14 바이트의 레지스터를 나타냅니다. 0x3b 번지부터 시작해 총 14 바이트 크기의 레지스터에 차례대로 가속도 센서, 온도 센서, 자이로 센서 값이 저장됩니다.

Addr (Hex)	Addr (Dec.)	Register Name
3B	59	ACCEL_XOUT_H
3C	60	ACCEL_XOUT_L
3D	61	ACCEL_YOUT_H
3E	62	ACCEL_YOUT_L
3F	63	ACCEL_ZOUT_H
40	64	ACCEL_ZOUT_L
41	65	TEMP_OUT_H
42	66	TEMP_OUT_L
43	67	GYRO_XOUT_H
44	68	GYRO_XOUT_L
45	69	GYRO_YOUT_H
46	70	GYRO_YOUT_L
47	71	GYRO_ZOUT_H
48	72	GYRO_ZOUT_L

각 센서의 값은 2바이트 크기를 갖습니다.

06 _ 6 가속도 자이로 센서 값 읽어보기

여기서는 드론에 부착된 MPU9250 가속도 자이로 센서 값을 있는 그대로 읽어보도록 합니다.

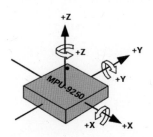

01 다음과 같이 예제를 작성합니다.

266.ino

```
01 #include <Wire.h>
02
03 void setup() {
04     Serial.begin(115200);
05
06     Wire.begin();
07     Wire.setClock(400000);
08
09     Wire.beginTransmission(0x68);
10     Wire.write(0x6b);
11     Wire.write(0x0);
12     Wire.endTransmission(true);
13 }
14
15 void loop() {
16     Wire.beginTransmission(0x68);
17     Wire.write(0x3b);
18     Wire.endTransmission(false);
19     Wire.requestFrom((uint16_t)0x68,(uint8_t)14,true);
20
21     int16_t AcXH = Wire.read();
22     int16_t AcXL = Wire.read();
23     int16_t AcYH = Wire.read();
24     int16_t AcYL = Wire.read();
25     int16_t AcZH = Wire.read();
26     int16_t AcZL = Wire.read();
27     int16_t TmpH = Wire.read();
28     int16_t TmpL = Wire.read();
29     int16_t GyXH = Wire.read();
30     int16_t GyXL = Wire.read();
31     int16_t GyYH = Wire.read();
32     int16_t GyYL = Wire.read();
33     int16_t GyZH = Wire.read();
34     int16_t GyZL = Wire.read();
```

```
35
36      int16_t AcX = AcXH <<8 |AcXL;
37      int16_t AcY = AcYH <<8 |AcYL;
38      int16_t AcZ = AcZH <<8 |AcZL;
39      int16_t GyX = GyXH <<8 |GyXL;
40      int16_t GyY = GyYH <<8 |GyYL;
41      int16_t GyZ = GyZH <<8 |GyZL;
42
43      static int cnt_loop;
44      cnt_loop ++;
45      if(cnt_loop%200 !=0) return;
46
47      Serial.printf(" AcX = %d ", AcX);
48      Serial.printf(" | AcY = %d ", AcY);
49      Serial.printf(" | AcZ = %d ", AcZ);
50      Serial.printf(" | GyX = %d ", GyX);
51      Serial.printf(" | GyY = %d ", GyY);
52      Serial.printf(" | GyZ = %d ", GyZ);
53      Serial.println();
54 }
```

01 : Wire.h 헤더 파일을 포함합니다. 이 파일은 I2C 통신을 할 때 필요한 파일입니다. 아두이노 마이크로 프로는 MPU9250 센서와 I2C 통신을 하기 때문에 이 파일이 필요합니다.

04 : Serial의 통신 속도를 115200으로 설정하고 있습니다.

06 : Wire.begin 함수를 호출합니다. Wire.begin 함수는 I2C 통신 기능을 활성화하는 함수입니다.

07 : Wire.setClock 함수를 호출합니다. Wire.setClock 함수는 I2C 통신 속도를 설정하는 함수로 이 예제에서는 400KHz로 설정합니다. 400KHz는 400Kbps의 속도와 같습니다. Wire.SetClock 함수는 100000(standard mode) 또는 400000(fast mode)을 설정 값으로 받을 수 있습니다.

09, 16 : Wire.beginTransmission 함수를 호출합니다. 이 함수는 인자로 주어진 I2C 슬레이브 모듈과 통신을 시작할 때 호출합니다. 여기서는 0x68 번지 값을 갖는 MPU9250과 I2C 통신을 시작하고 있습니다.

10, 11, 17 : Wire.write 함수를 호출합니다. 이 함수는 전송하고자 하는 1 바이트 데이터를 내부 메모리 큐에 저장하는 역할을 합니다.

12, 18 : Wire.endTransmission 함수를 호출하고 있습니다. 이 함수는 Wire.write 함수에 의해 큐에 저장된 하나 이상의 바이트 데이터를 슬레이브 모듈로 보내면서 전송을 끝냅니다.

12 : 인자로 true 값을 넘기고 있습니다. true 값이 인자로 넘어오면 endTransmission 함수는 데이터 전송 후, 정지 메시지를 보내고 I2C 버스의 제어 권을 놓습니다.

18 : 인자로 false 값을 넘기고 있습니다. false 값이 인자로 넘어올 경우에 endTransmission 함수는 데이터 전송 후 통신 재시작 메시지를 보냅니다. 이 경우에는 I2C 버스에 대한 제어 권을 놓지 않습니다. 그래서 19 번 째 줄에서는 Wire.requestFrom 함수를 호출하여 추가적인 데이터를 요구하고 있습니다. Wire.requestFrom 함수에서는 MPU9250(0x68)에게 2 바이트의 데이터를 요구하고 있습니다. 3 번 째 인자로는 false 값을 사용하고 있는데, 이는 데이터 요청 후 정지 메시지를 보내며 I2C의 제어 권을 놓는 것을 의미합니다.

19 : Wire.requestFrom 함수를 호출하고 있습니다. 0x68 번지 값을 갖는 MPU9250에게 14 바이트의 데이터를 요청하고 동시에 true 값을 넘겨 I2C 버스의 제어 권을 놓습니다. ESP32 용 I2C 라이브러리는 주소로 uint16_t, 데이터 개수로 uint8_t의 매개변수를 사용합니다.

09~12 : MPU9250(0x68)으로 0x6b, 0을 보내고 있습니다. 이는 MPU9250의 내부 0x6b 번지를 0으로 설정하여 MPU9250을 깨우게 됩니다. 0x6b 번지에는 PWR_MGMT_1 레지스터가 있습니다. 다음은 PWR_MGMT_1를 나타냅니다.

6B	107	PWR_MGMT_1	R/W	DEVICE_RESET	SLEEP	CYCLE	-	TEMP_DIS	CLKSEL[2:0]

SLEEP 부분이 1로 설정되면 MPU9250은 sleep mode가 되며 반대로 0으로 설정되면 깨어나게 됩니다.

16~19   : MPU9250(0x68)의 내부 0x3b~0x48 번지에 있는 14 바이트 데이터를 요청하고 있습니다. 0x3B 번지는 가속도 자이로 센서 레지스터의 시작 주소를 나타내고 있습니다. 0x3B 번지에는 ACCEL_XOUT_H 레지스터가 있으며, 가속도 센서 X_Accel 값의 상위 바이트가 저장되는 레지스터입니다. 0x3B 번지부터 시작해 총 14 바이트 크기의 레지스터에 가속도 자이로 센서 값과 온도 센서 값이 저장됩니다. 다음 그림을 참조합니다.

MPU6050

주소 (16진수)	주소 (10진수)	레지스터		메모리 변수
3B	59	ACCEL_XOUT_H		**AcXH**
3C	60	ACCEL_XOUT_L		**AcXL**
3D	61	ACCEL_YOUT_H		**AcYH**
3E	62	ACCEL_YOUT_L		**AcYL**
3F	63	ACCEL_ZOUT_H		**AcZH**
40	64	ACCEL_ZOUT_L	I2C 통신	**AcZL**
41	65	TEMP_OUT_H	→	**TmpH**
42	66	TEMP_OUT_L		**TmpL**
43	67	GYRO_XOUT_H		**GyXH**
44	68	GYRO_XOUT_L		**GyXL**
45	69	GYRO_YOUT_H		**GyYH**
46	70	GYRO_YOUT_L		**GyYL**
47	71	GYRO_ZOUT_H		**GyZH**
48	72	GYRO_ZOUT_L		**GyZL**

각 센서의 값은 16 비트의 크기를 갖습니다.

21~34   : Wire.read() 함수를 이용해 가속도 센서 값, 온도 센서 값, 자이로 센서 값을 읽어내고 있습니다. I2C 통신을 통해서 1 바이트 씩 데이터를 받게 되며, 총 14 바이트의 데이터를 받게 됩니다. 예를 들어, 21,22 줄에서 Wire.read() 함수를 이용해 가속도 센서 X 축 값을 읽어내고 있습니다. I2C 통신을 통해서 1 바이트 씩 데이터를 받게 되며, 총 2 바이트의 데이터를 받게 됩니다. 먼저 온 1 바이트를 AcXH, 나중에 온 1 바이트를 AcXL 변수에 저장합니다.

36   : AcXH의 값을 8비트 왼쪽으로 밀어 상위 8비트의 위치로 놓고, 하위 8비트를 AcXL 값으로 채워 AcX 변수에 저장합니다.

37~41   : 같은 방식으로 AcY, AcZ, GyX, GyY, GyZ 값을 채워넣습니다.

47~52   : 읽어온 센서 값을 출력합니다. %6d는 6자리 십진수로 표현하도록 합니다.

53   : 새 줄을 출력합니다.

43   : 정적 변수 cnt_loop 변수를 선언합니다. 함수 내에 선언된 정적 변수는 함수를 빠져 나가도 유지되는 변수입니다.

44   : loop 함수를 한 번 수행할 때마다 1씩 증가시킵니다.

45   : cnt_loop 값이 200의 배수가 아니면 loop 함수를 빠져나가고, 200의 배수이면 47~53 줄을 수행합니다. 예제에서는 loop 함수를 200번 수행할 때마다 한 번 출력합니다. 출력이 너무 빠르면 200보다 큰 값을, 출력이 너무 느리면 200보다 작은 값을 사용합니다.

02 드론을 다음과 같이 평평한 지면에 놓습니다.

스케치 업로드 시 가속도 자이로 센서가 초기화되는데 센서를 수평 상태로 초기화하기 위해 평평한 면에 놓는 것입니다.

03  업로드를 수행합니다.

04 [시리얼 모니터] 버튼을 클릭하고, 통신 속도를 115200으로 맞춰줍니다.

| 시리얼 모니터 🔍 | 새 줄 ⌄ | 115200 보드레이트 ⌄ | 출력 지우기 |

05 다음과 같이 센서를 테스트합니다. 먼저 가속도 센서를 테스트합니다.

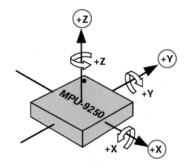

❶ 직선 화살표 +Z를 지면 위를 향하게 할 때 – AcZ : 16384 근처 값

AcX =	-728	AcY =	-148	AcZ =	20712	GyX =	-348	GyY =	350	GyZ =	173
AcX =	-732	AcY =	-208	AcZ =	20696	GyX =	-305	GyY =	273	GyZ =	169
AcX =	-716	AcY =	-216	AcZ =	20776	GyX =	-381	GyY =	279	GyZ =	187
AcX =	-664	AcY =	-224	AcZ =	20752	GyX =	-308	GyY =	262	GyZ =	169
AcX =	-728	AcY =	-152	AcZ =	20820	GyX =	-365	GyY =	313	GyZ =	169

이 경우 +Z가 중력과 반대 방향입니다. 결과 화면에서 AcZ는 20752~20820 값을 갖습니다. 이 값은 센서를 만드는 과정에서 생성된 오차이며 보정을 통해 사용할 수 있습니다. 독자 여러분의 센서 값은 다를 수 있습니다.

❷ 직선 화살표 +Z를 지면 아래를 향하게 할 때 – AcZ : –16384 근처 값

AcX =	408	AcY =	-176	AcZ =	-12456	GyX =	-349	GyY =	268	GyZ =	155
AcX =	488	AcY =	-196	AcZ =	-12564	GyX =	-326	GyY =	251	GyZ =	174
AcX =	444	AcY =	-240	AcZ =	-12592	GyX =	-347	GyY =	280	GyZ =	170
AcX =	352	AcY =	-228	AcZ =	-12504	GyX =	-362	GyY =	234	GyZ =	183
AcX =	504	AcY =	-248	AcZ =	-12476	GyX =	-329	GyY =	280	GyZ =	168

이 경우 +Z가 중력과 같은 방향입니다. 결과 화면에서 AcZ는 –12592~–12456 값을 갖습니다. 이 값은 센서를 만드는 과정에서 생성된 오차이며 보정을 통해 사용할 수 있습니다. 독자 여러분의 센서값은 다를 수 있습니다.

❸ 직선 화살표 +X를 지면 위를 향하게 할 때 – AcX : 16384 근처 값

AcX =	17080	AcY =	-120	AcZ =	3156	GyX =	-320	GyY =	268	GyZ =	195
AcX =	17168	AcY =	-84	AcZ =	3420	GyX =	-361	GyY =	234	GyZ =	186
AcX =	17152	AcY =	-76	AcZ =	3448	GyX =	-343	GyY =	341	GyZ =	187
AcX =	17060	AcY =	-136	AcZ =	3268	GyX =	-308	GyY =	239	GyZ =	128
AcX =	16944	AcY =	-56	AcZ =	3424	GyX =	-330	GyY =	281	GyZ =	166

이 경우 +X가 중력과 반대 방향입니다. 결과 화면에서 AcX는 16944~17168 값을 갖습니다. 이 값은 센서를 만드는 과정에서 생성된 오차이며 보정을 통해 사용할 수 있습니다. 독자 여러분의 센서값은 다를 수 있습니다.

❹ 직선 화살표 +X를 지면 아래를 향하게 할 때 – AcX : −16384 근처 값

AcX = −15808	AcY = 204	AcZ = 3436	GyX = −343	GyY = 327	GyZ = 164
AcX = −15844	AcY = 172	AcZ = 3168	GyX = −329	GyY = 253	GyZ = 182
AcX = −15816	AcY = 268	AcZ = 3424	GyX = −350	GyY = 304	GyZ = 180
AcX = −15832	AcY = 160	AcZ = 3328	GyX = −314	GyY = 263	GyZ = 179
AcX = −15788	AcY = 160	AcZ = 3392	GyX = −341	GyY = 257	GyZ = 165

이 경우 +X가 중력과 같은 방향입니다. 결과 화면에서 AcX는 −15844~−15788 값을 갖습니다. 이 값은 센서를 만드는 과정에서 생성된 오차이며 보정을 통해 사용할 수 있습니다. 독자 여러분의 센서값은 다를 수 있습니다.

❺ 직선 화살표 +Y를 지면 위를 향하게 할 때 – AcY : 16384 근처 값

AcX = 704	AcY = 16316	AcZ = 2992	GyX = −277	GyY = 268	GyZ = 180
AcX = 860	AcY = 16336	AcZ = 3132	GyX = −322	GyY = 234	GyZ = 195
AcX = 664	AcY = 16308	AcZ = 3184	GyX = −376	GyY = 298	GyZ = 173
AcX = 800	AcY = 16380	AcZ = 3204	GyX = −339	GyY = 275	GyZ = 201
AcX = 760	AcY = 16364	AcZ = 3196	GyX = −389	GyY = 268	GyZ = 153

이 경우 +Y가 중력과 반대 방향입니다. 결과 화면에서 AcY는 16308~16380 값을 갖습니다. 이 값은 센서를 만드는 과정에서 생성된 오차이며 보정을 통해 사용할 수 있습니다. 독자 여러분의 센서값은 다를 수 있습니다.

❻ 직선 화살표 +Y를 지면 아래를 향하게 할 때 – AcY : −16384 근처 값

AcX = 520	AcY = −16292	AcZ = 2728	GyX = −419	GyY = 283	GyZ = 170
AcX = 528	AcY = −16392	AcZ = 2728	GyX = −341	GyY = 262	GyZ = 184
AcX = 644	AcY = −16260	AcZ = 2332	GyX = −332	GyY = 319	GyZ = 172
AcX = 672	AcY = −16328	AcZ = 2612	GyX = −340	GyY = 281	GyZ = 160
AcX = 640	AcY = −16352	AcZ = 2612	GyX = −311	GyY = 268	GyZ = 164

이 경우 +Y가 중력과 같은 방향입니다. 결과 화면에서 AcY는 −16392~−16260 값을 갖습니다. 이 값은 센서를 만드는 과정에서 생성된 오차이며 보정을 통해 사용할 수 있습니다. 독자 여러분의 센서값은 다를 수 있습니다.

다음은 자이로 센서를 테스트합니다.

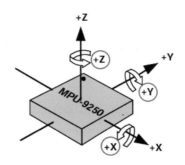

❼ 곡선 화살표 +Z축 +방향 또는 −방향 회전 시킬 때 − GyZ : −32768 ～ 32767

```
AcX =  -1600 | AcY =  -1108 | AcZ = 19288 | GyX =    404 | GyY =  1901 | GyZ = -17380
AcX =  -1212 | AcY =  -3476 | AcZ = 22924 | GyX =   4694 | GyY =   -45 | GyZ = -32768
AcX =   1244 | AcY =    860 | AcZ = 22648 | GyX =   5193 | GyY = -3349 | GyZ = -32768
AcX =  -2856 | AcY =   3196 | AcZ = 22116 | GyX =    113 | GyY =  1315 | GyZ =    745
AcX =  -2636 | AcY =    148 | AcZ = 23468 | GyX =  -5681 | GyY = -2850 | GyZ =  32767
```

드론을 수평 상태에서 방향을 바꾸는 회전입니다. +방향 − 양수, −방향 − 음수

❽ 곡선 화살표 +X축 +방향 또는 −방향 회전 시킬 때 − GyX : −32768 ～ 32767

```
AcX =    112 | AcY =   5524 | AcZ = 18212 | GyX =  32767 | GyY =  1850 | GyZ = -6915
AcX =   1020 | AcY =   8416 | AcZ = 13780 | GyX =  -2316 | GyY =  2322 | GyZ =   504
AcX =  -2428 | AcY =   9092 | AcZ = 16960 | GyX = -27436 | GyY =  3090 | GyZ =  2390
AcX =  -3464 | AcY =  -5752 | AcZ = 23512 | GyX = -24831 | GyY =  -656 | GyZ =  4816
AcX =  -3492 | AcY =  -8344 | AcZ = 17324 | GyX =   6880 | GyY =  3745 | GyZ =  -404
```

드론을 수평 상태에서 좌우로 기울이는 회전입니다. +방향 − 양수, −방향 − 음수

❾ 곡선 화살표 +Y축 +방향 또는 −방향 회전 시킬 때 − GyY : −32768 ～ 32767

```
AcX =  -2248 | AcY =   -180 | AcZ = 21232 | GyX =  -6734 | GyY =  32767 | GyZ = -4192
AcX =  -3260 | AcY =   -620 | AcZ = 19304 | GyX =    543 | GyY =  10169 | GyZ = -2221
AcX =  -4432 | AcY =    112 | AcZ = 21824 | GyX =   5425 | GyY = -32626 | GyZ =  4914
AcX =  -2228 | AcY =   1148 | AcZ = 22056 | GyX =   3370 | GyY = -24592 | GyZ =  2743
AcX =  -4048 | AcY =   -160 | AcZ = 20208 | GyX =  -8749 | GyY =  32767 | GyZ = -4267
```

드론을 수평 상태에서 전후로 기울이는 회전입니다. +방향 − 양수, −방향 − 음수

※ 센서 테스트 시 이상적으로 가속도 자이로 센서의 값이 0이 나와야 하지만 실제로는 그렇지 않습니다. 이 값들이 0에 가까워지도록 뒤에서 보정의 과정을 수행합니다.

06 _ 7 가속도 자이로 센서 값 해석하기

여기서는 MPU9250 센서로부터 전달되는 가속도 자이로 값의 의미를 살펴보려고 합니다.

MPU9250 센서를 통해 얻게 되는 가속도 자이로 센서 값은 16 비트 크기를 갖습니다. 그래서 이전 예제에서 가속도 자이로 센서의 값을 저장했던 AcX, AcY, AcZ, GyX, GyY, GyZ 변수는 int16_t 타입의 16 비트 크기 변수입니다. 16 비트 변수를 통해 표현할 수 있는 숫자는 −32768 ~ 32767 사이의 정수 값입니다. 즉, 최소 −32768에서 최대 32767 사이의 정수 값을 표현할 수 있습니다.

가속도 센서 값 해석하기

가속도 센서를 통해 얻게 되는 값에 대해서 먼저 생각해 보도록 하겠습니다.

AcX, AcY, AcZ는 최저 −32768 ~ 32767 사이의 값을 가질 수 있습니다. 그러면 이 값들은 무엇을 의미할까요? 다음 표를 통해 그 의미를 알아보도록 하겠습니다.

FS_SEL 레지스터 값	최대 표현 범위	g 당 가속도 센서 값
1	±2g	8192/g
2	±8g	4096/g
3	±16g	2048/g

AFS_SEL는 MPU9250 센서 내부의 레지스터입니다. 이 레지스터 값에 따라 센서 값의 의미는 달라집니다. 예를 들어, AFS_SEL의 값이 0으로 설정되어 있을 때에는 −32768 ~ 32767 사이의 값은 −2g ~ +2g 사이의 값을 의미합니다. 여기서 g는 중력 가속도를 나타냅니다. 즉, −32768은 −2g, 32767은 +2g를 의미합니다.

그러면 1g는 얼마일까요? 바로 16384가 됩니다. AFS_SEL 레지스터의 기본 설정 값은 0이며, 우리는 현재 이 값을 사용하고 있습니다. 그래서 드론을 수평으로 놓은 상태에서는 AcZ의 값이 16384 근처의 값이 나오게 됩니다. 센서의 위치에 따라 오차는 있을 수 있습니다.

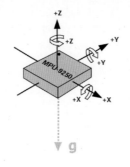

그림에서 직선 화살표 +Z가 중력 가속도 g와 반대 방향일 때 AcZ의 값은 g에 해당하는 크기의 양수 값을 갖게 됩니다. 즉, 16384 값을 갖습니다. 반대로 +Z가 중력 가속도 g와 같은 방향일 때 AcZ의 값은 g에 해당하는 크기의 음수 값을 갖게 됩니다. 즉, −16384 값을 갖습니다. +X, +Y도 마찬가지입니다.

자이로 센서 값 해석하기

다음은 자이로 센서를 통해 얻게 되는 값에 대해서 생각해 보도록 하겠습니다.

GyX는 최저 −32768 ~ 32767 사이의 값을 가질 수 있습니다. 그러면 이 값들은 무엇을 의미할까요? 다음 표를 통해 그 의미를 알아보도록 하겠습니다.

FS_SEL 레지스터 값	최대 표현 범위	°/s 당 자이로 센서 값
0	± 250 °/s	131 °/s
1	± 500 °/s	65.5 °/s
2	± 1000 °/s	32.8 °/s
3	± 2000 °/s	16.4 °/s

FS_SEL는 MPU9250 센서 내부의 레지스터입니다. 이 레지스터 값에 따라 센서 값의 의미는 달라집니다. 예를 들어, FS_SEL의 값이 0으로 설정되어 있을 때에는 −32768 ~ 32767 사이의 값은 −250°/s ~ +250°/s 사이의 값을 의미합니다. 여기서 °/s는 각속도를 나타냅니다. 즉, −32768은 −250°/s, 32767은 +250°/s를 의미합니다. 다음 그림을 보면서 좀 더 이해해 보도록 하겠습니다.

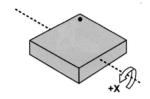

그림에서 곡선 축 +X 방향으로 1초 동안 일정한 회전 속도(각속도)로 250도 회전했을 때, GyX의 값은 1초 동안 계속해서 250°/s에 해당하는 크기의 양수 값을 갖게 됩니다. 즉, 1초 동안 계속해서 32767 값을 유지하게 됩니다. 반대로 곡선 축 +X 반대 방향으로 1초 동안 일정한 회전 속도로 250도 회전했을 때, GyX의 값은 1초 동안 계속해서 250°/s에 해당하는 크기의 음수 값을 갖게 됩니다. 즉, 1초 동안 계속해서 −32768 값을 유지하게 됩니다. +Y, +Z도 마찬가지입니다.

그러면 곡선 축 +X 방향으로 1초 동안 일정한 회전 속도로 1도 회전했을 때, GyX는 어떤 값을 유지하고 있을까요? 다음 식을 보면서 이해해 보도록 합니다.

$250\,°/s = 32767$ 이므로 $1\,°/s = (32767/250) = 131$

1초 동안 250도 회전할 경우에 GyX의 값이 32767이라면, 1초 동안 1도 회전할 경우의 GyX는 (32768/250) 값을 유지하게 됩니다. 이 값은 바로 131입니다.

FS_SEL 레지스터의 기본 설정 값은 0이며, 우리는 현재 이 값을 사용하고 있습니다.

250°/s는 생각보다 빠르지는 않은 속도입니다. 1 초 동안 한 바퀴를 돌지 못하는 회전 속도이기 때문입니다.

자이로 센서를 지면에 둔 상태로 시계의 초침과 같은 속도와 방향으로 자이로 센서가 수평 회전하는 경우를 생각해 보도록 하겠습니다.

시계의 초침의 경우엔 360°/60s이므로 6°/s의 각속도를 갖게 됩니다. 또 시계 방향(곡선 축 +Z 반대 방향)으로 회전을 하게 됩니다. 따라서 GyZ의 값은 6°/s에 해당하는 크기의 음수 값을 갖게 됩니다. 다음 식을 통해 GyZ의 값을 정해 보도록 하겠습니다.

1 °/s = 131 이므로 6 °/s = 131x6 = 786

즉, 자이로 센서가 시계의 초침과 같은 속도로 반시계 방향(곡선 축 +Z 방향)으로 회전할 경우에 GyZ의 레지스터 값은 -786 값이 되게 됩니다.

그러면 자이로 센서가 다음과 같은 조건으로 회전했을 경우 1 초 후에 몇 도 회전해 있을까요? (곡선 축 +Z 방향으로 회전하는 경우)

0.0~0.1 초 동안 1°/s
0.1~0.2 초 동안 2°/s
0.2~0.3 초 동안 3°/s
0.3~0.4 초 동안 4°/s
0.4~0.5 초 동안 5°/s
0.5~0.6 초 동안 6°/s
0.6~0.7 초 동안 7°/s
0.7~0.8 초 동안 8°/s
0.8~0.9 초 동안 9°/s
0.9~1.0 초 동안 10°/s

다음과 같이 계산합니다.

0.0~0.1 초 동안 1°/s = 1°/s x 0.1s = 0.1°
0.1~0.2 초 동안 2°/s = 2°/s x 0.1s = 0.2°
0.2~0.3 초 동안 3°/s = 3°/s x 0.1s = 0.3°
0.3~0.4 초 동안 4°/s = 4°/s x 0.1s = 0.4°
0.4~0.5 초 동안 5°/s = 5°/s x 0.1s = 0.5°
0.5~0.6 초 동안 6°/s = 6°/s x 0.1s = 0.6°
0.6~0.7 초 동안 7°/s = 7°/s x 0.1s = 0.7°
0.7~0.8 초 동안 8°/s = 8°/s x 0.1s = 0.8°
0.8~0.9 초 동안 9°/s = 9°/s x 0.1s = 0.9°
0.9~1.0 초 동안 10°/s = 10°/s x 0.1s = 1.0°

1.0 초 후에는 최초 위치로부터 좌측으로 5.5° 회전해 있게 됩니다.

이 방법을 사용하면 각속도와 자이로 센서 측정 주기 시간을 이용해 자이로 센서가 회전한 각도를 구할 수 있습니다.

자이로 센서는 각속도를 측정합니다. 그래서 곡선 축 +X, +Y, +Z 방향을 기준으로 각속도(ω)를 측정해 측정 주기 시간(Δt)과 곱해서 변화된 각을 계산할 수 있습니다. 변화 각은 다음과 같습니다.

$$\Delta \theta = w \times \Delta t \quad (\Delta \theta : \text{미세 회전 각도} , \ w : \text{회전 각속도} , \ \Delta t : \text{주기})$$

새로운 방향각은 이전 각에 이 변화된 각을 더해 얻어집니다. 현재 각도를 구하는 식은 다음과 같습니다.

$$\theta_{now} = \theta_{prev} + w \times \Delta t \ (\theta_{now} : \text{현재 각도}, \ \theta_{prev} : \text{이전 각도})$$

즉, 많은 미세 변화 각($\Delta \theta$)을 누적하여 현재의 각도를 구할 수 있습니다.

07 RGB LCD 제어하기

다음은 0.96 인치 RGB IPS LCD 디스플레이입니다. 이 LCD를 제어하기 위한 TFT 드라이버는 ST7735입니다. 작은 크기의 LCD이지만 160x80의 해상도와 16비트 RGB 컬러 픽셀을 가지고 있습니다. SPI 인터페이스를 이용하여 아두이노 ESP32와 연결되며, 전압은 3.3V를 사용합니다.

ESP32 Arduino AI 쉴드 상에는 다음과 같이 장착됩니다. RGB LCD는 IO14,13,2,12,15번 핀을 통해 아두이노 ESP32 에 연결됩니다.

RGB LCD 핀 설명

다음은 RGB LCD 핀 설명입니다.

핀	설명	라즈베리파이 피코 핀
GND	전원 기준 핀	GND
VCC	전원 공급 핀, 3.3V	VCC
SCL	SPI 클럭 핀	IO14
SDA	SPI 데이터 핀	IO13
RES	디스플레이 리셋 핀	IO2
DC	SPI 데이터 핀/ command 선택 핀	IO12
CS	SPI 칩 선택 핀, active lo	IO15
BLK	LCD 백라이트 제어 핀	VCC

ESP32 Arduino AI 쉴드에서 BLK 핀의 경우 VCC와 연결되어 LCD 백라이트가 항상 켜진 상태를 유지하게 됩니다.

다음과 같이 RGB LCD를 장착합니다.

RGB LCD는 드론을 날릴 때는 사용하지 않습니다.

07_1 ST7735 라이브러리 설치하기

먼저 ST7735 라이브러리를 아두이노 소프트웨어에 설치합니다.

01 [스케치]--[라이브러리 포함하기]--[라이브러리 관리...] 메뉴를 선택합니다.

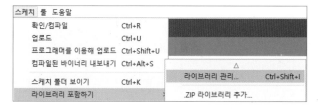

02 TFT_eSPI를 검색한 후, [TFT_eSPI(by Bodmer)] 라이브러리를 설치합니다.

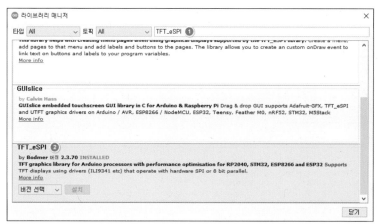

03 다음 디렉터리로 이동합니다. [TFT_eSPI] 디렉터리를 확인합니다.

> 내 PC > 문서 > Arduino > libraries >   ▢ TFT_eSPI

04 TFT_eSPI 디렉터리로 이동합니다. [User_Setups] 디렉터리를 확인합니다.

> 내 PC > 문서 > Arduino > libraries > TFT_eSPI   ▢ User_Setups

05 User_Setups 디렉터리 아래에서 다음 파일을 찾습니다.

▢ Setup43_ST7735.h

06 다음 디렉터리에 TFT_eSPI_Setups 디렉터리를 새로 생성합니다.

> 내 PC > 문서 > Arduino > libraries >   ▢ TFT_eSPI_Setups

07 TFT_eSPI_Setups 디렉터리 아래로 Setup43_ST7735.h 파일을 복사한 후, 다음과 같이 이름을 Setup43_ST7735_ESP32_80x160.h으로 변경합니다.

> 내 PC > 문서 > Arduino > libraries > TFT_eSPI_Setups   ▢ Setup43_ST7735_ESP32_80x160.h

08 다음과 같이 파일의 내용을 수정한 후, 저장해 줍니다.

```
Setup43_ST7735_ESP32_80x160.h

 1   // Setup for ESP32 and ST7735 80 x 160 TFT
 2   #define USER_SETUP_ID 43
 3   // See SetupX_Template.h for all options available
 4
 5   #define ST7735_DRIVER
 6
 7
 8   #define TFT_WIDTH  80
 9   #define TFT_HEIGHT 160
10
11
12   #define ST7735_GREENTAB160x80
13
14   // For ST7735, ST7789 and ILI9341 ONLY, define the colour order IF the blue and
15   // Try ONE option at a time to find the correct colour order for your display
16
17   //  #define TFT_RGB_ORDER TFT_RGB  // Colour order Red-Green-Blue
18   #define TFT_RGB_ORDER TFT_BGR  // Colour order Blue-Green-Red
19
20   #ifdef ESP32
21   #define TFT_MISO 19
22   #define TFT_MOSI 13
23   #define TFT_SCLK 14
24   #define TFT_CS   15   // Chip select control pin
25   #define TFT_DC   12   // Data Command control pin
26   #define TFT_RST   2   // Reset pin (could connect to RST pin)
27   //#define TFT_RST  -1  // Set TFT_RST to -1 if display RESET is connected to ESP
28   #else
29   // Display GND         to NodeMCU pin GND (0V)
30   // Display VCC         to NodeMCU 5V or 3.3V
31   // Display SCK         to NodeMCU pin D5
32   // Display SDI/MOSI    to NodeMCU pin D7
33   // Display BLK         to NodeMCU pin VIN
34   #define TFT_CS   PIN_D8  // Chip select control pin D8
35   #define TFT_DC   PIN_D3  // Data Command control pin
36   #define TFT_RST  PIN_D4  // Reset pin (could connect to NodeMCU RST, see next li
37   #endif
38
```

← 주석풀기!!!

← 핀 번호 변경!!!

18 : 이 부분의 주석을 풀어 TFT_RGB_ORDER를 TFT_BGR로 정의합니다.

22 : TFT_MOSI를 13으로 설정합니다.

23 : TFT_SCLK을 14로 설정합니다.

24 : TFT_CS를 15로 설정합니다.

25 : TFT_DC를 12로 설정합니다.

26 : TFT_RST를 2로 설정합니다

09 TFT_eSPI 디렉터리로 이동합니다.

> 내 PC > 문서 > Arduino > libraries > TFT_eSPI

10 다음 파일을 찾습니다.

User_Setup_Select.h

11 다음과 같이 파일을 수정한 후, 저장해 줍니다.

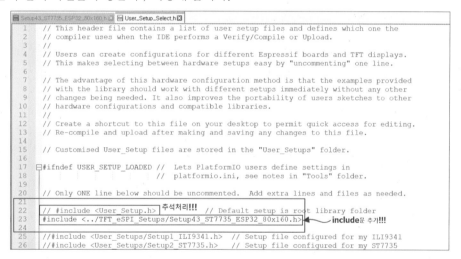

```
     Setup43_ST7735_80x160.h    User_Setup_Select.h
  1    // This header file contains a list of user setup files and defines which one the
  2    // compiler uses when the IDE performs a Verify/Compile or Upload.
  3    //
  4    // Users can create configurations for different Espressif boards and TFT displays.
  5    // This makes selecting between hardware setups easy by "uncommenting" one line.
  6
  7    // The advantage of this hardware configuration method is that the examples provided
  8    // with the library should work with different setups immediately without any other
  9    // changes being needed. It also improves the portability of users sketches to other
 10    // hardware configurations and compatible libraries.
 11    //
 12    // Create a shortcut to this file on your desktop to permit quick access for editing.
 13    // Re-compile and upload after making and saving any changes to this file.
 14
 15    // Customised User_Setup files are stored in the "User_Setups" folder.
 16
 17   #ifndef USER_SETUP_LOADED //  Lets PlatformIO users define settings in
 18                             //  platformio.ini, see notes in "Tools" folder.
 19
 20    // Only ONE line below should be uncommented.  Add extra lines and files as needed.
 21
 22    // #include <User_Setup.h>   주석처리!!!   // Default setup is root library folder
 23    #include <../TFT_eSPI_Setups/Setup43_ST7735_ESP32_80x160.h>  ← include문 추가!!!
 24
 25    //#include <User_Setups/Setup1_ILI9341.h>  // Setup file configured for my ILI9341
 26    //#include <User_Setups/Setup2_ST7735.h>   // Setup file configured for my ST7735
```

22 : 주석 처리합니다. 이 부분을 주석처리하지 않으면 LCD가 비정상적으로 동작합니다.

23 : Setup43_ST7735_ESP32_80x160.h 파일을 포함합니다.

07 _ 2 RGB LCD 제어해 보기

여기서는 TFT_eSPI 라이브러리를 이용하여 RGB LCD를 제어해 봅니다. TFT_eSPI 라이브러리에는 다음과 같이 몇 가지 색깔이 정의되어 있습니다.

```
251  /****************************************************************************
252  **                        Section 6: Colour enumeration
253  ****************************************************************************/
254  // Default color definitions
255  #define TFT_BLACK       0x0000      /*   0,   0,   0 */
256  #define TFT_NAVY        0x000F      /*   0,   0, 128 */
257  #define TFT_DARKGREEN   0x03E0      /*   0, 128,   0 */
258  #define TFT_DARKCYAN    0x03EF      /*   0, 128, 128 */
259  #define TFT_MAROON      0x7800      /* 128,   0,   0 */
260  #define TFT_PURPLE      0x780F      /* 128,   0, 128 */
261  #define TFT_OLIVE       0x7BE0      /* 128, 128,   0 */
262  #define TFT_LIGHTGREY   0xD69A      /* 211, 211, 211 */
263  #define TFT_DARKGREY    0x7BEF      /* 128, 128, 128 */
264  #define TFT_BLUE        0x001F      /*   0,   0, 255 */
265  #define TFT_GREEN       0x07E0      /*   0, 255,   0 */
266  #define TFT_CYAN        0x07FF      /*   0, 255, 255 */
267  #define TFT_RED         0xF800      /* 255,   0,   0 */
268  #define TFT_MAGENTA     0xF81F      /* 255,   0, 255 */
269  #define TFT_YELLOW      0xFFE0      /* 255, 255,   0 */
270  #define TFT_WHITE       0xFFFF      /* 255, 255, 255 */
271  #define TFT_ORANGE      0xFDA0      /* 255, 180,   0 */
272  #define TFT_GREENYELLOW 0xB7E0      /* 180, 255,   0 */
273  #define TFT_PINK        0xFE19      /* 255, 192, 203 */ //Lighter pink, was 0xFC9F
274  #define TFT_BROWN       0x9A60      /* 150,  75,   0 */
275  #define TFT_GOLD        0xFEA0      /* 255, 215,   0 */
276  #define TFT_SILVER      0xC618      /* 192, 192, 192 */
277  #define TFT_SKYBLUE     0x867D      /* 135, 206, 235 */
278  #define TFT_VIOLET      0x915C      /* 180,  46, 226 */
```

문자열 표시해보기

먼저 화면에 문자열을 표시해봅니다.

01 다음과 같이 예제를 작성합니다.

272.ino

```
01 #include <SPI.h>
02 #include <TFT_eSPI.h>
03
04 TFT_eSPI tft = TFT_eSPI();
05
06 void setup() {
07
08     tft.begin();
09     tft.setRotation(3);
10
11     tft.fillScreen(TFT_DARKGREY);
12
13     tft.setCursor(0, 10);
```

```
14        tft.setTextFont(2);
15        tft.setTextColor(TFT_RED, TFT_BLACK);
16        tft.setTextSize(1);
17        tft.println("Hello World!");
18
19        tft.setTextFont(4);
20        tft.setTextColor(TFT_YELLOW);
21        tft.println(1234.56);
22
23 }
24
25 void loop() {
26
27 }
```

01 : SPI.h 파일을 포함합니다. ST7735 driver chip은 아두이노 ESP32 와 SPI 통신을 수행합니다.

02 : TFT_eSPI.h 파일을 포함합니다.

04 : TFT_eSPI 객체를 생성한 후, tft 변수에 할당합니다.

08 : begin 함수를 호출하여 TFT LCD를 초기화합니다.

09 : setRotation 함수를 호출하여 LCD의 출력 방향을 3으로 설정합니다. 설정 값은 0, 1, 2, 3을 가질 수 있습니다. 설정 값에 따라 LCD 출력 기준점이 달라집니다. 설정 값의 역할을 보기 위해 값을 변경해 봅니다.

11 : fillScreen 함수를 호출하여 화면의 색깔을 어두운 회색으로 설정합니다. 여기서는 15줄에서 수행되는 글자 배경색 설정의 효과를 보기 위해 어두운 회색으로 설정합니다.

13 : setCursor 함수를 호출하여 글자 출력의 픽셀 위치를 설정합니다. 첫 번째 인자는 가로 픽셀 위치, 두 번째 인자는 세로 픽셀 위치를 나타냅니다. 여기서는 가로 0픽셀, 세로 10픽셀 위치에 커서를 설정합니다.

14 : setTextFont 함수를 호출하여 폰트를 설정합니다.
       폰트는 Setup43_ST7735_ESP32_80x160.h 파일에 정의되며 1, 2, 4, 6, 7, 8 값으로 설정할 수 있습니다. 6, 7, 8의 경우 숫자만 표시됩니다.

15 : setTextColor 함수를 호출하여 글자의 색깔을 설정합니다. 표시될 글자의 색깔은 빨간색, 배경색은 검정색으로 설정합니다.

16 : setTextSize 함수를 호출하여 글자의 크기를 설정합니다. 이 함수는 기본 폰트가 표시될 픽셀의 배수가 됩니다.

17 : println 함수를 호출하여 "Hello World!" 문자열을 출력합니다.

19 : setTextFont 함수를 호출하여 폰트를 설정합니다.

20 : setTextColor 함수를 호출하여 글자의 색깔을 설정합니다. 여기서는 글자의 색깔만 노란색으로 설정합니다. 이 경우 글자의 배경색은 기본 배경색이 사용됩니다.

21 : println 함수를 호출하여 1234.56 숫자를 출력합니다.

02 ✔ ➡ 🗎 ⬆ ⬇ 업로드 업로드를 수행합니다.

03 다음과 같이 화면에 문자열이 출력되는 것을 확인합니다.

그림 그려보기

다음은 화면에 그림을 그려봅니다.

01 다음과 같이 예제를 작성합니다.

```
272_2.ino
01 #include <SPI.h>
02 #include <TFT_eSPI.h>
03
04 TFT_eSPI tft = TFT_eSPI();
05
06 void setup() {
07
08     tft.begin();
09     tft.setRotation(3);
10
11     tft.fillScreen(TFT_BLACK);
12
13     tft.fillRect(4,4,56,56,TFT_BLUE);
14     tft.drawFastVLine(18,16,44,TFT_BLACK);
15     tft.drawFastVLine(32,4,44,TFT_BLACK);
16     tft.drawFastVLine(46,16,44,TFT_BLACK);
17     tft.fillRect(52,48,4,8,TFT_BLACK);
18
19     tft.setCursor(73, 10);
20     tft.setTextFont(2);
21     tft.setTextSize(1);
22     tft.setTextColor(TFT_BLUE);
23     tft.println( "MicroPython" );
24     tft.setCursor(73, 25);
25     tft.println( "ST7735" );
26     tft.setCursor(73, 40);
27     tft.println( "LCD 80x160" );
28
29 }
30
31 void loop() {
32
33 }
```

13 : fillRect 함수를 호출하여 사각영역을 파란색으로 채웁니다. 첫 번째, 두 번째 인자는 가로 픽셀, 세로 픽셀의 위치, 세 번째, 네 번째 인자는 픽셀 단위의 가로 크기, 세로 크기, 다섯 번째 인자는 색깔을 나타냅니다.

14~16 : drawFastVLine 함수를 호출하여 수직선을 그립니다. 첫 번째, 두 번째 인자는 가로 픽셀, 세로 픽셀의 위치, 세 번째 인자는 픽셀 단위의 세로 길이, 네 번째 인자는 색깔을 나타냅니다.

17 : fillRect 함수를 호출하여 사각영역을 검정색으로 채웁니다.

02 ✓ → 📄 ⬆ ⬇ 업로드 업로드를 수행합니다.

03 다음과 같이 화면에 그림이 표시되는 것을 확인합니다.

픽셀 찍어보기

여기서는 픽셀단위로 색깔을 칠해 봅니다.

01 다음과 같이 예제를 작성합니다.

```
272_3.ino

01 #include <SPI.h>
02 #include <TFT_eSPI.h>
03
04 TFT_eSPI tft = TFT_eSPI();
05
06 void setup() {
07
08      tft.begin();
09      tft.setRotation(3);
10
11      tft.fillScreen(TFT_BLACK);
12
13      for(int y=0;y<80;y++) {
14              for(int x=0;x<160;x++) {
15                      tft.drawPixel(x, y, TFT_GREEN);
16                      delay(1);
17              }
18      }
19
20 }
21
22 void loop() {
23
24 }
```

11 : fillScreen 함수를 호출하여 화면을 검정색으로 설정합니다.
13 : 0에서 80 미만의 정수 y에 대하여 14~17줄을 수행합니다.
14 : 0에서 160 미만의 정수 x에 대하여 15~16줄을 수행합니다.
15 : drawPixel 함수를 호출하여 x, y 위치의 픽셀을 초록색으로 설정합니다.
16 : delay 함수를 호출하여 1밀리 초 기다립니다.

02  업로드를 수행합니다.

03 화면에 픽셀 단위로 가로로 차례대로 색깔이 표시되는 것을 확인합니다.

LCD 귀퉁이 점찍어보기

여기서는 LCD의 네 귀퉁이를 확인해 봅니다.

01 다음과 같이 예제를 작성합니다.

```
272_4.ino
01 #include <SPI.h>
02 #include <TFT_eSPI.h>
03
04 TFT_eSPI tft = TFT_eSPI();
05
06 void setup() {
07
08      tft.begin();
09      tft.setRotation(3);
10
11      tft.fillScreen(TFT_BLACK);
12
13      for(int y=0;y<10;y++) {
14              for(int x=0;x<10;x++) {
15                      tft.drawPixel(x, y, TFT_RED);
16              }
17      }
18
19      for(int y=70;y<80;y++) {
20              for(int x=0;x<10;x++) {
21                      tft.drawPixel(x, y, TFT_GREEN);
22              }
23      }
24
25      for(int y=70;y<80;y++) {
26              for(int x=150;x<160;x++) {
27                      tft.drawPixel(x, y, TFT_BLUE);
28              }
29      }
30
31      for(int y=0;y<10;y++) {
32              for(int x=150;x<160;x++) {
33                      tft.drawPixel(x, y, TFT_YELLOW);
34              }
35      }
36
37 }
38
39 void loop() {
40
41 }
```

02 ✓ → 📄 ⬆ ⬇ 업로드 업로드를 수행한 후 다음과 같이 화면에 네 귀퉁이에 색깔이 표시되는 것을 확인합니다.

빨간색 위치가 (0, 0), 초록색 위치가 (0, 79), 파란색 위치가 (159, 79), 노란색 위치가 (159, 0)인 것을 확인합니다.

기타 함수 사용해 보기

앞에서 사용하지 않은 몇 가지 주요 함수를 사용해 봅니다.

01 다음과 같이 예제를 작성합니다.

272_5.ino

```
01 #include <SPI.h>
02 #include <TFT_eSPI.h>
03
04 TFT_eSPI tft = TFT_eSPI();
05
06 void setup() {
07
08      tft.begin();
09      tft.setRotation(3);
10
11      tft.fillScreen(TFT_BLACK);
12
13      tft.drawLine(0,0,159,79,TFT_RED);
14      tft.drawFastHLine(0,40,159,TFT_BLUE);
15      tft.drawRect(10,50,20,10,TFT_GREEN);
16      tft.drawCircle(70,60,10,TFT_CYAN);
17      tft.fillCircle(100,20,10,TFT_PURPLE);
18
19 }
20
21 void loop() {
22
23 }
```

13 : drawLine 함수를 호출하여 선을 그려봅니다.
14 : drawFastHLine 함수를 호출하여 수평선을 그려봅니다.
15 : drawRect 함수를 호출하여 직사각형을 그려봅니다.
16 : drawCircle 함수를 호출하여 원을 그려봅니다.
17 : fillCircle 함수를 호출하여 채워진 원을 그려봅니다.

02 업로드를 수행합니다.

03 다음과 같이 화면이 표시되는 것을 확인합니다.

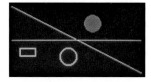

08 PID 함수로 자율 비행하기

이번 단원에서는 자율 비행 소스를 테스트해 봅니다. 예를 들어, 2초간 상승 후, 10초간 떠 있다가 2
초간 하강과 같은 동작을 사용자 조종 없이 수행하도록 합니다. 이 예제는 뒤에서 인공 지능 드론의
모델 생성 예제가 됩니다.

※ 자율 비행 구현 시 드론은 제자리에 고정되어 떠 있지 않을 수 있으므로 넓은 공간에서 실습을 수행합니다.

08 _ 1 ESP32 SOC 살펴보기

이 책에서 사용하는 ESP32 SOC는 내부에 2개의 CPU 코어를 갖습니다.

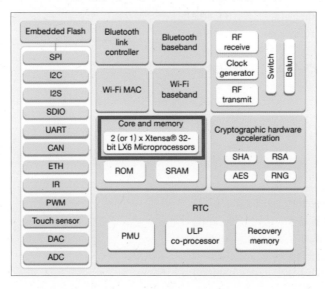

ESP32 아두이노 스케치는 1번 코어에 의해서 수행됩니다. 즉, 우리가 지금까지 작성했던 드론 프로
그램은 1번 코어가 수행하고 있었습니다. 우리는 0번 코어를 이용해 드론 조종 프로그램을 수행하게
할 수 있습니다. 0번 코어는 드론의 모터 속도와 방향을 제어하는 프로그램을 수행하여 드론을 자율
적으로 비행하게 할 수 있습니다.

08_2 아두이노 스케치 수행 CPU 코어 확인하기

먼저 아두이노 스케치를 수행하는 코어를 확인해 봅니다.

01 다음과 같이 예제를 작성합니다.

```
282.ino
01 void setup() {
02
03      Serial.begin(115200);
04      Serial.print(" setup() running on core ");
05      Serial.println(xPortGetCoreID());
06      delay(2000);
07
08 }
09
10 void loop() {
11
12      Serial.print(" loop() running on core ");
13      Serial.println(xPortGetCoreID());
14      delay(1000);
15
16 }
```

5, 13 : xPortGetCoreID 함수를 호출하여 setup, loop 함수를 수행하는 CPU 코어를 확인합니다.

02  업로드를 수행합니다.

03 [시리얼 모니터] 버튼을 클릭하고, 통신 속도를 115200으로 맞춰줍니다.

04 출력결과를 확인합니다.

```
setup() running on core 1
loop() running on core 1
loop() running on core 1
loop() running on core 1
```

setup, loop 함수를 core 1에서 수행하는 것을 확인합니다.

08 _ 3 CPU 코어 0에서 동작하는 태스크 생성하기

여기서는 CPU 코어 0을 이용하여 태스크를 수행해 봅니다.

01 다음과 같이 예제를 작성합니다.

```
283.ino

01 TaskHandle_t TaskCore_0;
02
03 void setup() {
04
05      Serial.begin(115200);
06
07      xTaskCreatePinnedToCore(
08      t0_main, /* Task function. */
09      "TaskCore_0",/* name of task. */
10      10000, /* Stack size of task */
11      NULL, /* parameter of the task */
12      1, /* priority of the task */
13      &TaskCore_0, /* Task handle to keep track of created task */
14      0); /* pin task to core 0 */
15
16      delay(1000);
17
18 }
19
20 void t0_main( void * pvParameters ){
21
22      for(;;){
23
24              Serial.print("TaskCore_0 running on core ");
25              Serial.println(xPortGetCoreID());
26              delay(500);
27
28      }
29 }
30
31 void loop() {
32
33      Serial.print("loop() running on core ");
34      Serial.println(xPortGetCoreID());
35      delay(1000);
36
37 }
```

01   : CPU 코어 0에서 수행될 태스크 핸들 변수인 TaskCore_0을 선언합니다.

07~14 : xTaskCreatePinnedToCore 함수를 호출하여 CPU 코어 0 또는 1에 고정되서 수행되는 태스크를 생성합니다.

08   : 첫 번째 인자은 태스크가 수행할 함수입니다.

09   : 두 번째 인자는 태스크의 이름입니다.

10   : 세 번째 인자는 태스크가 사용할 스택의 크기로 바이트 단위입니다.

11   : 네 번째 인자는 태스크로 넘겨준 인자입니다.

12   : 다섯 번째 인자는 태스크의 우선순위입니다.

13   : 여섯 번째 인자는 태스크 핸들입니다.

14   : 일곱 번째 인자는 태스크를 수행할 CPU 코어 번호입니다. 여기서는 0번 코어에 할당합니다.

20~29 : 태스크가 수행할 함수를 정의합니다.

22~28 : 0.5 초 간격으로 t0_main 함수를 수행하는 CPU 코어 번호를 출력합니다.

31~37 : 1초 간격으로 loop 함수를 수행하는 CPU 코어 번호를 출력합니다.

02  업로드를 수행합니다.

03 [시리얼 모니터] 버튼을 클릭하고, 통신 속도를 115200으로 맞춰줍니다.

시리얼 모니터 🔎	새 줄 ∨	115200 보드레이트 ∨	출력 지우기

04 출력결과를 확인합니다.

```
loop() running on core 1
TaskCore_0 running on core 0
TaskCore_0 running on core 0
loop() running on core 1
TaskCore_0 running on core 0
TaskCore_0 running on core 0
loop() running on core 1
TaskCore_0 running on core 0
TaskCore_0 running on core 0
loop() running on core 1
```

TaskCore_0 태스크가 core 0에서 수행되는 것을 확인합니다.

08 _ 4 BOOT 핀 읽어보기

우리는 뒤에서 BOOT 버튼을 눌러 드론의 자율 비행을 시작합니다. BOOT 버튼은 GPIO0번 핀에 연결되어 있으며 부팅 시에 ESP32 내부에 있는 부트 로더가 핀의 상태를 체크하여 스케치 프로그램을 업로드할지 아니면 부팅을 진행할지 결정합니다. 부팅을 완료한 후에는 스케치 프로그램에서 사용할 수 있습니다. 여기서는 스케치 프로그램에서 BOOT 버튼의 상태를 읽어 그 값을 출력해 봅니다.

01 다음과 같이 예제를 작성합니다.

```
284.ino
01      void setup() {
02
03       pinMode(0, INPUT);
04       Serial.begin(115200);
05
06      }
07
08      void loop() {
09
10       int pinState = digitalRead(0);
11       Serial.println(pinState);
12
13      }
```

03 : pinMode 함수를 호출하여 GPIO0 번 핀을 INPUT으로 설정합니다.
04 : 시리얼 통신 속도를 115200으로 설정합니다.
10 : digitalRead 함수를 호출하여 GPIO0 번 핀 값을 읽어 pinState 변수에 저장합니다.
11 : pinState 값을 시리얼 모니터로 출력합니다.

02  업로드를 수행합니다.

03 [시리얼 모니터] 버튼을 클릭하고, 통신 속도를 115200으로 맞춰줍니다.

시리얼 모니터 🔍 | 새 줄 ⌄ | 115200 보드레이트 ⌄ | 출력 지우기

04 출력결과를 확인합니다.

1	0
1	0
1	0
1	0
1	0

버튼을 누르지 않은 상태에서는 1이 출력되고 버튼을 누른 상태에서는 0이 출력되는 것을 확인합니다.

08 _ 5 자율 비행 수행하기

다음은 제공되는 예제를 이용하여 자율비행을 수행해 봅니다. 여기서 수행되는 자율비행은 PID 함수를 이용하여 수행됩니다. 뒤에서 우리는 DNN을 학습시켜 PID를 수행하게 합니다.

※ 드론 자율 비행 시 사람이 다치지 않도록 주의합니다. 특히, 눈이 다치지 않도록 주의합니다.

▶ 출처 :https://www.forbes.com/sites/michaelgoldstein/2017/10/18/with-first-commercial-air-collision-is-a-drone-disaster-inevitable/?sh=a5e4d2d3855d)

01 제공되는 소스에서 drone_std_auto 파일을 엽니다.

🔲 drone_std_auto   🔵 drone_std_auto.ino

02 다음 파일을 살펴봅니다.

drone_std_auto.ino

```
01      void setup() {
02
03              auto_setup();
04
05              drone_setup();
06
07      }
08
09      void loop() {
10
11              drone_loop();
12
13      }
```

03 : auto_setup 함수를 호출하여 자율 비행 초기화를 합니다. auto_setup 함수는 뒤에서 추가해 줍니다.

05 : drone_setup 함수를 호출하여 드론 초기화를 합니다. drone_setup 함수는 뒤에서 추가해 줍니다.

11 : drone_loop 함수를 호출하여 드론 구동을 합니다. drone_loop 함수는 뒤에서 추가해 줍니다.

03 다음 파일을 살펴봅니다.

auto_aviation.ino

```
01 TaskHandle_t TaskAutoAviHandle;
02
03 void auto_setup() {
04     xTaskCreatePinnedToCore(
05             TaskAutoAviMain, /* Task function. */
06             "TaskAutoAvi", /* name of task. */
07             10000, /* Stack size of task */
08             NULL, /* parameter of the task */
09             1, /* priority of the task */
10             &TaskAutoAviHandle, /* Task handle */
11             0); /* pin task to core 0 */
12
13     delay(2000);
14 }
15
16 extern double tAngleX, tAngleY;
17 extern int throttle;
18 void TaskAutoAviMain( void * pvParameters ){
19
20     pinMode(0, INPUT);
21
22     while(true) {
23             int pinState = digitalRead(0);
24             if(pinState == LOW) break;
25     }
26
27     for(int thr = 0; thr < 475; thr++) { //475*4=1.9 초간 상승
28             throttle = thr;
29             delay(4);
30     }
31
32     for(int thr = 475; thr > 300; thr--) { //(475-300)*12=2.1 초간 하강
33             throttle = thr;
34             delay(12);
35     }
36
37     for(int thr = 300; thr > 0; thr--) { //300*5=1.5 초간 하강
38             throttle = thr;
39             delay(5);
40     }
41
42     throttle = 0;
43
44     vTaskDelete( TaskAutoAviHandle );
45
46 }
```

01 : CPU 코어 0에서 수행될 태스크 핸들 변수인 TaskAutoAviHandle 선언합니다.

04~11 : xTaskCreatePinnedToCore 함수를 호출하여 CPU 코어 0 또는 1에 고정되서 수행되는 태스크를 생성합니다.

08 : 첫 번째 인자은 태스크가 수행할 함수입니다.

09 : 두 번째 인자는 태스크의 이름입니다.

10 : 세 번째 인자는 태스크가 사용할 스택의 크기로 바이트 단위입니다.

11   : 네 번째 인자는 태스크로 넘겨준 인자입니다.

12   : 다섯 번째 인자는 태스크의 우선순위입니다.

13   : 여섯 번째 인자는 태스크 핸들입니다.

14   : 일곱 번째 인자는 태스크를 수행할 CPU 코어 번호입니다. 여기서는 0번 코어에 할당합니다.

16, 17 : extern은 다른 파일에 tAngleX, tAngleY, throttle 변수가 있다는 것을 의미합니다.

18~41 : 태스크가 수행할 함수를 정의합니다.

20   : pinMode 함수를 호출하여 GPIO0 번 핀을 INPUT으로 설정합니다.

22~25 : 계속해서 GPIO0 번 핀 값을 읽어 버튼이 눌리면 27줄로 이동합니다.

27~30 : 4밀리 초 간격으로 throttle 값을 1 씩 증가시킵니다. 1.9초 동안 475 만큼 증가시킵니다. 이렇게 하면 드론이 지면
          에서 뜨게 됩니다.

32~35 : 12밀리 초 간격으로 throttle 값을 1 씩 감소시킵니다. 2.1초 동안 175 감소시킵니다.

37~40 : 5밀리 초 간격으로 throttle 값을 1 씩 감소시킵니다. 1.5초 동안 300 감소시킵니다.

42   : throttle 값을 0으로 설정하여 모터가 돌지 않도록 합니다.

44   : vTaskDelete 함수를 호출하여 자율 비행 태스크를 종료합니다.

04  업로드를 수행합니다.

05 드론을 USB에서 분리한 후 평평한 바닥에 내려놓습니다.

06 드론 전원을 껐다가 켜 줍니다.

07 2초 정도 기다렸다가 ❷ BOOT 버튼을 눌러 자율 비행을 테스트합니다.

※ 강당과 같은 넓은 공간에서 테스트를 수행합니다.

※ 자율 비행은 1회만 수행하고 태스크가 종료됩니다. 한 번 더 자율 비행 테스트를 수행하
려면 ❶ EN 버튼을 눌러 재부팅을 수행한 후, ❷ BOOT 버튼을 눌러주면 됩니다.

※ 드론 자율 비행 시 사람이 다치지 않도록 주의합니다. 특히, 눈이 다치지 않도록
주의합니다.

◀ 출처 : https://www.forbes.com/sites/michaelgoldstein/2017/10/18/with-first-commercial-air-
collision-is-a-drone-disaster-inevitable/?sh=a5e4d2d3855d)

※ 드론이 나는 힘이 부족할 경우 배터리 충전을 해 줍니다.

Deep Learning
알고리즘 이해

여기서는 딥러닝의 기본 알고리즘을 딥러닝 7 공식을 통해 이해해 보고, 파이토치의
활용 방법을 소개합니다.

01 딥러닝 이해

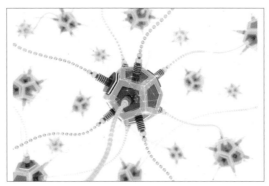

▶ 출처 : https://www.discovermagazine.com/technology/we-almost-gave-up-on-building-artificial-brains

인공 신경망은 딥러닝의 약진에 의해 최근 몇 년 동안 주목을 받아왔습니다. 그러면 인공 신경망은 무엇이고 어떻게 만들어졌을까요? 여기서는 인공 신경망의 바탕이 되는 실제 생체 신경의 구조와 구성 요소를 살펴보고 그것들이 어떻게 인공 신경의 구조와 구성요소에 대응이 되는지 살펴봅니다.

01_1 인공 신경망이란?

독자 여러분은 지금까지 왜 사람에게는 아주 간단하지만 컴퓨터에게는 상상할 수 없을 정도로 어려운 일들이 있는지 궁금해 한 적이 있나요? 인공 신경망(ANN's : Artificial neural networks)은 인간의 중앙 신경계로부터 영감을 얻어 만들어졌습니다. 생체 신경망과 같이 인공 신경망은 커다란 망으로 함께 연결되어 있는 인공 신경을 기반으로 구성됩니다. 개개의 인공 신경은 생체 신경과 같이 간단한 신호 처리를 할 수 있도록 구현되어 있습니다.

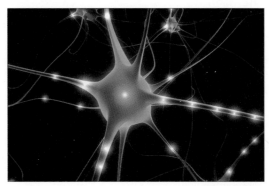

▶ https://www.allerin.com/blog/4-benefits-of-using-artificial-neural-nets

인공 신경망으로 할 수 있는 일들

그러면 우리는 인공 신경망으로 무엇을 할 수 있을까요? 인공 신경망은 많은 문제 영역에 성공적으로 적용되어 왔습니다. 예를 들어 다음과 같은 문제들에 적용되었습니다.

- 패턴 인식에 의한 데이터 분류

  그림에 있는 이것은 나무인가?

- 입력 데이터가 일반적인 패턴과 맞지 않았을 때의 이상 감지

  트럭 운전사가 잠들 위험이 있는가?

  이 지진은 일반적인 땅의 움직임인가 아니면 커다란 지진인가?

- 신호 처리

  신호 거르기

  신호 분리하기

  신호 압축하기

- 예측과 예보에 유용한 목표 함수 접근

  이 폭풍은 태풍으로 변할 것인가?

이런 문제들은 조금은 추상적으로 들립니다. 그래서 몇 가지 실제로 적용된 응용 예들을 보도록 합니다. 인공 신경망은 다음과 같은 것들을 할 수 있습니다.

- 얼굴 확인하기
- 음성 인식하기
- 손 글씨 읽기
- 문장 번역하기
- 게임 하기(보드 게임이나 카드 게임)
- 자동차나 로봇 제어하기
- 그리고 더 많은 것들!

인공 신경망을 이용하면 세상에 있는 많은 문제들을 해결할 수 있습니다. 독자 여러분도 해결하고 싶은 문제가 있다면, 인공 신경망을 이용해 해결할 가능성이 있습니다. 인공 신경망을 통한 문제 해결은 이제 선택이 아닌 필수가 되어가고 있으며, 인공 신경망을 통한 문제 해결 능력은 여러분에게 더 많은 기회를 줄 것입니다.

인공 신경망의 구조

인공 신경망을 구성하는 방법은 다양합니다. 예를 들어 다음과 같은 형태로 인공 신경망을 구성할 수 있습니다. 다음 그림에서 노란색 노드로 표현된 은닉 층이 2층 이상일 때 심층 신경망(DNN)이라고 합니다.

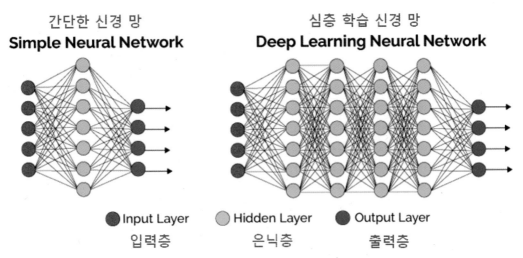

다음은 CNN 형태의 인공 신경망입니다. CNN은 이미지 인식에 뛰어난 인공 신경망으로 이미지의 특징을 뽑아내는 인공 신경망과 분류를 위한 인공 신경망으로 구성됩니다.

다음은 RNN 형태의 인공 신경망입니다. 아래 그림에서 왼쪽에 있는 그림은 RNN 형태의 신경망으로 노드에서 나온 값이 다시 되먹임 되는 형태로 인공 신경망이 구성됩니다. 오른쪽에 있는 그림은 한 방향으로만 신호가 흐르는 기본적인 인공 신경망입니다. RNN 형태의 인공 신경망은 문장 인식에 뛰어난 인공 신경망입니다.

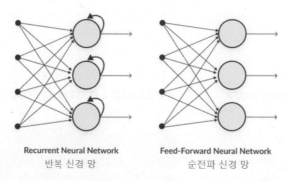

반복 신경 망 구조
Recurrent Neural Network structure

Recurrent Neural Network
반복 신경 망

Feed-Forward Neural Network
순전파 신경 망

인공 신경망은 구성 방법에 따라 동작 방식도 달라집니다. 가장 간단한 인공 신경망의 구조는 신호가 한 방향으로 흐르는 인공 신경망으로 다음과 같은 형태입니다.

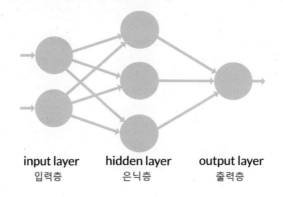

input layer
입력층

hidden layer
은닉층

output layer
출력층

일반적으로 인공 신경망은 3개의 층으로 구성됩니다. 각각 입력 층, 은닉 층, 출력 층이라고 합니다. 입력 층은 입력 신호를 받아서 다음 층에 있는 은닉 층으로 보냅니다. 은닉 층은 하나 이상 존재할 수 있습니다. 마지막에는 결과를 전달하는 출력 층이 옵니다.

01 _ 2 인공 신경망의 학습 방법

전통적인 알고리즘들과는 달리 인공 신경망은 프로그래머의 의도대로 작업하도록 '프로그램 되거나' 또는 '구성되거나' 할 수 없습니다. 인간의 뇌처럼 인공 신경망은 하나의 일을 수행할 방법을 직접 배워야 합니다. 일반적으로 인공 신경망의 학습 방법에는 3가지 전략이 있습니다.

지도 학습

가장 간단한 학습 방법입니다. 미리 알려진 결과들이 있는 충분히 많은 데이터가 있을 때 사용하는 방법입니다. 지도 학습은 다음 순서로 진행됩니다. ❶ 하나의 입력 데이터를 처리합니다. ❷ 출력값을 미리 알려진 결과와 비교합니다. ❸ 인공 신경망을 수정합니다. ❹ 이 과정을 반복합니다. 이것이 지도 학습 방법입니다. 예를 들어 엄마가 어린 아이에게 그림판을 이용하여 사물을 학습시키는 방법은 지도 학습과 같습니다. 한글, 숫자 등에 대한 학습도 지도 학습의 형태입니다. 아래에 있는 그림판에는 동물, 과일, 채소 그림이 있고 해당 그림에 대한 이름이 있습니다. 아이에게 고양이를 가리키면서 '고양이'라고 알려주는 과정에서 아이는 학습을 하게 됩니다. 이와 같은 방식으로 인공 신경망도 학습을 시킬 수 있으며, 이런 방법을 지도 학습이라고 합니다.

비지도 학습

비지도 학습은 입력 값이 목표 값과 같을 때 사용하는 학습 방법입니다. 예를 들어, 메모리 카드 게임을 하는 방식을 생각해 봅니다. 메모리 카드 게임을 할 때 우리는 그림에 표현된 사물의 이름을 모르는 상태로 사물의 형태를 통째로 기억해야 합니다. 그리고 같은 그림을 찾아 내며 게임을 진행하게 됩니다. 이와 같이 입력 값과 출력 값이 같은 형태의 데이터를 학습할 때, 즉, 입력 값을 그대로 기억해 내야 하는 형태의 학습 방법을 비지도 학습이라고 합니다.

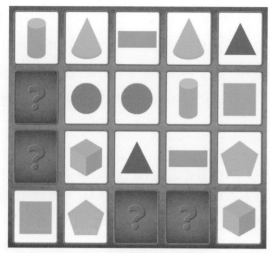

강화 학습

인공 신경망이 익숙하지 않은 환경에서 시행착오를 통해 이익이 되는 동작을 취할 확률은 높이고 손해가 되는 동작을 취할 확률은 낮추게 하는 학습 방법입니다. 즉, 이익이 되는 동작을 강화해가는 학습 방법입니다. 예를 들어, 우리가 익숙하지 않은 환경에서 어떤 동작을 취해야 하는지 모를 때, 일단 할 수 있는 동작을 취해보고 그 동작이 유리한지 불리한지를 체득하는 형태의 학습 방식과 같습니다. 이 과정에서 유리한 동작은 기억해서 점점 더 하게 되고 불리한 동작도 기억해서 점점 덜 하게 됩니다.

01_3 인공 신경 살펴보기

앞에서 우리는 인공 신경망에 대해 살펴보았습니다. 그러면 인공 신경망은 무엇으로 구성될까요? 여기서는 인공 신경망을 구성하는 인공 신경에 대해 생물학적 신경과 비교해 보면서 그 내부 구조를 살펴보도록 합니다.

인공 신경과 생물학적 신경

인공 신경망의 구성요소는 인공 신경입니다. 인공 신경이라는 이름은 생물학적 신경으로부터 얻어졌습니다. 인공 신경은 우리 두뇌의 구성 요소 중 하나인 생물학적 신경의 동작을 따라 만들어진 모형(model)입니다. 즉, 인공 신경은 생물학적 신경의 모형입니다.

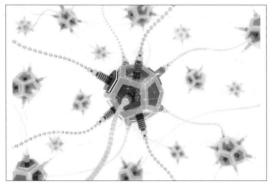 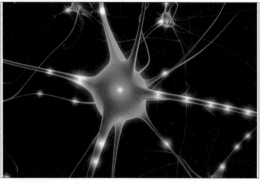

▶ https://www.discovermagazine.com/technology/we-almost-gave-up-on-building-artificial-brains
▶ https://www.allerin.com/blog/4-benefits-of-using-artificial-neural-nets

생물학적 신경은 신호를 받기 위한 여러 개의 가지 돌기(dendrities), 입력받은 신호를 처리하기 위한 신경 세포체(cell body), 다른 신경들로 신호를 내보내기 위한 축삭돌기(axon)와 축삭돌기 말단으로 구성됩니다.

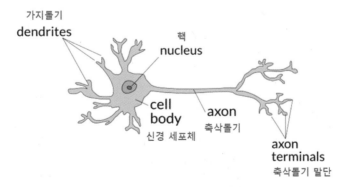

※ 가지 돌기의 굵기에 따라 내부로 전달되는 신호의 강도가 결정됩니다. 가지 돌기가 굵으면 더 많은 신호가 내부로 들어올 수 있습니다. 반대로 가지 돌기가 얇으면 더 적은 신호가 내부로 전달됩니다. 인공 신경망에서는 가지 돌기의 굵기를 가중치라고 합니다. 가중치는 뒤에서 자세히 살펴봅니다.
※ 축삭 돌기의 굵기에 따라 축삭돌기 말단으로 전달되는 신호의 강도가 결정됩니다. 축삭 돌기가 굵을수록 더 강한 신호가 있어야 축삭돌기 말단으로 신호가 전달됩니다. 반대로 축삭 돌기가 얇으면 약한 신호라도 축삭돌기 말단으로 전달될 수 있습니다. 축삭 돌기의 굵기는 신호가 축삭돌기 말단으로 전달될 수 있는지의 여부를 결정하는 역치(threshold) 역할을 합니다. 인공 신경망에서 축삭돌기의 굵기를 편향이라고 합니다. 편향은 뒤에서 자세히 살펴봅니다.

특히 축삭돌기 말단과 다음 신경의 가지 돌기 사이의 틈을 시냅스라고 합니다.

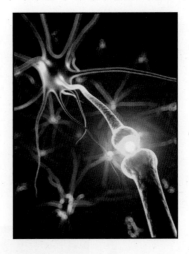

시냅스는 신경결합 부라고도 하며 한 신경에서 다른 신경으로 신호를 전달하는 연결지점을 말합니다. 인공 신경은 데이터를 받기 위한 여러 개의 입력 부, 입력받은 데이터를 처리하는 처리부, 그리고 여러 개의 다른 인공 신경들로 연결될 수 있는 하나의 출력부를 가집니다. 특히 인공 신경의 출력부에는 다음 인공 신경의 입력부에 맞는 형태의 데이터 변환을 위한 활성화함수가 있습니다.

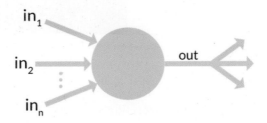

인공 신경 내부 살펴보기

이제 인공 신경 안으로 들어가 봅니다. 어떻게 인공 신경은 입력을 처리할까요? 독자 여러분은 하나의 인공 신경 안에서 그 계산들이 실제로 얼마나 간단한지 알면 깜짝 놀랄 수도 있습니다. 인공 신경은 세 개의 처리 단계를 수행합니다.

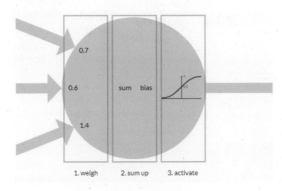

❶ 각각의 입력 값은 가중치에 의해 커지거나 작아집니다.

하나의 입력 신호(데이터)가 들어올 때 그 신호는 그 입력에 할당된 하나의 가중치(weight)에 의해 곱해집니다. 예를 들어, 하나의 인공 신경이 그림과 같이 3 개의 입력을 가진다면, 그 인공 신경은 각 입력에 적용될 수 있는 3개의 가중치를 가집니다. 학습 과정에서 인공 신경망은 결과 값과 목표 값의 오차를 기반으로 가중치들의 크기를 조정합니다. 생물학적 신경의 가지 돌기가 그 두께에 따라 신호가 더 잘 전달되거나 덜 전달되는 것처럼 인공 신경의 가중치도 그 값에 따라 신호(데이터)가 커지거나 작아집니다. 가중치는 다른 말로 강도(strength)라고도 합니다. 즉, 가중치는 입력 신호가 전달되는 강도를 결정합니다. 입력 신호가 작더라도 가중치가 크면 신호가 커지며, 입력 신호가 크더라도 가중치가 작으면 내부로 전달되는 신호는 작아집니다. 인공 신경의 가중치는 생물학적 신경의 가지 돌기의 두께로 비유할 수 있습니다. 인공 신경의 학습과정은 입력값이 출력값에 맞도록 반복적으로 가중치 값의 크기를 조절하는 과정입니다.

❷ 모든 입력 신호들은 더해집니다.

가중치에 의해 곱해진 입력 신호들은 하나의 값으로 더해집니다. 그리고 추가적으로 보정 값(offset)도 하나 더해집니다. 이 보정 값은 편향(bias)이라고 불립니다. 인공 신경망은 학습 과정에서 편향도 조정합니다. 편향은 하나로 더해진 입력 신호가 출력 단으로 넘어갈 수 있는지에 대한 역치에서 유래하였습니다. 편향은 생물학적 신경의 축삭 돌기의 두께로 비유할 수 있습니다. 편향의 유래에 대해서는 퍼셉트론 설명 부분에서 자세히 살펴봅니다.

❸ 신호를 활성화합니다.

앞에서 더해진 입력신호들은 활성화함수를 거쳐 하나의 출력 신호로 바뀝니다. 활성화 함수는 신호 전달 함수라고도 하며 신호의 형태를 다른 인공 신경의 입력에 맞게 변경하여 출력하는 역할을 합니다. 생물학적 신경을 시냅스가 연결하는 것처럼 활성화함수는 인공 신경을 연결하는 역할을 수행합니다.

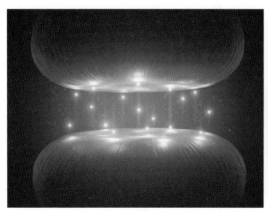
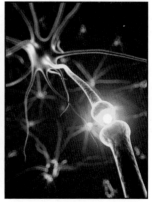

다음은 인공 신경망에 사용되는 활성화함수입니다. 활성화 함수는 인공 신경망의 활용 영역에 따라 달리 사용됩니다.

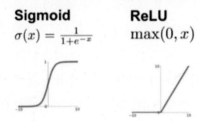

일반적으로 출력 값을 0에서 1사이의 값으로 하고자 할 경우엔 sigmoid 함수, 0보다 큰 출력 값만 내보내고자 할 경우엔 relu 함수를 사용합니다. 특히 다음은 분류를 위해 출력 층에 사용할 수 있는 활성화 함수로 softmax라고 합니다.

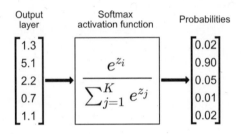

활성화 함수에 대해서는 뒤에서 자세히 살펴보도록 합니다. 여기서는 활성화 함수로 이러한 함수들이 사용된다는 정도로 이해하고 넘어갑니다.

인공 신경 함수 수식

다음은 하나의 인공 신경과 그 인공 신경으로 들어가는 ❶ 입력 값 x의 집합, ❷ 입력 값에 대한 가중치(신호 강도) w의 집합, ❸ 편향 입력 값 1, ❹ 편향 b, ❺ 가중치와 편향을 통해 들어오는 입력 값들의 합, ❻ 그 합을 입력으로 받는 활성화 함수 f, ❼ 활성화 함수 f의 출력 out을 나타냅니다.

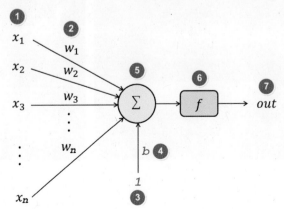

인공 신경의 수식은 일반적으로 다음과 같습니다.

$$out = f(x_1 \times w_1 + x_2 \times w_2 + x_3 \times w_3 + \dots + x_n \times w_n + 1 \times b)$$

$$out = f(\sum_{i=1}^{n} x_i \times w_i + 1 \times b)$$

예를 들어, 활성화 함수가 sigmoid 함수일 경우 인공 신경의 수식은 다음과 같습니다.

$$out = \frac{1}{1 + e^{-(x_1 \times w_1 + x_2 \times w_2 + x_3 \times w_3 + \dots + x_n \times w_n + 1 \times b)}}$$

$$out = \frac{1}{1 + e^{-(\sum_{i=1}^{n} x_i \times w_i + 1 \times b)}}$$

또, 활성화 함수가 relu 함수일 경우 인공 신경의 수식은 다음과 같습니다.

$$out = \max(0,\ x_1 \times w_1 + x_2 \times w_2 + x_3 \times w_3 + \dots + x_n \times w_n + 1 \times b)$$

$$out = \max(0,\ \sum_{i=1}^{n} x_i \times w_i + 1 \times b)$$

이러한 수식들은 뒤에서 자세히 구현해 보면서 그 동작들을 이해합니다. 여기서는 개략적으로 살펴보고 넘어가도록 합니다.

가장 간단한 인공 신경

다음은 가장 간단한 형태의 인공 신경입니다.

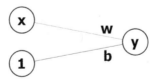

이 인공 신경의 수식은 다음과 같습니다.

y = x*w + 1*b

인공 신경의 학습과정은 가중치 w와 편향 b의 값을 조절하는 과정입니다. 인공 신경이 적절히 학습되면 입력값 x에 대해 원하는 출력값 y가 나오게 됩니다. 다음은 학습 과정을 거친 인공 신경입니다.

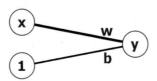

우리는 뒤에서 이 인공 신경을 직접 구현해보면서 인공 신경의 동작을 살펴봅니다.

이상에서 인간의 두뇌를 모델로 한 인공 신경망, 인공 신경망으로 할 수 있는 일들, 인공 신경망의 구조, 인공 신경망의 학습 방법, 생물학적 신경과 인공 신경과의 관계, 인공 신경의 구성 요소를 살펴보았습니다. 이 과정에서 인공 신경의 수식은 생물학적 신경으로부터 직관적으로 유도된 것을 알 수 있었습니다. 인공 신경의 수식은 간단한 형태의 수식이지만 이러한 인공 신경으로 망을 구성할 때는 아주 큰 힘을 발휘하게 됩니다.

인공 신경망 기초 정리하기

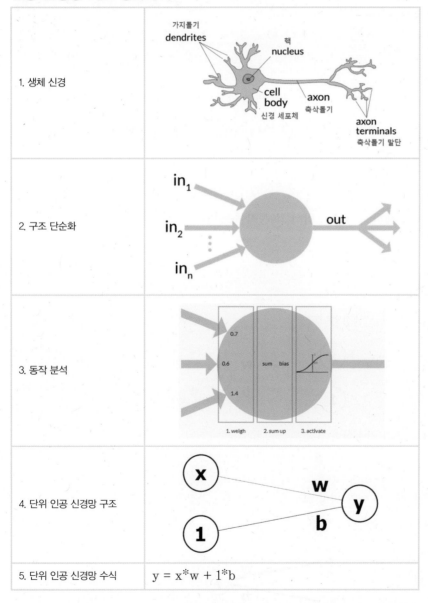

1. 생체 신경	
2. 구조 단순화	
3. 동작 분석	
4. 단위 인공 신경망 구조	
5. 단위 인공 신경망 수식	$y = x{*}w + 1{*}b$

01_4 퍼셉트론의 이해

퍼셉트론은 딥러닝의 기원이 되는 알고리즘으로 1957년에 발표되었습니다. 퍼셉트론은 생물학적 신경의 동작 원리에서 영감을 받아 만들어졌으며, 입력값과 가중치의 곱의 합계에 임계값을 적용하여 출력값을 결정하는 방식으로 동작합니다. 퍼셉트론은 딥러닝의 기본원리를 이해하는데 중요한 바탕이 됩니다.

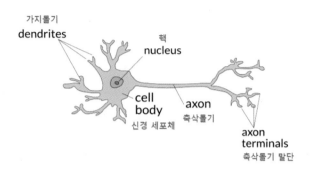

다음은 입력이 2개인 퍼셉트론을 나타냅니다.

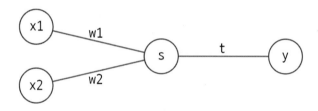

퍼셉트론의 입력 x1, x2는 1 이나 0 값 중 하나입니다. x1, x2는 각각 w1과 w2에 곱해져 s로 전달됩니다(s=x1*w1+x2*w2). s는 t보다 크면 y로 1이 전달되며, 그렇지 않으면 y로 0이 전달됩니다. t값은 신호의 역치 역할을 하며 그 값이 작을수록 y로 쉽게 신호(1)가 전달됩니다. 예를 들어, t값이 0.1이면 s값은 0.1만 넘으면 y로 1이 전달됩니다. t값이 10이면 s값은 10이 넘어야 y로 1이 전달됩니다.

퍼셉트론의 동작 원리는 이게 전부입니다. 이상을 수식으로 나타내면 다음과 같습니다.

$$y = \begin{cases} 0 \ (x_1 w_1 + x_2 w_2 \leq t) \\ 1 \ (x_1 w_1 + x_2 w_2 > t) \end{cases}$$

퍼셉트론과 논리 게이트

초기에는 퍼셉트론을 이용하여 논리 게이트를 구현할 수 있다는 것이 제안되었으며, 이후에 실제로 퍼셉트론을 사용하여 AND, OR, NOT 등의 논리 게이트를 구현하는 데 성공하였습니다. AND, OR, NOT 게이트는 논리 회로 구현의 기본 단위로 이것들을 이용하면, 반가산기, 전가산기, ALU,

CPU를 구현할 수 있습니다. 따라서 퍼셉트론으로도 CPU를 구현할 수 있다는 의미가 됩니다. 다음은 AND, NAND, OR 게이트에 대한 진리표와 각 게이트에 대한 퍼셉트론의 가중치와 역치를 나타냅니다.

AND				
x1	x2	y		
0	0	0	0*w1+0*w2<=t	t=0.6
0	1	0	0*w1+1*w2<=t	w2=0.4
1	0	0	1*w1+0*w2<=t	w1=0.4
1	1	1	1*w1+1*w2>t	0.8>0.6

※ 가중치 w1, w2와 역치 t는 조건을 만족하는 적당한 값입니다. 조건을 만족한다면 다른 값을 사용할 수도 있습니다.

NAND				
x1	x2	y		
0	0	1	0*w1+1*w2>t	t=-1
0	1	1	1*w1+0*w2>t	w2=-0.5
1	0	1	1*w1+0*w2>t	w1=-0.5
1	1	0	1*w1+1*w2<=t	-1<=-1

NAND				
x1	x2	y		
0	0	0	0*w1+0*w2<=t	t=0.5
0	1	1	0*w1+1*w2>t	w2=0.6
1	0	1	1*w1+0*w2>t	w1=0.6
1	1	1	1*w1+1*w2>t	1.2>0.5

퍼셉트론 구현하기 1

여기서는 앞에서 구한 퍼셉트론의 가중치 w1,w2, 역치 t의 값을 이용하여 AND, NAND, OR 게이트를 구현해 봅니다.

❶ AND 구현

다음과 같이 아두이노 스케치를 작성하여 테스트해 봅니다.

```
int AND (int x1,int x2) {
    double w1=0.4, w2=0.4; // 가지돌기의 굵기, 가중치
    double t=0.6; // 축삭돌기의 굵기, 역치
    double s=x1*w1+x2*w2;
    return (s<=t)?0:1; // 활성화 함수
}

void setup() {

    Serial.begin(115200);

    Serial.print(AND(0,0)); Serial.print(" ");
    Serial.print(AND(0,1)); Serial.print(" ");
    Serial.print(AND(1,0)); Serial.print(" ");
    Serial.print(AND(1,1)); Serial.println();

}

void loop() {
}
```

예제를 아두이노 보드에 업로드한 후, 시리얼 모니터로 결과를 확인해 봅니다.

```
0 0 0 1
```

❷ NAND 구현

다음과 같이 아두이노 스케치를 작성하여 테스트해 봅니다.

```
int NAND (int x1,int x2) {
    double w1=-0.5, w2=-0.5;
    double t=-1;
    double s=x1*w1+x2*w2;
    return (s<=t)?0:1;
}

void setup() {

    Serial.begin(115200);

    Serial.print(NAND(0,0)); Serial.print(" ");
    Serial.print(NAND(0,1)); Serial.print(" ");
    Serial.print(NAND(1,0)); Serial.print(" ");
    Serial.print(NAND(1,1)); Serial.println();

}

void loop() {
}
```

예제를 아두이노 보드에 업로드한 후, 시리얼 모니터로 결과를 확인해 봅니다.

```
1 1 1 0
```

❸ OR 구현

다음과 같이 아두이노 스케치를 작성하여 테스트해 봅니다.

314_3.ino

```
int OR (int x1,int x2) {
     double w1=0.6, w2=0.6;
     double t=0.5;
     double s=x1*w1+x2*w2;
     return (s<=t)?0:1;
}

void setup() {

     Serial.begin(115200);

     Serial.print(OR(0,0)); Serial.print(" ");
     Serial.print(OR(0,1)); Serial.print(" ");
     Serial.print(OR(1,0)); Serial.print(" ");
     Serial.print(OR(1,1)); Serial.println();

}

void loop() {
}
```

예제를 아두이노 보드에 업로드한 후, 시리얼 모니터로 결과를 확인해 봅니다.

```
0 1 1 1
```

편향 개념 가져오기

여기서는 앞에서 구한 퍼셉트론 수식을 변형하여 역치를 편향 개념으로 바꾸어 봅니다. 앞에서 구한
수식은 다음과 같이 수정할 수 있습니다.

$$y = \begin{cases} 0 \ (x_1w_1 + x_2w_2 + b \le 0) \\ 1 \ (x_1w_1 + x_2w_2 + b > 0) \end{cases}$$

앞의 수식에서 t를 좌변으로 이동한 후, −t를 b로 바꾼 모양입니다. 여기서 b를 편향이라고 합니다.
이 수식은 입력 x1, x2를 각각 w1, w2에 곱한 값과 편향 b를 합한 값이 0보다 크면 y로 1이 전달되
며, 그렇지 않으면 y로 0이 전달됩니다.

퍼셉트론 구현하기 2

여기서는 앞에서 변형한 퍼셉트론의 가중치 w1,w2, 편향 b의 값을 이용하여 AND, NAND, OR 게이트를 구현해 봅니다.

❶ AND 구현

다음과 같이 아두이노 스케치를 작성하여 테스트해 봅니다.

```
314_4.ino

int AND (int x1,int x2) {
    double w1=0.4, w2=0.4; // 가지돌기의 굵기, 가중치
    double b=-0.6; // 축삭돌기의 굵기, 역치
    double s=x1*w1+x2*w2+b;
    return (s<=0)?0:1; // 활성화 함수
}

void setup() {

    Serial.begin(115200);

    Serial.print(AND(0,0)); Serial.print(" ");
    Serial.print(AND(0,1)); Serial.print(" ");
    Serial.print(AND(1,0)); Serial.print(" ");
    Serial.print(AND(1,1)); Serial.println();

}

void loop() {
}
```

예제를 아두이노 보드에 업로드한 후, 시리얼 모니터로 결과를 확인해 봅니다.

```
0 0 0 1
```

❷ NAND 구현

다음과 같이 아두이노 스케치를 작성하여 테스트해 봅니다.

```
314_5.ino

int NAND (int x1,int x2) {
    double w1=-0.5, w2=-0.5;
    double b=1;
    double s=x1*w1+x2*w2+b;
    return (s<=0)?0:1;
}
```

```
void setup() {

    Serial.begin(115200);

    Serial.print(NAND(0,0)); Serial.print("  ");
    Serial.print(NAND(0,1)); Serial.print("  ");
    Serial.print(NAND(1,0)); Serial.print("  ");
    Serial.print(NAND(1,1)); Serial.println();

}

void loop() {
}
```

예제를 아두이노 보드에 업로드한 후, 시리얼 모니터로 결과를 확인해 봅니다.

```
1  1  1  0
```

❸ OR 구현

다음과 같이 아두이노 스케치를 작성하여 테스트해 봅니다.

314_6.ino

```
int OR (int x1,int x2) {
    double w1=0.6, w2=0.6;
    double b=-0.5;
    double s=x1*w1+x2*w2+b;
    return (s<=0)?0:1;
}

void setup() {

    Serial.begin(115200);

    Serial.print(OR(0,0)); Serial.print("  ");
    Serial.print(OR(0,1)); Serial.print("  ");
    Serial.print(OR(1,0)); Serial.print("  ");
    Serial.print(OR(1,1)); Serial.println();

}

void loop() {
}
```

예제를 아두이노 보드에 업로드한 후, 시리얼 모니터로 결과를 확인해 봅니다.

```
0  1  1  1
```

퍼셉트론의 한계 : XOR

퍼셉트론 모델은 초기에는 단층 신경망으로 구성되어 있었습니다. 단층 신경망은 입력값과 가중치의 곱의 합을 바로 출력값으로 내보냅니다. 하지만, 단층 신경망은 XOR 문제를 해결하려고 시도하는 과정에서 한계에 부닥칩니다. 다음은 XOR 게이트에 대한 진리표와 퍼셉트론의 조건식을 나타냅니다.

XOR			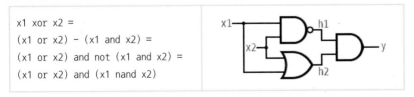		
x1	x2	y			
0	0	0	0*w1+0*w2+b<=0 ❶	b<=0 ❷	
0	1	1	0*w1+1*w2+b>0 ❸	w1+w2+2b>0 ❺	b>0 ❽
1	0	1	1*w1+0*w2+b>0 ❹		
1	1	0	1*w1+1*w2+b<=0 ❻	-w1-w2-b>=0 ❼	

❶ 식은 ❷ 식과 같이 되어 b는 0보다 작거나 같습니다. ❸, ❹ 식을 더하면 ❺ 식과 같게 됩니다. ❻ 식은 양변에 마이너스(-)를 붙이며 ❼ 식과 같아집니다. ❺ 식과 ❼ 식을 더하면 w1, w2는 상쇄되어 없어지고 ❽ 식과 같이 되어 b는 0보다 큽니다. 결과적으로 ❷ 식과 ❽ 식은 동시에 만족할 수 없습니다.

다층 퍼셉트론으로 해결 : XOR

단층 신경망으로 구현할 수 없었던 XOR 게이트 문제는 이후에 다층 퍼셉트론이 개발되면서 해결할 수 있었습니다. 다층 퍼셉트론은 입력층, 은닉층, 출력층으로 구성된 모델입니다. XOR 게이트의 경우 두 개의 입력값과 하나의 출력값을 가진 단층 퍼셉트론 세 개를 조합하여 다층 퍼셉트론을 만들어 해결할 수 있습니다. 다음은 XOR 게이트를 NAND, OR, AND 게이트를 조합하여 해결하는 과정입니다.

```
x1 xor x2 =
(x1 or x2) - (x1 and x2) =
(x1 or x2) and not (x1 and x2) =
(x1 or x2) and (x1 nand x2)
```

XOR 게이트를 다층 퍼셉트론으로 나타내면 다음과 같습니다.

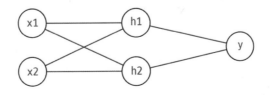

XOR 구현하기

여기서는 AND, NAND, OR 게이트를 이용하여 XOR 게이트를 구현해 봅니다.

다음과 같이 아두이노 스케치를 작성하여 테스트해 봅니다.

```
314_7.ino

int AND (int x1,int x2) {
    double w1=0.4, w2=0.4; // 가지돌기의 굵기, 가중치
    double t=0.6; // 축삭돌기의 굵기, 역치
    double s=x1*w1+x2*w2;
    return (s<=t)?0:1; // 활성화 함수
}

int NAND (int x1,int x2) {
    double w1=-0.5, w2=-0.5;
    double t=-1;
    double s=x1*w1+x2*w2;
    return (s<=t)?0:1;
}

int OR (int x1,int x2) {
    double w1=0.6, w2=0.6;
    double t=0.5;
    double s=x1*w1+x2*w2;
    return (s<=t)?0:1;
}

int XOR(int x1,int x2) {
    int h1=OR(x1,x2);
    int h2=NAND(x1,x2);
    return AND(h1,h2);
}

void setup() {

    Serial.begin(115200);

    Serial.print(XOR(0,0)); Serial.print(" ");
    Serial.print(XOR(0,1)); Serial.print(" ");
    Serial.print(XOR(1,0)); Serial.print(" ");
    Serial.print(XOR(1,1)); Serial.println();

}

void loop() {
}
```

예제를 아두이노 보드에 업로드한 후, 시리얼 모니터로 결과를 확인해 봅니다.

```
0 1 1 0
```

02 딥러닝 7 공식

여기서는 딥러닝 7 공식을 이용하여 딥러닝의 동작 원리를 이해해 봅니다. 또 딥러닝과 관련된 중요한 용어들, 예를 들어, 순전파, 목표값, 오차, 역전파 오차, 역전파, 학습률과 같은 용어들을 이해해 보도록 합니다.

다음 그림은 이 단원에서 살펴볼 인공 신경의 순전파와 역전파를 나타내는 핵심 그림과 수식을 표현하고 있습니다.

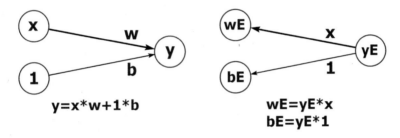

독자 여러분이 이 그림과 수식의 내용을 이해한다면 딥러닝의 가장 중요한 원리를 이해하게 되는 것입니다. 딥러닝의 핵심 원리 지금부터 이해해 봅시다!

02_1 딥러닝 제 1 공식 : 순전파

다음은 앞에서 소개한 단일 인공 신경의 그림입니다. 이 인공 신경은 입력 노드 1개, 출력 노드 1개, 편향으로 구성된 단일 인공 신경입니다.

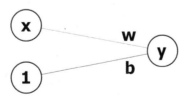

이 인공 신경을 학습 시키면 다음과 같이 가중치와 편향의 값이 바뀌게 됩니다. 즉, 신호 전달 강도가 더 세지거나 약해집니다.

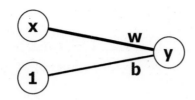

순전파 그림과 수식은 다음과 같습니다.

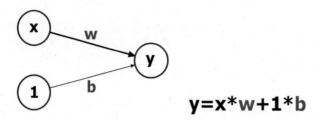

$$y=x*w+1*b$$

이 수식은 순전파 수식입니다. y는 예측값, x는 입력값, w는 가중치, b는 편향이라고 합니다.

순전파 살펴보기

이 수식에 대해서 구체적으로 생각해 봅니다. 다음과 같이 각 변수에 값을 줍니다.

```
x = 2
w = 3
b = 1
```

그러면 식은 다음과 같이 됩니다.

```
y = 2*3 + 1*1
y = ?
```

y는 얼마가 될까요? 다음과 같이 계산해서 y는 7이 됩니다.

```
2*3 + 1*1 = 7
```

이 상황을 그림으로 생각해 봅니다. 다음과 같이 x, w, b 값이 y로 흘러가는 인공 신경이 있습니다.
이 과정을 인공 신경의 순전파라고 합니다.

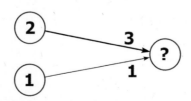

이 경우 y로 얼마가 나올까요? 앞에서 살펴본 대로 다음과 같이 7이 나오게 됩니다.

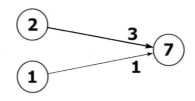

여기서 순전파를 통해 나온 7을 예측값이라고 합니다.

순전파 코딩하기

돌다리도 두들겨 보고 건넌다고 순전파를 아두이노 스케치로 구현해 봅니다.

다음과 같이 아두이노 스케치를 작성하여 테스트해 봅니다.

```
321.ino

double x = 2; // 일반적으로 딥러닝 변수는 실수입니다.
double w = 3;
double b = 1;

void setup() {

    Serial.begin(115200);

    double y = x*w + 1*b; // 딥러닝 제 1 공식 : 순전파
    Serial.print("y : "); Serial.println(y, 6); // 소수점 이하 6자리 출력

}

void loop() {
}
```

예제를 아두이노 보드에 업로드한 후, 시리얼 모니터로 결과를 확인해 봅니다.

```
y : 7.000000
```

02_2 딥러닝 제 2 공식 : 평균 제곱 오차

다음은 딥러닝 제 2 공식을 나타냅니다.

$$E = (y-yT)*(y-yT) / 2$$

이 수식은 평균 제곱 오차 수식이라고 합니다. E는 오차, y는 순전파에 의한 예측값, yT는 목표값 또는 라벨을 나타냅니다. yT는 입력값 x에 대해 실제로 나오기를 원하는 값입니다. 오차(error)는 손실(loss) 또는 비용(cost)이라고도 합니다. 오차값이 작을수록 예측을 잘하는 인공 신경망입니다.

앞에서 우리는 y값으로 7을 얻었습니다. 그런데 y로 10이 나오게 하고 싶습니다. 이 경우 yT 값은 10이 됩니다. 그러면 평균 제곱 오차는 다음과 같이 계산됩니다.

```
E = (7 - 10)*(7 - 10)/2 = (-3)*(-3)/2 = 9/2 = 4.5
```

평균 제곱 오차 코딩하기

다음과 같이 아두이노 스케치를 작성하여 테스트해 봅니다.

```
322.ino

double x = 2; // 일반적으로 딥러닝 변수는 실수입니다.
double w = 3;
double b = 1;
double yT = 10; // 목표값을 10이라고 가정합니다.

void setup() {

    Serial.begin(115200);

    double y = x*w + 1*b; // 딥러닝 제 1 공식 : 순전파
    double E = (y - yT)*(y - yT) / 2; // 딥러닝 제 2 공식 : 평균 제곱 오차
    Serial.print("E : "); Serial.println(E, 6);

}

void loop() {
}
```

예제를 보드에 업로드한 후, 시리얼 모니터로 결과를 확인해 봅니다.

```
E : 4.500000
```

02_3 딥러닝 제 3 공식 : 역전파 오차

다음은 딥러닝 제 3 공식을 나타냅니다.

$$yE = y - yT$$

yE는 역전파 오차, y는 순전파에 의한 예측값, yT는 목표값 또는 라벨을 나타냅니다. yT는 입력값에 대해 실제로 나오기를 원하는 값입니다. 역전파 오차를 구하는 수식은 단순합니다. 예측값 y에서 목표값 yT를 뺀 값이 역전파 오차가 됩니다. yE 값이 다음 단계에서 역전파되기 때문에 역전파 오차라고 합니다. yE의 정확한 의미는 y에 대한 오차 E의 순간변화율을 의미하며 편미분을 통해 유도됩니다.

딥러닝 제 3 공식에 대해서 구체적으로 살펴봅니다.

앞에서 우리는 y값으로 7을 얻었습니다. 그런데 y로 10이 나오게 하고 싶습니다. 이런 경우에 w와 b의 값을 어떻게 바꿔야 할까요?

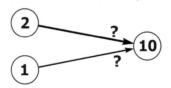

y값이 10이 되려면 3이 모자랍니다. y의 오차는 w와 b의 오차로 인해 발생합니다. 따라서 w와 b값을 적당히 증가시키면 y로 10에 가까운 값이 나오게 할 수 있겠죠? 예를 들어, w를 4.2로, b를 1.6으로 증가시키면 y의 값은 10이 됩니다.

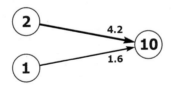

그러면 w, b값을 어떤 기준으로 얼마나 증가시켜야 할까요? 이 과정을 이해하는 것이 바로 역전파의 핵심을 이해하는 것이고 나아가서 딥러닝의 핵심을 이해하는 것입니다. 이 과정을 자세히 살펴봅니다.

이전 그림에서 y로 7이 흘러나갔는데 우리는 이 값이 10이 되기를 원합니다. 여기서 10은 목표값이됩니다. 참고로 인공지능 학습 시 목표값은 라벨이라고 합니다. 다음 수식에서 yT는 목표값을 나타내며 10을 갖습니다.

```
yT = 10
y = 7
yE = y - yT = -3
```

y값은 현재값 7인 상태이며, yE는 현재값에서 목표값을 뺀 값 –3이 됩니다. 이 때, yE값을 역전파 오차라고 하며, 역전파에 사용할 오차값입니다.

역전파 오차 코딩하기

다음과 같이 아두이노 스케치를 작성하여 테스트해 봅니다.

```
323.ino

double x = 2; // 일반적으로 딥러닝 변수는 실수입니다.
double w = 3;
double b = 1;
double yT = 10; // 목표값을 10이라고 가정합니다.

void setup() {

    Serial.begin(115200);

    double y = x*w + 1*b; // 딥러닝 제 1 공식 : 순전파
    double E = (y - yT)*(y - yT) / 2; // 딥러닝 제 2 공식 : 평균 제곱 오차
    double yE = y - yT; // 딥러닝 제 3 공식 : 역전파 오차
    Serial.print("yE : "); Serial.println(yE, 6);

}

void loop() {
}
```

예제를 보드에 업로드한 후, 시리얼 모니터로 결과를 확인해 봅니다.

```
yE : -3.000000
```

02_4 딥러닝 제 4 공식 : 입력 역전파

다음은 딥러닝 제 4 공식을 나타냅니다.

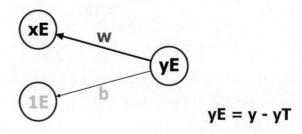

$$yE = y - yT$$

xE는 입력 역전파, yE는 역전파 오차로 딥러닝 제 3 공식에서 구한 값입니다. 회색으로 표시된 1E 는 숫자 1의 오차라는 의미로 사용하지 않는 부분입니다. 딥러닝 제 4 공식은 다음과 같은 순서로 유도할 수 있습니다.

❶ 딥러닝 제 1 공식의 그림을 복사합니다.

❷ y -> yE, x -> xE로 변경합니다.

❸ 화살표 방향을 반대로 합니다.

❹ 1E, b는 사용하지 않습니다.

다음 그림을 참조합니다.

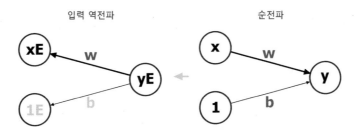

이 수식은 출력층에서 발생한 역전파 오차가 입력층으로 흘러가는 상황을 나타냅니다. 딥러닝 제 4 공식은 실제로 은닉층으로 전달되는 역전파에 사용하는 공식으로 뒤에서 사용합니다. xE의 정확한 의미는 x에 대한 오차 E의 순간변화율을 의미하며 편미분을 통해 유도됩니다.

02_ 5 딥러닝 제 5 공식 : 가중치, 편향 순전파

다음은 가중치와 편향의 순전파를 나타내는 식과 그림입니다.

$$y=x*w+1*b \text{ (딥러인 제 1 공식)}$$
$$y=w*x+b*1 \text{ (딥러인 제 5 공식)}$$

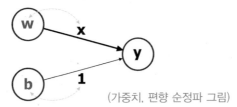

(가중치, 편향 순정파 그림)

딥러닝 제 5 공식은 다음과 같은 순서로 유도할 수 있습니다.

❶ 딥러닝 제 1 공식을 복사합니다.
❷ x와 w, 1과 b를 교환하여 딥러닝 제 5 공식을 유도합니다.
❸ 딥러닝 제 1 공식의 그림과 같은 형태로 그림을 그립니다.

다음 그림을 참조합니다.

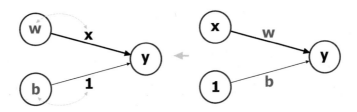

딥러닝 제 5 공식은 다음에 나올 딥러닝 제 6 공식을 유도하기 위해 사용하며, 실제로 딥러닝 제 1 공식과 같습니다. 딥러닝 제 5 공식은 구현을 위해 사용하지는 않습니다.

02_6 딥러닝 제 6 공식 : 가중치, 편향 역전파

다음은 가중치와 편향의 역전파를 나타내는 그림과 수식입니다.

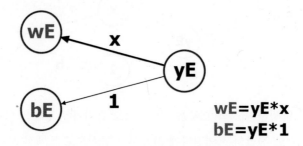

$$wE = yE*x$$
$$bE = yE*1$$

wE는 가중치 역전파 오차, bE는 편향 역전파 오차를 의미합니다. yE는 역전파 오차로 딥러닝 제 3 공식에서 구한 값입니다. 딥러닝 제 6 공식은 다음과 같은 순서로 유도할 수 있습니다.

❶ 딥러닝 제 5 공식의 그림을 복사합니다.
❷ y –〉 yE, w –〉 wE, b –〉 bE로 변경합니다.
❸ 화살표 방향을 반대로 합니다.

다음 그림을 참조합니다.

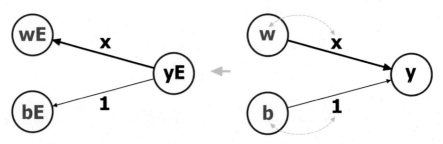

딥러닝 제 6 공식은 실제로 편미분을 연쇄적으로 적용하여 얻은 공식입니다. 편미분을 이용하여 역전파를 유도하는 방법은 부록을 참조합니다. wE의 정확한 의미는 w에 대한 오차 E의 순간변화율을 의미합니다. 마찬가지로 bE는 b에 대한 오차 E의 순간변화율을 의미합니다.

위 수식에 의해 wE, bE는 다음 그림과 같이 계산됩니다.

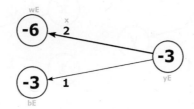

딥러닝 제 3 공식의 예에서 우리는 yE값으로 –3을 얻었습니다.

가중치, 편향 역전파 코딩하기

다음과 같이 아두이노 스케치를 작성하여 테스트해 봅니다.

```
326.ino

double x = 2; // 일반적으로 딥러닝 변수는 실수입니다.
double w = 3;
double b = 1;
double yT = 10; // 목표값을 10이라고 가정합니다.

void setup() {

    Serial.begin(115200);

    double y = x*w + 1*b; // 딥러닝 제 1 공식 : 순전파
    double E = (y - yT)*(y - yT) / 2; // 딥러닝 제 2 공식 : 평균 제곱 오차
    double yE = y - yT; // 딥러닝 제 3 공식 : 역전파 오차
    double wE = yE*x; // 딥러닝 제 6 공식 : 가중치 역전파
    double bE = yE*1; // 딥러닝 제 6 공식 : 편향 역전파
    Serial.print("wE : "); Serial.println(wE, 6);
    Serial.print("bE : "); Serial.println(bE, 6);

}

void loop() {
}
```

예제를 보드에 업로드한 후, 시리얼 모니터로 결과를 확인해 봅니다.

```
wE : -6.000000
bE : -3.000000
```

02_7 딥러닝 제 7 공식 : 신경망 학습

다음은 신경망 학습을 나타내는 수식입니다. 신경망은 가중치를 의미합니다.

$$w \mathrel{-}= lr*wE$$
$$b \mathrel{-}= lr*bE$$

lr은 learning rate의 약자로 학습률을 의미합니다. wE는 가중치 역전파 오차, bE는 편향 역전파 오차로 딥러닝 제 6 공식에서 구한 값입니다. 딥러닝 제 7 공식은 실제로 경사하강법이라고 하며 미분을 이용하여 얻은 공식입니다. 이 수식을 적용하여 w, b 값을 갱신하는 과정을 인공 신경망의 학습이라고 합니다.

신경망 학습해 보기

앞에서 우리는 wE, bE 값으로 각각 −6, −3을 구하였습니다. wE, bE 값을 다음 그림과 같이 적용해 봅니다. 다음 그림에서 w는 이전 가중치, w'는 갱신된 가중치를 의미합니다. 그리고 앞에서 구한 wE, bE의 값을 각각 w, b에서 빼줍니다. 그러면 갱신된 w', b' 값이 증가하게 됩니다. 이 부분을 좀 더 자세히 살펴봅시다. 앞에서 살펴본 딥러닝 제 3 공식을 변형하면 y − yE = yT가 되어 y에서 yE를 빼면 yT가 됩니다. 즉, y값 7에서 yE값 −3을 빼주면 yT값 10이 됩니다. 같은 원리로 w에서 wE를, b에서 bE를 빼 주도록 합니다.

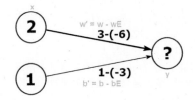

그런데 wE, bE값이 너무 큽니다. 이 상태로 계산을 하면 새로운 y값은 (2*9+1*4)와 같이 계산되어 22가 되게 되며, 우리가 원하는 목표값 10보다 더 큰 값이 나오게 됩니다. 구체적인 계산 과정은 다음과 같습니다.

```
x = 2
w' = w - wE = 3-(-6) = 9
b' = b - bE = 1-(-3) = 4
y = x*w' + 1*b' = 2*9+1*4 = 22
```

신경망 학습 코딩하기 1

다음과 같이 아두이노 스케치를 작성하여 테스트해 봅니다.

```
327.ino
double x = 2; // 일반적으로 딥러닝 변수는 실수입니다.
double w = 3;
double b = 1;
double yT = 10; // 목표값을 10이라고 가정합니다.
double lr = 0.01;

void setup() {

    Serial.begin(115200);

    double y = x*w + 1*b; // 딥러닝 제 1 공식 : 순전파
    double E = (y - yT)*(y - yT) / 2; // 딥러닝 제 2 공식 : 평균 제곱 오차
    double yE = y - yT; // 딥러닝 제 3 공식 : 역전파 오차
    double wE = yE*x; // 딥러닝 제 6 공식 : 가중치 역전파
    double bE = yE*1; // 딥러닝 제 6 공식 : 편향 역전파
    w -= wE;
    b -= bE;
    y = x*w + 1*b;
```

```
    Serial.print("w : "); Serial.println(w, 6);
    Serial.print("b : "); Serial.println(b, 6);
    Serial.print("y : "); Serial.println(y, 6);

}

void loop() {
}
```

예제를 보드에 업로드한 후, 시리얼 모니터로 결과를 확인해 봅니다.

```
w : 9.000000
b : 4.000000
y : 22.000000
```

학습률 적용하기

그래서 나온 방법이 학습률입니다. wE, bE에 적당히 작은 값을 곱해주어 값을 줄이는 겁니다. 여기서는 0.01을 곱해줍니다. 그러면 다음과 같이 계산할 수 있습니다.

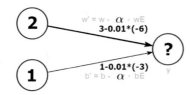

※ 여기서 α는 학습률이라고 하며 뒤에서는 lr이라는 이름으로 구현합니다. lr은 learning rate의 약자로 학습률을 의미합니다.

이렇게 하면 2*(3.06)+1.03=7.15가 나옵니다. 이렇게 조금씩 늘려나가면 10을 만들 수 있습니다.

여기서 곱해준 0.01은 학습률이라고 하는 값입니다. 일반적으로 학습률 값은 0.001로 시작하여 학습이 진행되는 상황에 따라 조금씩 늘이거나 줄여서 사용합니다.

신경망 학습 코딩하기 2

다음과 같이 아두이노 스케치를 작성하여 테스트해 봅니다.

327_2.ino

```
double x = 2; // 일반적으로 딥러닝 변수는 실수입니다.
double w = 3;
double b = 1;
double yT = 10; // 목표값을 10이라고 가정합니다.
double lr = 0.01;

void setup() {

    Serial.begin(115200);

    double y = x*w + 1*b; // 딥러닝 제 1 공식 : 순전파
    double E = (y - yT)*(y - yT) / 2; // 딥러닝 제 2 공식 : 평균 제곱 오차
    double yE = y - yT; // 딥러닝 제 3 공식 : 역전파 오차
```

```
        double wE = yE*x; // 딥러닝 제 6 공식 : 가중치 역전파
        double bE = yE*1; // 딥러닝 제 6 공식 : 편향 역전파
        w -= lr*wE; // 딥러닝 제 7 공식 : 가중치 학습
        b -= lr*bE; // 딥러닝 제 7 공식 : 편향 학습
        Serial.print("w : "); Serial.println(w, 6);
        Serial.print("b : "); Serial.println(b, 6);

}

void loop() {
}
```

예제를 보드에 업로드한 후, 시리얼 모니터로 결과를 확인해 봅니다.

```
w : 3.060000
b : 1.030000
```

학습된 신경망으로 예측하기

인공 신경망에 대해 딥러닝 제 1 공식~딥러닝 제 7 공식까지 1회 수행을 하면 한 번의 학습이 이루어지게 됩니다. 여기서는 1회 학습된 신경망으로 y값을 예측해 봅니다.

다음과 같이 아두이노 스케치를 작성하여 테스트해 봅니다.

327_3.ino
```
double x = 2; // 일반적으로 딥러닝 변수는 실수입니다.
double w = 3;
double b = 1;
double yT = 10; // 목표값을 10이라고 가정합니다.
double lr = 0.01;

void setup() {

    Serial.begin(115200);

    double y = x*w + 1*b; // 딥러닝 제 1 공식 : 순전파
    double E = (y - yT)*(y - yT) / 2; // 딥러닝 제 2 공식 : 평균 제곱 오차
    double yE = y - yT; // 딥러닝 제 3 공식 : 역전파 오차
    double wE = yE*x; // 딥러닝 제 6 공식 : 가중치 역전파
    double bE = yE*1; // 딥러닝 제 6 공식 : 편향 역전파
    w -= lr*wE; // 딥러닝 제 7 공식 : 가중치 학습
    b -= lr*bE; // 딥러닝 제 7 공식 : 편향 학습

    y = x*w + 1*b; // 1회 학습 후 예측값
    Serial.print("y : "); Serial.println(y, 6);

}

void loop() {
}
```

예제를 보드에 업로드한 후, 시리얼 모니터로 결과를 확인해 봅니다.

```
y : 7.150000
```

02_8 딥러닝 반복 학습해 보기

지금까지의 과정을 반복해서 학습해 봅니다. 다음 그림을 살펴봅니다.

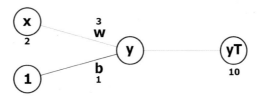

이 그림에서 입력값 x, 가중치 w, 편향 b는 각각 2, 3, 1이고 목표값 yT는 10입니다. x, yT를 이용하여 w, b에 대해 학습을 수행해 봅니다.

※ 이 값들은 임의의 값들입니다. 다른 값들을 사용하여 학습을 수행할 수도 있습니다.

반복 학습 2회 수행하기

여기서는 반복 학습 2회를 수행해 봅니다.

01 다음과 같이 이전 예제를 수정합니다.

328.ino

```
double x = 2;
double w = 3;
double b = 1;
double yT = 10;
double lr = 0.01;

void setup() {

    Serial.begin(115200);

    for(int epoch=0;epoch<2;epoch++) {

        double y = x*w + 1*b;
        double E = (y - yT)*(y - yT) / 2;
        double yE = y - yT;
        double wE = yE*x;
        double bE = yE*1;
        w -= lr*wE;
        b -= lr*bE;

        Serial.print("epoch = "); Serial.println(epoch);
        Serial.print("y : "); Serial.println(y, 3);
        Serial.print("w : "); Serial.println(w, 3);
        Serial.print("b : "); Serial.println(b, 3);

    }

}

void loop() {
}
```

09 : epoch값을 0에서 2 미만까지 바꾸어가며 11~24줄을 2회 수행합니다.

19 : printf 함수를 호출하여 epoch 값을 출력해 줍니다.

02 ✓ → 🗎 ⬆ ⬇ 업로드 업로드를 수행합니다. 다음은 실행 결과 화면입니다.

```
epoch = 0
y : 7.000
w : 3.060
b : 1.030
epoch = 1
y : 7.150
w : 3.117
b : 1.058
```

y 값이 7에서 7.150으로 바뀌는 것을 확인합니다. wE, bE 값을 확인합니다. 또, w, b 값을 확인합니다. w, b의 값이 아주 조금 증가한 것을 확인합니다. 가지 돌기의 두께가 조금 두꺼워진 것과 같습니다.

반복 학습 20회 수행하기

여기서는 반복 학습 20회를 수행해 봅니다.

01 다음과 같이 예제를 수정합니다.

328_2.ino

```
for(int epoch=0;epoch<20;epoch++) {
```

09 : epoch값을 0에서 20 미만까지 수행합니다.

02 ✓ → 🗎 ⬆ ⬇ 업로드 업로드를 수행합니다. 다음은 실행 결과 화면입니다.

```
epoch = 18
y : 8.808
w : 3.747
b : 1.374
epoch = 19
y : 8.868
w : 3.770
b : 1.385
```

y 값이 8.868까지 접근하는 것을 확인합니다. w, b의 값이 처음에 비해 증가한 것을 확인합니다. 가지돌기의 두께가 더 두꺼워진 것과 같습니다.

반복 학습 200회 수행하기

여기서는 반복 학습 200회를 수행해 봅니다.

01 다음과 같이 예제를 수정합니다.

328_3.ino

```
for(int epoch=0;epoch<200;epoch++) {
```

09 : epoch값을 0에서 200 미만까지 수행합니다.

02 ✔ ➜ 📄 ⬆ ⬇ 업로드 업로드를 수행합니다. 다음은 실행 결과 화면입니다.

```
epoch = 198
y : 10.000
w : 4.200
b : 1.600
epoch = 199
y : 10.000
w : 4.200
b : 1.600
```

y 값이 10.000에 수렴하는 것을 확인합니다. 이 때, 가중치 w는 4.2, 편향 b는 1.6에 수렴합니다.

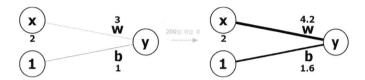

200회 학습 후에는 그림처럼 w, b의 강도가 세지는 것을 볼 수 있습니다. 인공 신경망의 학습은 이처럼 가중치 w, 편향 b의 값을 조정하는 과정입니다.

오차 조건 추가하기

여기서는 오차값이 충분히 작아지면 학습을 자동으로 중단하도록 해 봅니다.

01 다음과 같이 이전 예제를 수정합니다.

```
328_4.ino
```
```
double x = 2;
double w = 3;
double b = 1;
double yT = 10;
double lr = 0.01;

void setup() {
    Serial.begin(115200);

    for(int epoch=0;epoch<200;epoch++) {

        double y = x*w + 1*b;
        double E = (y - yT)*(y - yT) / 2;
        double yE = y - yT;
        double wE = yE*x;
        double bE = yE*1;
        w -= lr*wE;
        b -= lr*bE;

        Serial.print(" epoch = "); Serial.println(epoch);
        Serial.print(" y : "); Serial.println(y, 3);
        Serial.print(" w : "); Serial.println(w, 3);
        Serial.print(" b : "); Serial.println(b, 3);
```

```
        if(E< 0.0000001) break;

    }

}

void loop() {
}
```

24 : 오차값 E가 0.0000001(1천만분의1)보다 작으면 break문을 수행하여 09줄의 for문을 빠져 나갑니다.

02 ✓ → ▣ ⬆ ⬇ 업로드 업로드를 수행합니다. 다음은 실행 결과 화면입니다.

```
epoch = 171
y : 10.000
w : 4.200
b : 1.600
epoch = 172
y : 10.000
w : 4.200
b : 1.600
```

epoch 값이 172일 때 for 문을 빠져 나갑니다. y값은 10에 수렴합니다.

학습률 변경하기

여기서는 학습률 값을 변경시켜 보면서 학습의 상태를 살펴봅니다.

01 다음과 같이 예제를 수정합니다.

```
double lr = 0.05;
```

05 : 학습률 값을 0.05로 변경합니다.

02 ✓ → ▣ ⬆ ⬇ 업로드 업로드를 수행합니다. 다음은 실행 결과 화면입니다.
epoch 값이 31일 때 학습이 완료되는 것을 볼 수 있습니다.

```
epoch = 30
y : 9.999
w : 4.200
b : 1.600
epoch = 31
y : 10.000
w : 4.200
b : 1.600
```

03 다음과 같이 예제를 수정합니다.

```
double lr = 0.005;
```

05 : 학습률 값을 0.005로 변경합니다.

04 ✓ → 📄 ⬆ ⬇ 업로드 업로드를 수행합니다. 다음은 실행 결과 화면입니다.
epoch 값이 199일 때 학습이 완료되지 않은 상태로 종료되는 것을 볼 수 있습니다.

```
epoch = 198
y : 9.980
w : 4.192
b : 1.596
epoch = 199
y : 9.981
w : 4.192
b : 1.596
```

05 다음과 같이 예제를 수정합니다.

328_7.ino

```
for(int epoch=0;epoch<2000;epoch++) {
```

09 : epoch값을 0에서 2000 미만까지 수행합니다.

06 ✓ → 📄 ⬆ ⬇ 업로드 업로드를 수행합니다. 다음은 실행 결과 화면입니다.
epoch 값이 349일 때 학습이 완료되는 것을 볼 수 있습니다.

```
epoch = 348
y : 10.000
w : 4.200
b : 1.600
epoch = 349
y : 10.000
w : 4.200
b : 1.600
```

02_9 딥러닝 7 공식 정리하기

다음은 순전파, 역전파를 나타내는 신경망의 동작입니다.

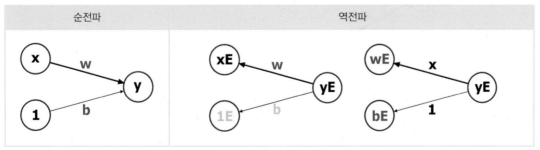

03 딥러닝 7 공식 확장하기

지금까지 우리는 가장 간단한 형태인 [1입력 1출력] 인공 신경에 대해 딥러닝 7 공식을 살펴보고 구현해 보았습니다. 여기서는 [2입력 1출력] 인공 신경과 [2입력 2출력] 인공 신경망으로 딥러닝 7 공식을 확장해 봅니다.

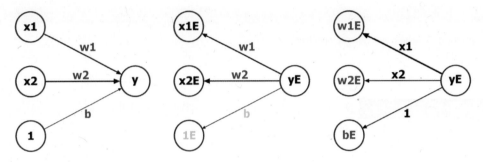

03_1 2입력 1출력 인공 신경

먼저 [2입력 1출력] 인공 신경에 대해 딥러닝 7 공식을 확장하고 구현해 봅니다.

딥러닝 제 1 공식 : 순전파

다음은 [2입력 1출력] 인공 신경의 딥러닝 제 1 공식을 나타냅니다.

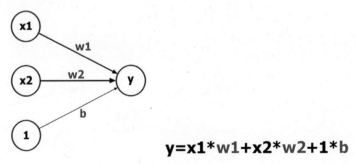

$$y=x1*w1+x2*w2+1*b$$

이 수식은 순전파 수식입니다. y는 예측값, x1, x2는 입력값, w1, w2는 가중치, b는 편향입니다. 앞에서 살펴본 [1입력 1출력] 인공 신경에 입력과 가중치가 하나씩 추가되었습니다.

다음과 같이 아두이노 스케치를 작성하여 테스트해 봅니다.

```
double x1 = 2, x2 = 3;
double w1 = 3, w2 = 4;
double b = 1;

void setup() {

    Serial.begin(115200);

    double y = x1*w1 + x2*w2 + 1*b;
    Serial.print("y : "); Serial.println(y, 6);

}

void loop() {
}
```

예제를 보드에 업로드한 후, 시리얼 모니터로 결과를 확인해 봅니다.

```
y : 19.000000
```

딥러닝 제 2 공식 : 평균 제곱 오차

다음은 [2입력 1출력] 인공 신경의 딥러닝 제 2 공식을 나타냅니다.

$$E = (y-yT)*(y-yT) / 2$$

[2입력 1출력] 인공 신경은 [1입력 1출력] 인공 신경과 출력의 개수가 같기 때문에 평균 제곱 오차 수식이 같습니다. 다음과 같이 아두이노 스케치를 작성하여 테스트해 봅니다.

```
double x1 = 2, x2 = 3;
double w1 = 3, w2 = 4;
double b = 1;
double yT = 27;

void setup() {

    Serial.begin(115200);

    double y = x1*w1 + x2*w2 + 1*b;
    double E = (y - yT)*(y - yT) / 2;
    Serial.print("E : "); Serial.println(E, 6);

}

void loop() {
}
```

예제를 보드에 업로드한 후, 시리얼 모니터로 결과를 확인해 봅니다.

```
E : 32.000000
```

딥러닝 제 3 공식 : 역전파 오차

다음은 [2입력 1출력] 인공 신경의 딥러닝 제 3 공식을 나타냅니다.

$$yE = y - yT$$

[2입력 1출력] 인공 신경은 [1입력 1출력] 인공 신경과 출력의 개수가 같기 때문에 역전파 오차 수식이 같습니다.

다음과 같이 아두이노 스케치를 작성하여 테스트해 봅니다.

```
331_3.ino

double x1 = 2, x2 = 3;
double w1 = 3, w2 = 4;
double b = 1;
double yT = 27;

void setup() {

    Serial.begin(115200);

    double y = x1*w1 + x2*w2 + 1*b;
    double E = (y - yT)*(y - yT) / 2;
    double yE = y - yT;
    Serial.print(" yE : "); Serial.println(yE, 6);

}

void loop() {
}
```

예제를 보드에 업로드한 후, 시리얼 모니터로 결과를 확인해 봅니다.

```
yE : -8.000000
```

딥러닝 제 4 공식 : 입력 역전파

다음은 [2입력 1출력] 인공 신경의 딥러닝 제 4 공식을 나타냅니다.

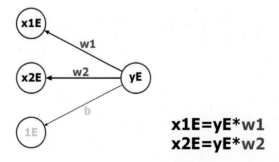

$$x1E=yE*w1$$
$$x2E=yE*w2$$

x1E, x2E는 입력 역전파, yE는 역전파 오차로 딥러닝 제 3 공식에서 구한 값입니다. 회색으로 표시된 1E는 숫자 1의 오차라는 의미로 사용하지 않는 부분입니다. 딥러닝 제 4 공식은 다음과 같은 순서로 유도할 수 있습니다.

❶ 딥러닝 제 1 공식의 그림을 복사합니다.
❷ y –〉 yE, x1 –〉 x1E, x2 –〉 x2E로 변경합니다.
❸ 화살표 방향을 반대로 합니다.
❹ 1E, b는 사용하지 않습니다.

다음 그림을 참조합니다.

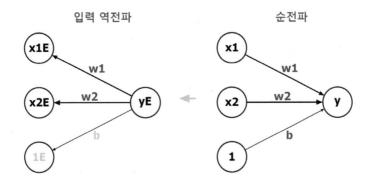

이 수식은 출력층에서 발생한 역전파 오차가 입력층으로 흘러가는 상황을 나타냅니다. 딥러닝 제 4 공식은 실제로 은닉층으로 전달되는 역전파에 사용하는 공식으로 뒤에서 사용합니다.

딥러닝 제 5 공식 : 가중치, 편향 순전파

다음은 [2입력 1출력] 인공 신경의 가중치와 편향의 순전파를 나타내는 식과 그림입니다.

$$y=x1*w1+x2*w2+1*b \text{ (딥러인 제 1 공식)}$$

$$y=w1*x1+w2*x2+b*1 \text{ (딥러인 제 5 공식)}$$

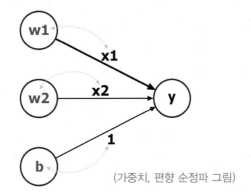

(가중치, 편향 순정파 그림)

딥러닝 제 5 공식은 다음과 같은 순서로 유도할 수 있습니다.

❶ 딥러닝 제 1 공식을 복사합니다.

❷ x1과 w1, x2와 w2, 1과 b를 교환하여 딥러닝 제 5 공식을 유도합니다.

❸ 딥러닝 제 1 공식의 그림과 같은 형태로 그림을 그립니다.

다음 그림을 참조합니다.

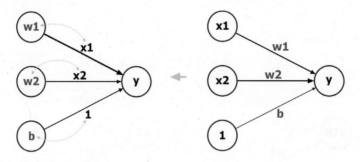

딥러닝 제 5 공식은 다음에 나올 딥러닝 제 6 공식을 유도하기 위해 사용하며, 실제로 딥러닝 제 1 공식과 같습니다. 딥러닝 제 5 공식은 구현을 위해 사용하지는 않습니다.

딥러닝 제 6 공식 : 가중치, 편향 역전파

다음은 [2입력 1출력] 인공 신경의 가중치와 편향의 역전파를 나타내는 그림과 수식입니다.

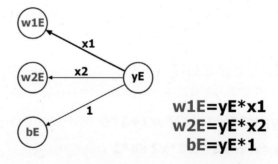

$$w1E=yE*x1$$
$$w2E=yE*x2$$
$$bE=yE*1$$

w1E, w2E는 가중치 역전파 오차, bE는 편향 역전파 오차를 의미합니다. yE는 역전파 오차로 딥러닝 제 3 공식에서 구한 값입니다. 딥러닝 제 6 공식은 다음과 같은 순서로 유도할 수 있습니다.

❶ 딥러닝 제 5 공식의 그림을 복사합니다.

❷ y -〉 yE, w1 -〉 w1E, w2 -〉 w2E, b -〉 bE로 변경합니다.

❸ 화살표 방향을 반대로 합니다.

다음 그림을 참조합니다.

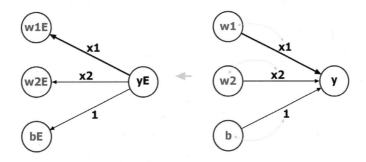

딥러닝 제 6 공식은 실제로 편미분을 연쇄적으로 적용하여 얻은 공식입니다. 편미분을 이용하여 역전파를 유도하는 방법은 부록을 참조합니다.

다음과 같이 아두이노 스케치를 작성하여 테스트해 봅니다.

```
331_4.ino

double x1 = 2, x2 = 3;
double w1 = 3, w2 = 4;
double b = 1;
double yT = 27;

void setup() {

    Serial.begin(115200);

    double y = x1*w1 + x2*w2 + 1*b;
    double E = (y − yT)*(y − yT) / 2;
    double yE = y − yT;
    double w1E = yE*x1;
    double w2E = yE*x2;
    double bE = yE*1;
    Serial.print("w1E : "); Serial.println(w1E, 6);
    Serial.print("w2E : "); Serial.println(w2E, 6);
    Serial.print("bE : "); Serial.println(bE, 6);

}


void loop() {
}
```

예제를 보드에 업로드한 후, 시리얼 모니터로 결과를 확인해 봅니다.

```
w1E : −16.000000
w2E : −24.000000
bE : −8.000000
```

딥러닝 제 7 공식 : 신경망 학습

다음은 [2입력 1출력] 인공 신경의 신경망 학습을 나타내는 수식입니다.

$$w1 \mathrel{-}= lr*w1E$$
$$w2 \mathrel{-}= lr*w2E$$
$$b \mathrel{-}= lr*bE$$

lr은 learning rate의 약자로 학습률을 의미합니다. w1E, w2E는 가중치 역전파 오차, bE는 편향 역 전파 오차로 딥러닝 제 6 공식에서 구한 값입니다.

다음과 같이 아두이노 스케치를 작성하여 테스트해 봅니다.

331_5.ino

```
double x1 = 2, x2 = 3;
double w1 = 3, w2 = 4;
double b = 1;
double yT = 27;
double lr = 0.01;

void setup() {

    Serial.begin(115200);

    double y = x1*w1 + x2*w2 + 1*b;
    double E = (y - yT)*(y - yT) / 2;
    double yE = y - yT;
    double w1E = yE*x1;
    double w2E = yE*x2;
    double bE = yE*1;
    w1 -= lr*w1E;
    w2 -= lr*w2E;
    b -= lr*bE;
    Serial.print(" w1 : "); Serial.println(w1, 6);
    Serial.print(" w2 : "); Serial.println(w2, 6);
    Serial.print(" b : "); Serial.println(b, 6);

}

void loop() {
}
```

예제를 보드에 업로드한 후, 시리얼 모니터로 결과를 확인해 봅니다.

```
w1 : 3.160000
w2 : 4.240000
b : 1.080000
```

딥러닝 반복 학습해 보기

지금까지의 과정을 반복해서 학습해 봅니다. 다음 그림을 살펴봅니다.

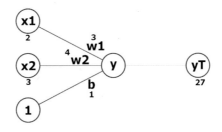

이 그림에서 입력값 x1, x2는 각각 2, 3, 가중치 w1, w2는 각각 3, 4, 편향 b는 1이고 목표값 yT는 27입니다. x1, x2, yT를 이용하여 w1, w2, b에 대해 학습을 수행해 봅니다.

※ 이 값들은 임의의 값들입니다. 다른 값들을 사용하여 학습을 수행할 수도 있습니다.

01 다음과 같이 이전 예제를 수정합니다.

```
331_6.ino

double x1 = 2, x2 = 3;
double w1 = 3, w2 = 4;
double b = 1;
double yT = 27;
double lr = 0.01;

void setup() {

    Serial.begin(115200);

    for(int epoch=0;epoch<200;epoch++) {

        double y = x1*w1 + x2*w2 + 1*b;
        double E = (y - yT)*(y - yT) / 2;
        double yE = y - yT;
        double w1E = yE*x1;
        double w2E = yE*x2;
        double bE = yE*1;
        w1 -= lr*w1E;
        w2 -= lr*w2E;
        b -= lr*bE;

        Serial.print(" epoch = "); Serial.println(epoch);
        Serial.print(" y : "); Serial.println(y, 3);
        Serial.print(" w1 : "); Serial.println(w1, 3);
        Serial.print(" w2 : "); Serial.println(w2, 3);
        Serial.print(" b : "); Serial.println(b, 3);

        if(E< 0.0000001) break;
```

```
    }

}

void loop() {
}
```

02 ✓ ➜ 📄 ⬆ ⬇ 업로드 업로드를 수행합니다. 다음은 실행 결과 화면입니다.

```
epoch = 64
y : 26.999
w1 : 4.143
w2 : 5.714
b : 1.571
epoch = 65
y : 27.000
w1 : 4.143
w2 : 5.714
b : 1.571
```

epoch 값이 65일 때 학습이 완료되는 것을 볼 수 있습니다. 가중치 w1, w2는 각각 4.143, 5.714, 편향 b는 1.571에 수렴합니다.

03_2 2입력 2출력 인공 신경망

다음은 [2입력 2출력] 인공 신경망에 대해 딥러닝 7 공식을 확장하고 구현해 봅니다. 참고로 [2입력 2출력] 인공 신경망에 대해 적용되는 딥러닝 7 공식은 [m입력 n출력, m, n은 자연수]의 일반적인 인공 신경망에도 적용됩니다.

딥러닝 제 1 공식 : 순전파

다음은 [2입력 2출력] 인공 신경망의 딥러닝 제 1 공식을 나타냅니다.

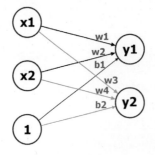

$$y1=x1*w1+x2*w2+1*b1$$
$$y2=x1*w3+x2*w4+1*b2$$

위의 수식은 순전파 수식입니다. y1, y2는 예측값, x1, x2는 입력값, w1, w2, w3, w4는 가중치, b1, b2는 편향입니다. [2입력 2출력] 인공 신경망은 다음 그림과 같이 [2입력 1출력] 인공 신경 2개로 구성됩니다.

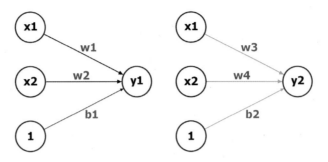

다음과 같이 아두이노 스케치를 작성하여 테스트해 봅니다.

332.ino
```
double x1 = 2, x2 = 3;
double w1 = 3, w2 = 4;
double w3 = 5, w4 = 6;
double b1 = 1, b2 = 2;

void setup() {

    Serial.begin(115200);

    double y1 = x1*w1 + x2*w2 + 1*b1;
    double y2 = x1*w3 + x2*w4 + 1*b2;
    Serial.print(" y1 : "); Serial.print(y1, 6);
    Serial.print(" , y2 : "); Serial.println(y2, 6);

}

void loop() {
}
```

예제를 보드에 업로드한 후, 시리얼 모니터로 결과를 확인해 봅니다.

```
y1 : 19.000000, y2 : 30.000000
```

딥러닝 제 2 공식 : 평균 제곱 오차

다음은 [2입력 2출력] 인공 신경망의 딥러닝 제 2 공식을 나타냅니다.

$$E = (y1-y1T)*(y1-y1T)/2$$
$$+ (y2-y2T)*(y2-y2T)/2$$

[2입력 2출력] 인공 신경망은 [2입력 1출력] 인공 신경 2개로 구성됩니다. 따라서 각 인공 신경 오차가 더해집니다.

다음과 같이 아두이노 스케치를 작성하여 테스트해 봅니다.

332_2.ino

```
double x1 = 2, x2 = 3;
double w1 = 3, w2 = 4;
double w3 = 5, w4 = 6;
double b1 = 1, b2 = 2;
double y1T = 27, y2T = -30;

void setup() {

    Serial.begin(115200);

    double y1 = x1*w1 + x2*w2 + 1*b1;
    double y2 = x1*w3 + x2*w4 + 1*b2;
    double E = (y1-y1T)*(y1-y1T)/2+(y2-y2T)*(y2-y2T)/2;
    Serial.print("E : "); Serial.println(E, 6);

}

void loop() {
}
```

예제를 보드에 업로드한 후, 시리얼 모니터로 결과를 확인해 봅니다.

```
E : 1832.000000
```

딥러닝 제 3 공식 : 역전파 오차

다음은 [2입력 2출력] 인공 신경의 딥러닝 제 3 공식을 나타냅니다.

$$y1E=y1-y1T$$
$$y2E=y2-y2T$$

[2입력 2출력] 인공 신경망은 [2입력 1출력] 인공 신경 2개로 구성됩니다. 따라서 각 출력에 대해 역전파 오차가 계산됩니다.

다음과 같이 아두이노 스케치를 작성하여 테스트해 봅니다.

332_3.ino

```
double x1 = 2, x2 = 3;
double w1 = 3, w2 = 4;
double w3 = 5, w4 = 6;
double b1 = 1, b2 = 2;
double y1T = 27, y2T = -30;

void setup() {
```

```
        Serial.begin(115200);

        double y1 = x1*w1 + x2*w2 + 1*b1;
        double y2 = x1*w3 + x2*w4 + 1*b2;
        double E = (y1-y1T)*(y1-y1T)/2+(y2-y2T)*(y2-y2T)/2;
        double y1E = y1 - y1T;
        double y2E = y2 - y2T;
        Serial.print("y1E : "); Serial.print(y1E, 6);
        Serial.print(", y2E : "); Serial.println(y2E, 6);

}


void loop() {
}
```

예제를 보드에 업로드한 후, 시리얼 모니터로 결과를 확인해 봅니다.

```
y1E : -8.000000, y2E : 60.000000
```

딥러닝 제 4 공식 : 입력 역전파

다음은 [2입력 2출력] 인공 신경망의 딥러닝 제 4 공식을 나타냅니다.

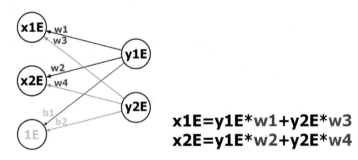

$$x1E=y1E*w1+y2E*w3$$
$$x2E=y1E*w2+y2E*w4$$

x1E, x2E는 입력 역전파, y1E, y2E는 역전파 오차로 딥러닝 제 3 공식에서 구한 값입니다. 회색으로 표시된 1E는 숫자 1의 오차라는 의미로 사용하지 않는 부분입니다. 딥러닝 제 4 공식은 다음과 같은 순서로 유도할 수 있습니다.

❶ 딥러닝 제 1 공식의 그림을 복사합니다.
❷ y1 -〉 y1E, y2 -〉 y2E, x1 -〉 x1E, x2 -〉 x2E로 변경합니다.
❸ 화살표 방향을 반대로 합니다.
❹ 1E, b1, b2는 사용하지 않습니다.
다음 그림을 참조합니다.

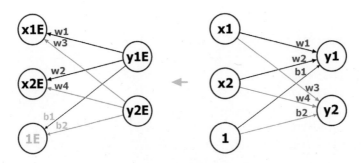

[2입력 2출력] 입력 역전파 그림은 다음과 같이 2개 오차 역전파 망으로 나누어 생각할 수 있습니다.

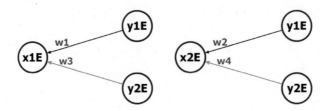

y1E, y2E는 w1, w3를 따라 x1E로 전파됩니다. 또, y1E, y2E는 w2, w4를 따라 x2E로 전파됩니다.

딥러닝 제 5 공식 : 가중치, 편향 순전파

다음은 [2입력 2출력] 인공 신경망의 가중치와 편향의 순전파를 나타내는 식과 그림입니다.

$$y1=x1*w1+x2*w2+1*b1$$
$$y2=x1*w3+x2*w4+1*b2$$ (딥러인 제 1 공식)

$$y1=w1*x1+w2*x2+b1*1$$
$$y2=w3*x1+w4*x2+b2*1$$ (딥러인 제 5 공식)

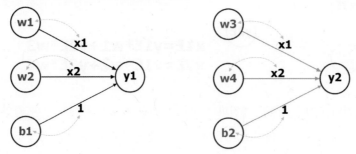

딥러닝 제 5 공식은 다음과 같은 순서로 유도할 수 있습니다.

❶ 딥러닝 제 1 공식을 복사합니다.

❷ x1과 w1, x2와 w2, 1과 b1,

　 x1과 w3, x2와 w4, 1과 b2를 교환하여 딥러닝 제 5 공식을 유도합니다.

❸ 딥러닝 제 1 공식의 그림과 같은 형태로 그림을 그립니다.

딥러닝 제 5 공식은 다음에 나올 딥러닝 제 6 공식을 유도하기 위해 사용하며, 실제로 딥러닝 제 1 공식과 같습니다. 딥러닝 제 5 공식은 구현을 위해 사용하지는 않습니다.

딥러닝 제 6 공식 : 가중치와 편향 역전파

다음은 [2입력 2출력] 인공 신경망의 가중치와 편향의 역전파를 나타내는 그림과 수식입니다.

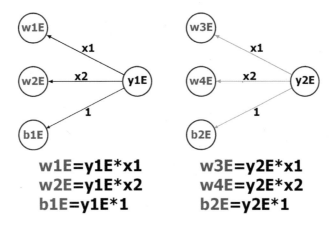

$$w1E=y1E*x1 \qquad w3E=y2E*x1$$
$$w2E=y1E*x2 \qquad w4E=y2E*x2$$
$$b1E=y1E*1 \qquad b2E=y2E*1$$

w1E, w2E, w3E, w4E는 가중치 역전파 오차, b1E, b2E는 편향 역전파 오차를 의미합니다. y1E, y2E는 역전파 오차로 딥러닝 제 3 공식에서 구한 값입니다. 딥러닝 제 6 공식은 다음과 같은 순서로 유도할 수 있습니다.

❶ 딥러닝 제 5 공식의 그림을 복사합니다.

❷ y1 -〉 y1E, w1 -〉 w1E, w2 -〉 w2E, b1 -〉 b1E,
   y2 -〉 y2E, w3 -〉 w3E, w4 -〉 w4E, b2 -〉 b2E로 변경합니다.

❸ 화살표 방향을 반대로 합니다.

딥러닝 제 6 공식은 실제로 편미분을 연쇄적으로 적용하여 얻은 공식입니다. 편미분을 이용하여 역전파를 유도하는 방법은 부록을 참조합니다.

다음과 같이 아두이노 스케치를 작성하여 테스트해 봅니다.

```
332_4.ino
```

```
double x1 = 2, x2 = 3;
double w1 = 3, w2 = 4;
double w3 = 5, w4 = 6;
double b1 = 1, b2 = 2;
double y1T = 27, y2T = -30;

void setup() {

    Serial.begin(115200);

    double y1 = x1*w1 + x2*w2 + 1*b1;
    double y2 = x1*w3 + x2*w4 + 1*b2;
    double E = (y1-y1T)*(y1-y1T)/2+(y2-y2T)*(y2-y2T)/2;
    double y1E = y1 - y1T;
    double y2E = y2 - y2T;
```

```
        double w1E = y1E*x1;
        double w2E = y1E*x2;
        double b1E = y1E*1;
        double w3E = y2E*x1;
        double w4E = y2E*x2;
        double b2E = y2E*1;
        Serial.print(" w1E :  "); Serial.print(w1E, 6);
        Serial.print(" , w2E :  "); Serial.print(w2E, 6);
        Serial.print(" , b1E :  "); Serial.println(b1E, 6);
        Serial.print(" w3E :  "); Serial.print(w3E, 6);
        Serial.print(" , w4E :  "); Serial.print(w4E, 6);
        Serial.print(" , b2E :  "); Serial.println(b2E, 6);

}


void loop() {
}
```

예제를 보드에 업로드한 후, 시리얼 모니터로 결과를 확인해 봅니다.

```
w1E :  -16.000000, w2E :  -24.000000, b1E :  -8.000000
w3E :  120.000000, w4E :  180.000000, b2E :  60.000000
```

딥러닝 제 7 공식 : 신경망 학습

다음은 [2입력 2출력] 인공 신경망의 신경망 학습을 나타내는 수식입니다.

$$w1 -= lr*w1E$$
$$w2 -= lr*w2E$$
$$b1 -= lr*b1E$$
$$w3 -= lr*w3E$$
$$w4 -= lr*w4E$$
$$b2 -= lr*b2E$$

lr은 learning rate의 약자로 학습률을 의미합니다. w1E, w2E, w3E, w4E는 가중치 역전파 오차, b1E, b2E는 편향 역전파 오차로 딥러닝 제 6 공식에서 구한 값입니다.

다음과 같이 아두이노 스케치를 작성하여 테스트해 봅니다.

332_5.ino
```
double x1 = 2, x2 = 3;
double w1 = 3, w2 = 4;
double w3 = 5, w4 = 6;
double b1 = 1, b2 = 2;
double y1T = 27, y2T = -30;
double lr = 0.01;
```

```
void setup() {

    Serial.begin(115200);

    double y1 = x1*w1 + x2*w2 + 1*b1;
    double y2 = x1*w3 + x2*w4 + 1*b2;
    double E = (y1-y1T)*(y1-y1T)/2+(y2-y2T)*(y2-y2T)/2;
    double y1E = y1 - y1T;
    double y2E = y2 - y2T;
    double w1E = y1E*x1;
    double w2E = y1E*x2;
    double b1E = y1E*1;
    double w3E = y2E*x1;
    double w4E = y2E*x2;
    double b2E = y2E*1;
    w1 -= lr*w1E;
    w2 -= lr*w2E;
    b1 -= lr*b1E;
    w3 -= lr*w3E;
    w4 -= lr*w4E;
    b2 -= lr*b2E;
    Serial.print(" w1 : "); Serial.print(w1, 6);
    Serial.print(" , w2 : "); Serial.print(w2, 6);
    Serial.print(" , b1 : "); Serial.println(b1, 6);
    Serial.print(" w3 : "); Serial.print(w3, 6);
    Serial.print(" , w4 : "); Serial.print(w4, 6);
    Serial.print(" , b2 : "); Serial.println(b2, 6);

}

void loop() {
}
```

예제를 보드에 업로드한 후, 시리얼 모니터로 결과를 확인해 봅니다.

```
w1 : 3.160000, w2 : 4.240000, b1 : 1.080000
w3 : 3.800000, w4 : 4.200000, b2 : 1.400000
```

딥러닝 반복 학습해 보기

지금까지의 과정을 반복해서 학습해 봅니다. 다음 그림을 살펴봅니다.

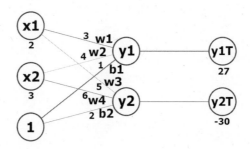

이 그림에서 입력값 x1, x2는 각각 2, 3, 가중치 w1, w2, 편향 b1은 각각 3, 4, 1, 가중치 w3, w4, 편향 b2는 각각 5, 6, 2이고 목표값 y1T, y2T는 각각 27, −30입니다. x1, x2, y1T, y2T 를 이용하여 w1, w2, b1, w3, w4, b2에 대해 학습을 수행해 봅니다.

※ 이 값들은 임의의 값들입니다. 다른 값들을 사용하여 학습을 수행할 수도 있습니다.

01 다음과 같이 이전 예제를 수정합니다.

```
332_6.ino
double x1 = 2, x2 = 3;
double w1 = 3, w2 = 4;
double w3 = 5, w4 = 6;
double b1 = 1, b2 = 2;
double y1T = 27, y2T = -30;
double lr = 0.01;

void setup() {

    Serial.begin(115200);

    for(int epoch=0;epoch<200;epoch++) {

        double y1 = x1*w1 + x2*w2 + 1*b1;
        double y2 = x1*w3 + x2*w4 + 1*b2;
        double E = (y1-y1T)*(y1-y1T)/2 + (y2-y2T)*(y2-y2T)/2;
        double y1E = y1 - y1T;
        double y2E = y2 - y2T;
        double w1E = y1E*x1;
        double w2E = y1E*x2;
        double b1E = y1E*1;
        double w3E = y2E*x1;
        double w4E = y2E*x2;
        double b2E = y2E*1;
        w1 -= lr*w1E;
```

```
        w2 -= lr*w2E;
        b1 -= lr*b1E;
        w3 -= lr*w3E;
        w4 -= lr*w4E;
        b2 -= lr*b2E;

        Serial.print(" epoch = "); Serial.println(epoch);
        Serial.print(" y1 : "); Serial.println(y1, 3);
        Serial.print(" y2 : "); Serial.println(y2, 3);
        Serial.print(" w1 : "); Serial.println(w1, 3);
        Serial.print(" w2 : "); Serial.println(w2, 3);
        Serial.print(" b1 : "); Serial.println(b1, 3);
        Serial.print(" w3 : "); Serial.println(w3, 3);
        Serial.print(" w4 : "); Serial.println(w4, 3);
        Serial.print(" b2 : "); Serial.println(b2, 3);

        if(E< 0.0000001) break;

    }

}

void loop() {
}
```

02 ✓ ➡ 🖹 ⬆ ⬇ 업로드 업로드를 수행합니다. 다음은 실행 결과 화면입니다.

```
epoch = 79
 y1 : 27.000
 y2 : -30.000
 w1 : 4.143
 w2 : 5.714
 b1 : 1.571
 w3 : -3.571
 w4 : -6.857
 b2 : -2.286
```

epoch 값이 79일 때 학습이 완료되는 것을 볼 수 있습니다. 가중치 w1, w2는 각각 4.143, 5.714, 편향 b1은 1.571, 가중치 w3, w4는 각각 −3.571, −6.857 편향 b2는 −2.286에 수렴합니다.

연습문제 1

1 다음은 [2입력 3출력]의 인공 신경망입니다. 이 인공 신경망의 딥러닝 7 공식을 구합니다.

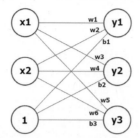

2 [문제 1]에서 구한 딥러닝 7 공식을 이용하여 다음과 같이 초기화된 인공 신경망을 구현하고 학습시켜 봅니다.

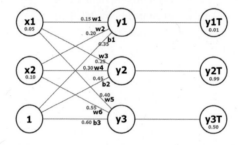

연습문제 2

1 다음은 [3입력 2출력]의 인공 신경망입니다. 이 인공 신경망의 딥러닝 7 공식을 구합니다.

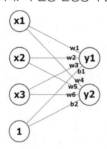

2 [문제 1]에서 구한 딥러닝 7 공식을 이용하여 다음과 같이 초기화된 인공 신경망을 구현하고 학습시켜 봅니다.

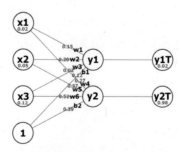

03_3 2입력 2은닉 2출력 인공 신경망

여기서는 앞에서 정리한 딥러닝 7 공식을 이용하여 2입력 2은닉 2출력 인공 신경망을 학습시켜 봅니다.

다음 그림은 [2입력 2은닉 2출력]으로 구성된 인공 신경망을 나타냅니다. 인공 신경망에서 입력층과 출력층 사이에 오는 층을 은닉층이라고 합니다.

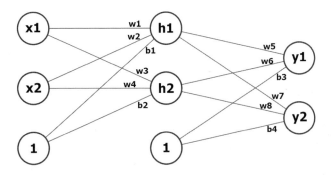

[2입력 2은닉 2출력] 인공 신경망은 다음 그림과 같이 2개의 [2입력 2출력] 인공 신경으로 구성됩니다.

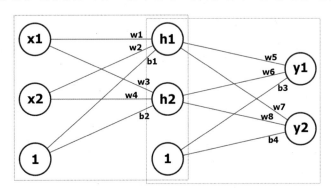

그래서 다음과 같이 [2입력 2출력] 인공 신경 2개로 나눌 수 있습니다.

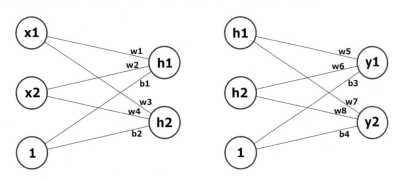

인공 신경망 수식 정리하기

2입력 2은닉 2출력 인공 신경망의 수식은 다음과 같습니다.

딥러닝 제 1 공식 : 순전파	h1=x1*w1+x2*w2+b1 h2=x1*w3+x2*w4+b2 y1=h1*w5+h2*w6+b3 y2=h1*w7+h2*w8+b4
딥러닝 제 2 공식 : 오차	E=(y1−y1T)^2/2+(y2−y2T)^2/2
딥러닝 제 3 공식 : 역전파 오차	y1E=y1−y1T y2E=y2−y2T
딥러닝 제 4 공식 : 입력 역전파	h1E=y1E*w5+y2E*w7 h2E=y1E*w6+y2E*w8
딥러닝 제 6 공식 : 가중치, 편향 역전파	w5E=y1E*h1 w6E=y1E*h2 w7E=y2E*h1 w8E=y2E*h2 b3E=y1E*1 b4E=y2E*1 w1E=h1E*x1 w2E=h1E*x2 w3E=h2E*x1 w4E=h2E*x2 b1E=h1E*1 b2E=h2E*1

인공 신경망 구현하기

지금까지 정리한 수식으로 신경망을 학습시켜 봅니다. 다음 그림을 살펴봅니다.

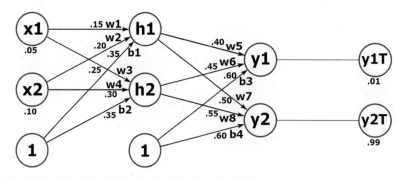

※ 이 값들은 임의의 값들입니다. 다른 값들을 사용하여 학습을 수행할 수도 있습니다.

01 다음과 같이 예제를 작성합니다.

```
333.ino
```

```
double x1 = 0.05, x2 = 0.10;

double w1 = 0.15, w2 = 0.20;
double w3 = 0.25, w4 = 0.30;
double b1 = 0.35, b2 = 0.35;

double w5 = 0.40, w6 = 0.45;
double w7 = 0.50, w8 = 0.55;
double b3 = 0.60, b4 = 0.60;

double y1T = 0.01, y2T = 0.99;

double lr = 0.01;

void setup() {

    Serial.begin(115200);

    for(int epoch=0;epoch<2000;epoch++) {

        double h1 = x1*w1 + x2*w2 + 1*b1;
        double h2 = x1*w3 + x2*w4 + 1*b2;

        double y1 = h1*w5 + h2*w6 + 1*b3;
        double y2 = h1*w7 + h2*w8 + 1*b4;

        double E = ((y1-y1T)*(y1-y1T) + (y2-y2T)*(y2-y2T))/2;

        double y1E = y1 - y1T;
        double y2E = y2 - y2T;

        double w5E = y1E*h1;
        double w6E = y1E*h2;
        double w7E = y2E*h1;
        double w8E = y2E*h2;
        double b3E = y1E*1;
        double b4E = y2E*1;

        double h1E = y1E*w5 + y2E*w7;
        double h2E = y1E*w6 + y2E*w8;

        double w1E = h1E*x1;
        double w2E = h1E*x2;
        double w3E = h2E*x1;
```

```
            double w4E = h2E*x2;
            double b1E = h1E*1;
            double b2E = h2E*1;

            w5 -= lr*w5E;
            w6 -= lr*w6E;
            w7 -= lr*w7E;
            w8 -= lr*w8E;
            b3 -= lr*b3E;
            b4 -= lr*b4E;

            w1 -= lr*w1E;
            w2 -= lr*w2E;
            w3 -= lr*w3E;
            w4 -= lr*w4E;
            b1 -= lr*b1E;
            b2 -= lr*b2E;

            Serial.print(" epoch = "); Serial.println(epoch);
            Serial.print(" y1 : "); Serial.println(y1, 3);
            Serial.print(" y2 : "); Serial.println(y2, 3);

            if(E<0.0000001) break;

      }

}

void loop() {
}
```

02 ✓ → 📄 ⬆ ⬇ 업로드 로드를 수행합니다. 다음은 실행 결과 화면입니다.

```
epoch = 665
 y1 : 0.010
 y2 : 0.990
```

학습 회수에 따라 y1, y2값이 바뀌는 것을 확인합니다. y1, y2값이 각각 0.01, 0.99에 가까워지는 것을 확인합니다. 입력값 0.05, 0.10에 대해 목표값은 0.01, 0.99입니다.

04 딥러닝 7 공식 구현하기 : PyTorch

여기서는 딥러닝 7 공식을 PyTorch로 구현해 보며 PyTorch의 내부적인 동작을 이해해 봅니다. PyTorch의 내부 동작을 잘 이해하여 PyTorch의 활용도를 높일 수 있도록 합니다.

04_1 PyTorch 실습 환경 구성하기

먼저 PyTorch 실습 환경을 구성합니다. 이 책에서는 Thonny IDE 상에서 실습을 진행합니다. Thonny IDE는 간결한 실습 환경을 제공하여 초보자가 사용하기에 적합합니다.

Thonny IDE 설치하기

01 다음과 같이 검색합니다.

02 다음 사이트로 들어갑니다.

https://thonny.org ▾
Thonny, Python IDE for beginners
Easy to get started. **Thonny** comes with Python 3.7 built in, so just one simple installer is needed and you're ready to learn programming. (You can also use a ...

03 다음 페이지가 열립니다. 화면 우측 상단에 있는 ❶ [Windows] 링크를 누릅니다. ❷ 가장 위쪽에 있는 프로그램을 마우스 클릭합니다.

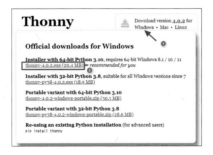

04 다음과 같이 설치 프로그램이 다운로드 됩니다. 프로그램을 실행시켜 설치를 진행합니다.

파이썬 실습 환경 설정하기

여기서는 파이썬 실습 환경을 설정해 봅니다.

01 데스크 탑 좌측 하단에 있는 [검색] 창을 찾아 [thonny]를 입력합니다.

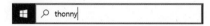

02 다음 프로그램을 실행합니다.

03 처음엔 다음과 같이 [언어 선택과 초기 설정] 창이 뜹니다. 언어를 [한국어]로 선택한 후, [Let's go!] 버튼을 누릅니다.

04 다음과 같이 [Thonny IDE] 프로그램이 실행됩니다. 하단에는 Thonny IDE가 기본적으로 지원하는 PC용 파이썬 쉘이 실행됩니다.

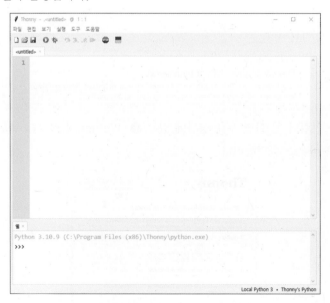

파이썬 프로그램 작성하기

01 다음과 같이 〈untitled〉 파일 상에 프로그램을 작성합니다.

02 다음과 같이 [저장] 버튼을 누릅니다.

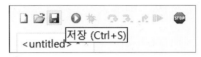

03 다음과 같이 [다른 이름으로 저장] 창이 뜹니다. ❶ [바탕 화면]으로 이동한 후, ❷ [새 폴더]를 생성한 후, ❸ [pyLabs] 디렉터리를 생성합니다.

04 [pyLabs] 디렉터리로 이동한 후, [_00_hello.py]로 저장합니다.

05 다음과 같이 파일이 저장됩니다.

파이썬 프로그램 실행하기

01 다음과 같이 프로그램을 실행시킵니다. 초록색 삼각형 아이콘을 마우스로 눌러줍니다.

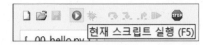

02 다음은 실행 결과 화면입니다.

파이썬 프로그램 종료하기

01 다음과 같이 프로그램을 종료합니다. 빨간색 [STOP] 아이콘을 마우스로 눌러줍니다.

02 다음은 프로그램 종료 화면입니다.

PyTorch 라이브러리 설치하기

다음은 PyTorch 라이브러리를 설치합니다.

01 [도구]--[시스템 쉘 열기...] 메뉴를 선택합니다.

02 다음과 같이 명령을 수행합니다. torch, numpy 라이브러리를 설치합니다.

```
C:\Users\edu\Desktop\pyLabs>pip3 install torch
C:\Users\edu\Desktop\pyLabs>pip3 install numpy
C:\Users\edu\Desktop\pyLabs>pip3 install matplotlib
```

04_2 1입력 1출력 인공 신경 구현하기

다음은 [입력1 출력1]의 인공 신경 학습에 사용할 신경망을 나타냅니다.

$$X = [2]$$
$$T = [10]$$
$$W = [3]$$
$$B = [1]$$

X를 입력값으로, T를 목표값으로 하여 가중치 W와 편향 B에 대해 PyTorch로 학습해 봅니다.

01 다음과 같이 예제를 작성합니다.

```
342.py
01 import torch
02 import torch.nn as nn
03 import torch.optim as optim
04
05 X = torch.FloatTensor([[2]]) # 입력데이터
06 YT = torch.FloatTensor([[10]]) # 목표데이터(라벨)
07 W = torch.FloatTensor([[3]]) # 가중치
08 B = torch.FloatTensor([1]) # 편향
09
10 model = nn.Sequential(
11     nn.Linear(1,1) # 입력 층, 출력 층 노드의 개수를 각각 1로 설정합니다.
12 ) # 신경망 모양 결정(W, B 내부적 준비)
13 print(model) # 신경망 모양 출력
14
15 with torch.no_grad():
16     model[0].weight = nn.Parameter(W)
17     model[0].bias = nn.Parameter(B)
18
19 loss_fn = nn.MSELoss() # 2공식, 오차 계산 함수
20 optimizer = optim.SGD(model.parameters(), lr=0.01)
21
22 for epoch in range(1000):
23
24     Y = model(X) # 1공식, 순전파
25     E = loss_fn(Y, YT) # 2공식, 오차계산
26     optimizer.zero_grad()
27     E.backward() # 6공식, 오차역전파
28     optimizer.step() # 7공식, 학습
29
30     if epoch%100 == 99:
31         print(epoch, E.item())
32
33 print(f'W = {model[0].weight.data}')
34 print(f'B = {model[0].bias.data}')
35
36 Y = model(X)
37 print(Y.data)
```

01 : import문을 이용하여 torch 모듈을 불러옵니다. torch 모듈은 PyTorch에서 사용되는 텐서 라이브러리를 말하여 Facebook에서 개발한 오픈소스 머신러닝 라이브러리입니다.

02 : import문을 이용하여 torch.nn 모듈을 nn이라는 이름으로 불러옵니다. nn 모듈은 인공 신경망 구성에 사용하는 라이브러리입니다. nn 모듈에는 완전 연결층에 사용하는 nn.Linear, 합성곱층에 사용하는 nn.Conv2d, RNN, LSTM과 같은 Layer들, ReLU, Sigmoid와 같은 활성화 함수, 오차 계산에 사용하는 MSELoss, CrossEntropyLoss 함수 등이 있습니다.

03 : import문을 이용하여 torch.optim 모듈을 optim이라는 이름으로 불러옵니다. optim 모듈은 인공 신경망 학습에 사용하는 최적화 함수를 포함한 라이브러리입니다. 예를 들어, SGD, Adam과 같은 최적화 함수들이 있습니다.

05~07 : X, YT, W 변수를 이차 배열의 torch.FloatTensor로 초기화합니다.

08 : B 변수를 일차 배열의 torch.FloatTensor로 초기화합니다.

10~12 : nn.Sequential 클래스를 이용하여 인공 신경망을 생성합니다.

11 : nn.Linear 클래스를 이용하여 신경망 층을 생성합니다. 입력 노드 1개, 출력 노드 1개로 구성된 인공 신경망 층을 생성합니다.

13 : 모델의 모양을 출력해 줍니다.

15~17 : 인공 신경망 0층에 임의로 설정된 가중치와 편향을 W, B로 변경합니다. torch.no_grad 객체는 gradient 연산 비활성화 객체로 15~16줄 수행 시 역전파 계산을 비활성화합니다.

19 : 오차 계산 함수로 nn.MSErrorLoss 함수를 사용합니다.

20 : 최적화 함수는 확률적 경사 하강(sgd : stochastic gradient descent) 함수인 optim.SGD를 사용합니다. 학습할 가중치와 매개 변수를 model.parameters() 함수로 넘겨줍니다. 학습률은 0.01로 설정합니다.

22~31 : 인공 신경망에 대한 학습을 합니다. 여기서는 1000회 학습을 수행하도록 합니다.

24 : 순전파를 합니다. 딥러닝 제 1 공식을 수행하는 부분입니다.

25 : 오차 계산을 합니다. 딥러닝 제 2 공식을 수행하는 부분입니다.

26 : optimizer.zero_grad 함수를 호출하여 오차 역전파 변수를 초기화합니다.

27 : 오차 역전파를 합니다. 딥러닝 제 6 공식을 수행하는 부분입니다.

28 : W,B에 대한 학습을 수행합니다. 딥러닝 제 7 공식을 수행하는 부분입니다.

30~31 : 100번마다 오차 함수 계산 결과를 출력합니다.

33~34 : 학습이 끝난 W, B 값을 출력해 봅니다.

36~37 : 학습이 끝난 신경망을 이용하여 예측을 수행해 봅니다.

02 ▶ 예제를 실행합니다. 다음은 실행 결과 화면입니다.

```
Sequential(
    (0): Linear(in_features=1, out_features=1, bias=True)
)
```
```
999 8.185452315956354e-12
W= tensor([[4.2000]])
B= tensor([1.6000])
tensor([[10.0000]])
```

신경망의 구조와 학습 결과를 볼 수 있습니다.

04_3 2입력 1출력 인공 신경 구현하기

다음은 입력2 출력1의 인공 신경 학습에 사용할 신경망을 나타냅니다.

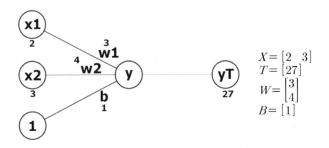

X를 입력 값으로, T를 목표 값으로 하여 가중치 W와 편향 B에 대해 PyTorch로 학습해 봅니다.

01 다음과 같이 예제를 수정합니다.

```
343.py

01~04 # 이전 예제와 같습니다.
05 X = torch.FloatTensor([[2,3]]) # 입력데이터
06 YT = torch.FloatTensor([[27]]) # 목표데이터(라벨)
07 W = torch.FloatTensor([[3,4]]) # 가중치
08 B = torch.FloatTensor([1]) # 편향
09
10 model = nn.Sequential(
11     nn.Linear(2,1) # 입력 층, 출력 층 노드의 개수를 각각 1로 설정합니다.
12 ) # 신경망 모양 결정(W, B 내부적 준비)
13 print(model) # 신경망 모양 출력
14~끝 # 이전 예제와 같습니다.
```

11 : 입력 층 노드의 개수를 2로 변경합니다.

02 ▶ 예제를 실행합니다. 다음은 실행 결과 화면입니다.

```
Sequential(
    (0): Linear(in_features=2, out_features=1, bias=True)
)
```

```
999 3.637978807091713e-12
W= tensor([[4.1429, 5.7143]])
B= tensor([1.5714])
tensor([[27.0000]])
```

04_4 2입력 2출력 인공 신경망 구현하기

다음은 [입력2 출력2]의 인공 신경망 학습에 사용할 신경망을 나타냅니다.

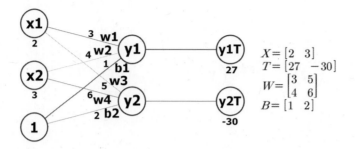

X를 입력 값으로, T를 목표 값으로 하여 가중치 W와 편향 B에 대해 PyTorch로 학습해 봅니다.

01 다음과 같이 예제를 작성합니다.

```
344.py

01~04 # 이전 예제와 같습니다.
05 X = torch.FloatTensor([[2,3]]) # 입력데이터
06 YT = torch.FloatTensor([[27,-30]]) # 목표데이터(라벨)
07 W = torch.FloatTensor([[3,4],[5,6]]) # 가중치
08 B = torch.FloatTensor([1,2]) # 편향
09
10 model = nn.Sequential(
11    nn.Linear(2,2) # 입력 층, 출력 층 노드의 개수를 각각 1로 설정합니다.
12 ) # 신경망 모양 결정(W, B 내부적 준비)
13 print(model) # 신경망 모양 출력
14~끝 # 이전 예제와 같습니다.
```

11 : 출력 층 노드의 개수를 2로 변경합니다.

02 ▶ 예제를 실행합니다. 다음은 실행 결과 화면입니다.

```
Sequential(
    (0): Linear(in_features=2, out_features=2, bias=True)
)
```

```
999 2.3646862246096134e-11
W= tensor([[ 4.1429,  5.7143],
        [-3.5714, -6.8571]])
B= tensor([ 1.5714, -2.2857])
tensor([[ 27.0000, -30.0000]])
```

04_5 2입력 2은닉 2출력 인공 신경망 구현하기

다음은 [입력2 은닉2 출력2]의 인공 신경망을 나타냅니다.

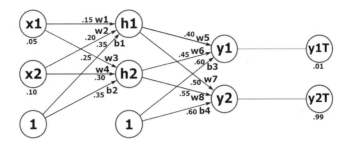

가중치와 편향 값은 그림에 있는 값을 사용합니다.

01 다음과 같이 예제를 작성합니다.

```
345.py
01 import torch
02 import torch.nn as nn
03 import torch.optim as optim
04
05 X = torch.FloatTensor([[.05,.10]]) # 입력데이터
06 YT = torch.FloatTensor([[.01,.99]]) # 목표데이터(라벨)
07 W = torch.FloatTensor([[.15,.20],[.25,.30]]) # 가중치1
08 B = torch.FloatTensor([.35,.35]) # 편향1
09 W2 = torch.FloatTensor([[.40,.45],[.50,.55]]) # 가중치2
10 B2 = torch.FloatTensor([.60,.60]) # 편향2
11
12 model=nn.Sequential(
13     nn.Linear(2,2),
14     nn.Linear(2,2)
15 )
16 print(model)
17
18 with torch.no_grad():
19     model[0].weight = nn.Parameter(W)
20     model[0].bias = nn.Parameter(B)
21     model[1].weight = nn.Parameter(W2)
22     model[1].bias = nn.Parameter(B2)
23
24 loss_fn = nn.MSELoss() # 2공식, 오차 계산 함수
25 optimizer = optim.SGD(model.parameters(), lr=0.01)
26
27 for epoch in range(1000):
28
29     Y = model(X) # 1공식, 순전파
```

```
30    E = loss_fn(Y, YT) # 2공식, 오차계산
31    optimizer.zero_grad()
32    E.backward() # 6공식, 오차역전파
33    optimizer.step() # 7공식, 학습
34
35    if epoch%100 == 99:
36        print(epoch, E.item())
37
38 print(f'W = {model[0].weight.data}')
39 print(f'B = {model[0].bias.data}')
40 print(f'W2 = {model[1].weight.data}')
41 print(f'B2 = {model[1].bias.data}')
42
43 Y = model(X)
44 print(Y.data)
```

13 : 입력 층, 은닉 층 노드의 개수를 각각 2, 2로 설정합니다.
14 : 은닉 층, 출력 층 노드의 개수를 각각 2, 2로 설정합니다.
19~20 : 인공 신경망 0 층에 임의로 설정된 가중치와 편향을 W, B로 변경합니다.
21~22 : 인공 신경망 1 층에 임의로 설정된 가중치와 편향을 W2, B2로 변경합니다.
38~41 : print 함수를 호출하여 학습이 수행된 W, B, W2, B2 행렬 값을 출력합니다.

02 ▶ 예제를 실행합니다. 다음은 실행 결과 화면입니다.

```
Sequential(
    (0): Linear(in_features=2, out_features=2, bias=True)
    (1): Linear(in_features=2, out_features=2, bias=True)
)
```

```
999 5.963432525568635e-11
W= tensor([[0.1432, 0.1863],
           [0.2418, 0.2836]])
B= tensor([0.2132, 0.1860])
W2= tensor([[0.2026, 0.2526],
            [0.5335, 0.5828]])
B2= tensor([-0.0956,  0.7305])
tensor([[0.0100, 0.9900]])
```

04_6 딥러닝 학습 과정 살펴보기

여기서는 numpy와 matplotlib 라이브러리를 이용하여 딥러닝 학습 과정을 좀 더 자세히 살펴봅니다.

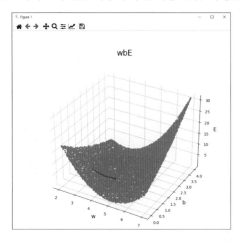

pip3 install matplotlib

w, b, E의 관계 살펴보기 1

우리는 앞에서 1입력 1출력의 인공 신경망을 딥러닝 7공식과 pytorch를 이용하여 살펴보았습니다. 여기서는 w, b, E의 관계를 3D 공간상에 점을 찍어 살펴봅니다.

01 다음과 같이 예제를 작성합니다.

```
346.py

01 import numpy as np
02 import matplotlib.pyplot as plt
03
04 fig = plt.figure(figsize = (8, 8))
05 ax = fig.add_subplot(projection='3d')
06 ax.set_title("wbE", size = 20)
07
08 ax.set_xlabel("w", size = 14)
09 ax.set_ylabel("b", size = 14)
10 ax.set_zlabel("E", size = 14)
11
12 x=2
13 yT=10
14
15 w = np.random.uniform(-200, 200, 10000)
16 b = np.random.uniform(-200, 200, 10000)
17
18 y=x*w+b
19 E=(y-yT)**2/2
20
21 ax.plot(w, b, E, 'g.')
22 plt.show()
```

04	: figure를 추가합니다.
05	: subplot을 3d 형태로 추가합니다.
06	: 타이틀을 설정합니다.
08~10	: w, b, E 축 라벨을 설정합니다.
12	: 입력값을 설정합니다.
13	: 목표값을 설정합니다.
15	: np.random.uniform 함수를 호출하여 -200이상 200미만의 10000개 값을 고르게 생성합니다.
16	: np.random.uniform 함수를 호출하여 -200이상 200미만의 10000개 값을 고르게 생성합니다.
18	: 순전파를 수행합니다. y는 numpy 배열이 되며 10000개의 결과 값을 가집니다.
19	: 오차를 계산합니다. E는 numpy 배열이 되며 10000개의 오차 값을 가집니다.
21	: w, b, E 값을 이용하여 3차원 공간에 곡면을 초록색 점으로 찍습니다.
22	: 그림을 화면에 출력합니다.

02 ▶ 예제를 실행합니다. 다음은 실행 결과 화면입니다.

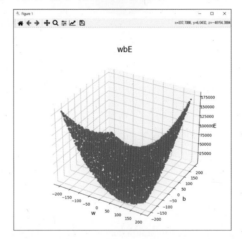

w, b, E는 각각 x, y, z 축에 해당합니다. w, b 좌표에 따라 E의 높이가 다른 것을 볼 수 있습니다. 마우스를 이용하여 그림을 회전시켜 봅니다.

numpy 연산 살펴보기

NumPy는 Python에서 과학 계산을 수행하기 위한 핵심 라이브러리입니다. NumPy는 ndarray(n-dimensional array)라는 자료구조를 제공하여 다차원 배열의 처리를 빠르고 효율적으로 처리할 수 있습니다. 여기서는 ndarray 연산을 수행해 봅니다.

01 다음과 같이 예제를 작성합니다.

346_2.py

```
01 import numpy as np
02
03 x=2
04 yT=10
05
06 w = np.arange(-2, 2, 1)
```

```
07 b = np.arange(-2, 2, 1)
08 print('w: ',w)
09 print('b: ',b)
10
11 y=x*w+b
12 E=(y-yT)**2/2
13 print('x*w: ',x*w)
14 print('y: ', y)
15 print('E: ', E)
```

06 : np.arange 함수를 호출하여 −2이상 2미만에서 1 단위로 값을 생성하여 w에 할당합니다.

07 : np.arange 함수를 호출하여 −2이상 2미만에서 1 단위로 값을 생성하여 b에 할당합니다.

08~09 : w, b 값을 출력해 봅니다.

11 : 순전파를 수행합니다. y는 numpy 배열이 되며 4개의 결과 값을 가집니다.

12 : 오차를 계산합니다. E는 numpy 배열이 되며 4개의 오차 값을 가집니다.

13~15 : x*w, y, E 값을 출력해 봅니다.

02 ⊙ 예제를 실행합니다. 다음은 실행 결과 화면입니다.

```
w: [-2 -1  0  1]
b: [-2 -1  0  1]
x*w: [-4 -2  0  2]
y: [-6 -3  0  3]
E: [128.   84.5 50.   24.5]
```

w, b, E의 관계 살펴보기 2

여기서는 w, b, E의 관계를 3D 공간상에서 바둑판 모양으로 살펴봅니다.

01 다음과 같이 예제를 작성합니다.

346_3.py

```
01 import numpy as np
02 import matplotlib.pyplot as plt
03
04 fig = plt.figure(figsize = (8, 8))
05 ax = fig.add_subplot(projection='3d')
06 ax.set_title("wbE", size = 20)
07
08 ax.set_xlabel("w", size = 14)
09 ax.set_ylabel("b", size = 14)
10 ax.set_zlabel("E", size = 14)
11
12 x=2
13 yT=10
14
15 w = np.arange(-200, 200, 10)
16 b = np.arange(-200, 200, 10)
17 w,b=np.meshgrid(w,b)
18
19 y=x*w+b
20 E=(y-yT)**2/2
21
22 surf = ax.plot_surface(w, b, E, cmap=plt.cm.coolwarm)
23 plt.show()
```

15 : np.arange 함수를 호출하여 –200이상 200미만 사이에서 10 단위로 값을 생성합니다.

16 : np.arange 함수를 호출하여 –200이상 200미만 사이에서 10 단위로 값을 생성합니다.

17 : np.meshgrid 함수를 호출하여 다음과 같이 w, b 값으로 구성된 바둑판 모양의 좌표 값을 만듭니다.

22 : ax.plot_surface 함수를 호출하여 격자 모양의 곡면을 그립니다.

02 ▶ 예제를 실행합니다. 다음은 실행 결과 화면입니다.

매끈한 형태로 그림이 그려집니다.

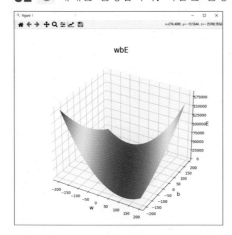

바둑판 좌표 생성해 보기

이전 예제에서는 3D 공간상에서 바둑판 모양으로 w, b, E의 관계를 살펴보았습니다. 여기서는 바둑판 모양의 좌표를 생성하는 부분을 좀 더 자세히 살펴봅니다.

01 다음과 같이 예제를 작성합니다.

346_4.py

```
01 import numpy as np
02
03 x=np.arange(-200,200,10)
04 y=np.arange(-200,200,10)
05
06 X,Y=np.meshgrid(x,y)
07
08 import matplotlib.pyplot as plt
09
10 plt.scatter(X,Y)
11 plt.grid()
12 plt.show()
```

10: plt.scatter 함수를 호출하여 X, Y 좌표에 따라 점을 찍습니다.

11: plt.grid 함수를 호출하여 격자를 그립니다.

02 ◉ 예제를 실행합니다. 다음은 실행 결과 화면입니다.

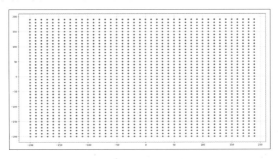

w, b, E의 관계 살펴보기 3

여기서는 matplotlib 라이브러리의 animation 기능을 이용하여 w, b, E 그래프를 살펴봅니다.

01 다음과 같이 예제를 작성합니다.

346_5.py

```python
01 import numpy as np
02 import matplotlib.pyplot as plt
03
04 fig = plt.figure(figsize = (8, 8))
05 ax = fig.add_subplot(projection='3d')
06 ax.set_title("wbE", size = 20)
07
08 ax.set_xlabel("w", size = 14)
09 ax.set_ylabel("b", size = 14)
10 ax.set_zlabel("E", size = 14)
11
12 x=2
13 yT=10
14
15 w = np.arange(-200, 200, 10)
16 b = np.arange(-200, 200, 10)
17 w,b=np.meshgrid(w,b)
18
19 y=x*w+b
20 E=(y-yT)**2/2
21
22 surf = ax.plot_surface(w, b, E, cmap=plt.cm.coolwarm)
23
24 from matplotlib.animation import FuncAnimation
25
26 def animate(frame):
27     ax.view_init(elev=30, azim=frame)
28
29 ani = FuncAnimation(fig, animate, frames=360, interval=20)
30
31 plt.show()
```

24   : matplotlib.animation 모듈로부터 FuncAnimation 클래스를 불러옵니다.

26~27   : animate 함수를 정의합니다. frame 인자는 0부터 360 미만의 값이 1씩 증가하며 차례로 넘어옵니다.

27   : ax.view_init 함수를 호출하여 3D plot 각도를 바꿔줍니다.

29   : FuncAnimation 객체를 생성합니다. animate 함수를 20밀리 초 간격으로 호출하며 그림을 그립니다. animate 함
수를 호출할 때 0부터 360 미만의 값을 하나씩 증가시키며 인자로 줍니다.

02 ▶ 예제를 실행합니다. 다음은 실행 결과 화면입니다.

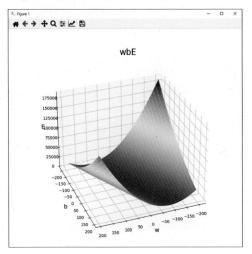

그래프가 자동으로 회전하는 것을 확인합니다. 그래프를 이해하는데 도움이 됩니다.

학습 과정 살펴보기 3

여기서는 1입력 1출력 인공 신경망의 학습 과정을 animation 기능을 이용하여 자세히 살펴봅니다.

01 다음과 같이 예제를 작성합니다.

346_6.py

```
01 import numpy as np
02 import matplotlib.pyplot as plt
03
04 fig = plt.figure(figsize = (8, 8))
05 ax = fig.add_subplot(projection='3d')
06 ax.set_title("wbE", size = 20)
07
08 ax.set_xlabel("w", size = 14)
09 ax.set_ylabel("b", size = 14)
10 ax.set_zlabel("E", size = 14)
11
12 x=2
13 yT=10
14
15 w = np.random.uniform(2, 7, 10000)
16 b = np.random.uniform(0, 4, 10000)
17
18 y=x*w+b
19 E=(y-yT)**2/2
```

```
20
21 ax.plot(w, b, E, 'g.')
22
23 x = 2
24 w = 3
25 b = 1
26 yT = 10
27 lr = 0.01
28
29 wbEs = []
30 EPOCHS = 200
31
32 for epoch in range(EPOCHS):
33     y = x*w + 1*b
34     E = (y - yT)**2 / 2
35     yE = y - yT
36     wE = yE*x
37     bE = yE*1
38     w -= lr*wE
39     b -= lr*bE
40
41     wbEs.append(np.array([w,b,E]))
42
43 data = np.array(wbEs).T
44 line, = ax.plot([],[],[], 'r.')
45
46 def animate(epoch, data, line):
47     print(epoch, data[2, epoch])
48     line.set_data(data[:2, :epoch])
49     line.set_3d_properties(data[2, :epoch])
50
51 from matplotlib.animation import FuncAnimation
52
53 ani = FuncAnimation(fig, animate, EPOCHS, fargs=(data, line), interval=20000/EPOCHS)
54
55 plt.show()
```

23~41 : 1입력 1출력 신경망의 학습을 진행하는 부분입니다.

29 : w, b, E의 값을 저장할 wbEs 리스트를 만듭니다.

30 : EPOCHS 변수를 만든 후, 200으로 초기화합니다.

41 : wbEs 리스트에 w, b, E 값으로 구성된 numpy 배열을 추가합니다.

43 : wbEs 리스트를 2차 numpy 배열로 만든 후, 전치를 수행한 후, data에 할당합니다.

44 : 3차원 공간에 학습 과정을 나타낼 빨간 점선을 그리기 위한 객체를 생성한 후, line 변수에 할당합니다.

46~49 : animate 함수를 정의합니다. animate 함수는 53줄에서 생성된 FuncAnimation 객체에 의해서 100 밀리 초 (20000/EPOCHS) 간격으로 호출됩니다. 첫 번째 인자 epoch는 0에서 EPOCHS미만 값까지 1씩 증가한 값을 받습니다. 두 번째, 세 번째 인자는 53줄의 fargs를 통해 받습니다. 43, 44 줄에서 정의한 변수들을 넘겨받습니다.

47 : epoch와 오차 값을 출력합니다.

48 : 처음부터 epoch 미만까지의 w, b 값으로 line의 xy 좌표 값을 설정합니다.

49 : 처음부터 epoch 미만까지의 E 값으로 line의 z 좌표 값을 설정합니다.

02 ▶ 예제를 실행합니다. 다음은 실행 결과 화면입니다.

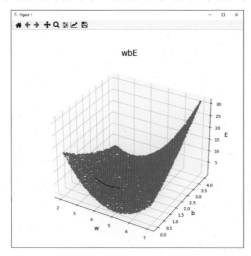

160	3.3478516570656527e-07
161	3.02143612049968e-07
162	2.72684609874965e-07
163	2.4609786041265437e-07
164	2.2210331902242057e-07

학습이 수행됨에 따라 E 값이 줄어드는 방향으로 곡선이 그려지는 것을 확인합니다. 또, 오차가 줄어드는 것도 확인합니다.

03 다음과 같이 w, b 값을 변경합니다.

```
24 w = 6 # 시작점 변경
25 b = 3 # 시작점 변경
```

04 예제를 실행합니다. 다음은 실행 결과 화면입니다.

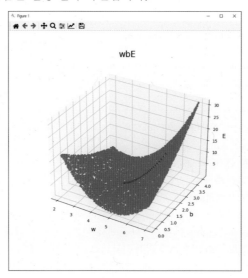

w, b 값에 따라 다른 지점에서 시작하여 오차가 줄어드는 것을 확인합니다.

05 활성화 함수 추가하기

일반적으로 인공 신경의 출력 단에는 활성화 함수가 추가됩니다. 활성화 함수를 추가하면 입력된 데이터에 대해 복잡한 패턴의 학습이 가능해집니다. 또 인공 신경의 출력 값을 어떤 범위로 제한할 수도 있습니다. 여기서는 주로 사용되는 몇 가지 활성화 함수를 살펴보고, 활성화 함수가 필요한 이유에 대해서도 살펴봅니다. 그리고 활성화 함수를 추가한 인공 신경망을 구현해 봅니다.

05_1 활성화 함수의 필요성

여기서는 활성화 함수가 무엇인지, 활성화 함수는 왜 필요한지, 어떤 활성화 함수가 있는지 살펴봅니다.

활성화 함수는 무엇인가요?

활성화 함수는 인공 신경망에 더해져 복잡한 패턴을 학습하게 해줍니다. 즉, 다양한 형태의 입력값에 대해 신경망을 거쳐 나온 출력값을 우리가 원하는 목표값에 가깝게 해 주기가 더 쉬워집니다. 우리 두뇌에 있는 생체 신경과 비교할 때, 활성화 함수는 신경 말단에서 다음 신경으로 전달될 신호를 결정하는 시냅스와 같은 역할을 합니다. 시냅스는 이전 신경 세포가 내보내는 출력 신호를 받아 다음 신경 세포가 받아들일 수 있는 입력 신호로 형태를 변경합니다. 마찬가지로 활성화 함수는 이전 인공 신경이 내보내는 출력 신호를 받아 다음 인공 신경이 받아들일 수 있는 입력 신호로 형태를 변경해 주는 역할을 합니다.

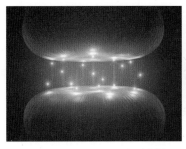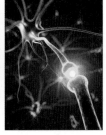

▶ 시냅스

활성화 함수는 왜 필요한가요?

앞에서 언급했던 생물학적 유사성과는 별도로 인공 신경의 출력값을 우리가 원하는 어떤 범위로 제한해 줍니다. 이것은 활성화 함수로의 입력이 (x*w+b)이기 때문입니다. 여기서 x는 입력, w는 인공 신경의 가중치, b는 그것에 더해지는 편향입니다. (x*w+b) 값은 어떤 범위로 제한되지 않으면 신경망을 거치며 순식간에 아주 커지게 됩니다. 특히 수백만 개의 매개변수(가중치와 편향)로 구성된 아주 깊은 신경망의 경우에는 더욱 그렇습니다. 인공 신경을 거치며 반복적으로 계산되는 (x*w+b)는 factorial 연산과 같은 효과를 내며 이것은 순식간에 컴퓨터의 실수 계산 범위를 넘어서게 됩니다. 인공 신경망을 학습시키다보면 Nan이라고 표시되는 경우가 있는데 이 경우가 그런 경우에 해당합니다. 다음은 factorial 연산의 예를 보여줍니다.

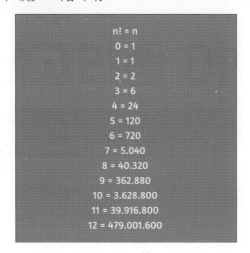

어떤 활성화 함수가 있나요?

❶ 시그모이드

다음은 sigmoid 함수에 대한 그래프와 수식입니다.

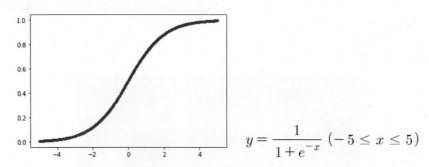

$$y = \frac{1}{1+e^{-x}} \; (-5 \leq x \leq 5)$$

시그모이드 활성화 함수는 단지 역사적인 이유로 여기에 소개되며 일반적으로 많이 사용되지 않습니다. 시그모이드 함수는 3층 정도로 구성된 인공 신경망에 적용될 때는 신경망 학습이 잘 되지만 깊은 신경망에 적용될 때는 신경망 학습이 잘 되지 않습니다. 시그모이드 함수는 계산에 시간이 걸리고, 입력값이 아무리 크더라도 출력값의 범위가 0에서 1사이로 매우 작아 신경망을 거칠수록 출력

값은 점점더 작아져 0에 수렴하게 됩니다. 이것은 신경을 거치면서 신호가 점점 작아져 출력에 도달하는 신호가 아주 작거나 없어지는 것과 같습니다. 출력에 미치는 신호가 아주 작거나 없다는 것은 역으로 전달될 신호도 아주 작거나 없다는 것을 의미합니다. 시그모이드 함수는 일반적으로 0이나 1로 분류하는 이진 분류 문제에 사용됩니다. 심층 신경망에서 시그모이드 함수를 사용해야 할 경우엔 출력층에서만 사용하도록 합니다.

❷ ReLU

다음은 relu 함수에 대한 그래프와 수식입니다.

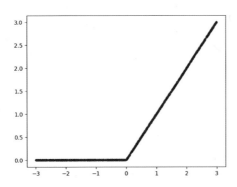

$$y = \begin{cases} x\ (x > 0) \\ 0\ (x \le 0) \end{cases} (-3 \le x \le 3)$$

ReLU 함수는 딥러닝에서 가장 인기 있는 활성화 함수입니다. 특히 합성곱 신경망(CNN)에서 많이 사용됩니다. ReLU 함수는 계산이 빠르고 심층 신경망에서도 신호 전달이 잘 됩니다. ReLU 함수의 경우 입력값이 음수가 될 경우 출력이 0이 되기 때문에 이런 경우에는 어떤 노드를 완전히 죽게 하여 어떤 것도 학습하지 않게 합니다. 이러한 노드가 많으면 많을수록 신경망 전체적으로 학습이 되지 않는 단점이 있습니다. ReLU의 다른 문제는 활성화 값의 극대화입니다. 왜냐하면 ReLU의 상한값은 무한이기 때문입니다. 이것은 가끔 사용할 수 없는 노드를 만들어 학습을 방해하게 됩니다. 이러한 문제들은 초기 가중치 값을 0에 아주 가까운 값으로 고르게 할당하여 해결할 수 있습니다. 일반적으로 은닉층에는 ReLU 함수를 적용하고, 출력층은 시그모이드 함수나 소프트맥스 함수를 적용합니다.

❸ 소프트맥스

소프트맥스 활성화 함수는 시그모이드 활성화 함수가 더욱 일반화된 형태입니다. 이것은 다중 클래스 분류(classification) 문제에 사용됩니다. 시그모이드 함수와 비슷하게 이것은 0에서 1사이의 값들을 생성합니다. 소프트맥스 함수는 은닉층에서는 사용하지 않으며, 다중 분류(classification) 모델에서 출력층에서만 사용합니다. 소프트맥스 함수는 뒤에서 자세히 살펴봅니다.

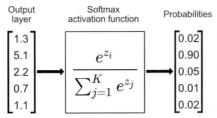

활성화 함수 그려보기

여기서는 앞에서 살펴본 활성화 함수인 sigmoid, ReLU를 numpy와 matplotlib 라이브러리를 이용해 그려봅니다. 또 퍼셉트론에서 살펴본 계단 함수도 구현해 봅니다.

❶ sigmoid 함수 그려보기

352.py

```
import numpy as np

def sigmoid(x):
    return 1/(1+np.exp(-x))

x=np.random.uniform(-10,10,1000)
y=sigmoid(x)

import matplotlib.pyplot as plt

plt.plot(x,y,'r.')
plt.show()
```

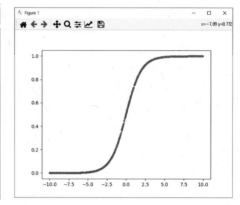

❷ ReLU 함수 그려보기

352_2.py

```
import numpy as np

def ReLU(x):
    return x*(x>0)

x=np.random.uniform(-10,10,1000)
y=ReLU(x)

import matplotlib.pyplot as plt

plt.plot(x,y,'g.')
plt.show()
```

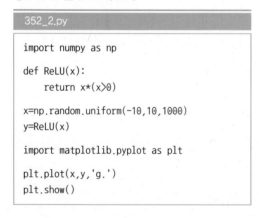
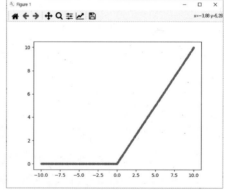

❸ 계단 함수 그려보기

352_3.py

```
import numpy as np

def step(x):
    return x>0

x=np.random.uniform(-10,10,1000)
y=step(x)

import matplotlib.pyplot as plt

plt.plot(x,y,'b.')
plt.show()
```

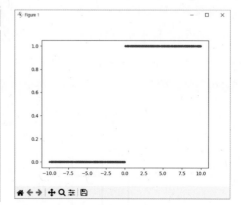

matplotlib animation으로 그려보기

여기서는 계단 함수를 matplotlib 라이브러리의 FuncAnimation 클래스를 이용하여 그려봅니다.

01 다음과 같이 예제를 작성합니다.

```
352_4.py
01 import numpy as np
02 import matplotlib.pyplot as plt
03 from matplotlib.animation import FuncAnimation
04
05 fig, ax = plt.subplots()
06 ax.set_xlim(-10, 10)
07 ax.set_ylim(-0.1, 1.1)
08
09 data=np.random.uniform(-10,10,1000)
10 x, y = [], []
11 line, = plt.plot([], [], 'b.')
12
13 def step(x):
14     return x>0
15
16 def update(frame):
17     x.append(frame)
18     y.append(step(frame))
19     line.set_data(x, y)
20
21 ani=FuncAnimation(fig, update, frames=data, interval=20)
22 plt.show()
```

06~07 : x, y 범위를 설정합니다.
13~14 : step 함수를 정의합니다.

02 ▶ 예제를 실행합니다. 다음은 실행 결과 화면입니다.

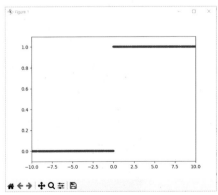

순전파에 sigmoid 활성화 함수 적용해 보기

여기서는 1입력 1출력 인공 신경망에 sigmoid 활성화 함수를 적용한 후, w, b, E 그래프를 그려봅니다.

01 다음과 같이 예제를 작성합니다.

```
352_5.py
01 import numpy as np
02 import matplotlib.pyplot as plt
03
04 fig = plt.figure(figsize = (8, 8))
05 ax = fig.add_subplot(projection='3d')
06 ax.set_title("wbE", size = 20)
07
08 ax.set_xlabel("w", size = 14)
09 ax.set_ylabel("b", size = 14)
10 ax.set_zlabel("E", size = 14)
11
12 x=2
13 yT=10
14
15 w = np.arange(-5, 5, 0.1)
16 b = np.arange(-5, 5, 0.1)
17 w,b=np.meshgrid(w,b)
18
19 y=x*w+b
20 y=1/(1+np.exp(-y))
21 E=(y-yT)**2/2
22
23 surf = ax.plot_surface(w, b, E, cmap=plt.cm.coolwarm)
24
25 from matplotlib.animation import FuncAnimation
26
27 def animate(frame):
28     ax.view_init(elev=30, azim=frame)
29
30 ani = FuncAnimation(fig, animate, frames=360, interval=20)
31
32 plt.show()
```

15~16 : w, b 값을 −5에서 5 미만 사이에서 0.1 단위로 값을 생성합니다.

20 : 시그모이드 활성화 함수를 추가합니다.

02 ▶ 예제를 실행합니다. 다음은 실행 결과 화면입니다.

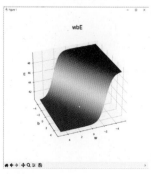

05_2 활성화 함수의 순전파와 역전파

다음 그림은 sigmoid, ReLU 활성화 함수의 순전파와 역전파 수식을 나타냅니다.

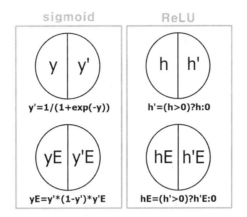

※ 역전파 수식 계산 시 순전파의 x'값도 사용됩니다. 역전파 수식은 편미분을 이용하며 유도하며 유도 과정은 생략합니다.

- sigmoid 함수의 경우 순전파 출력 x'값이 0이나 1에 가까울수록 역전파 xE값은 0에 가까워집니다. 순전파 출력 x'값이 0이나 1에 가깝다는 것은 순전파 입력값 x의 크기가 양 또는 음의 방향으로 아주 크다는 의미입니다. 입력값 x에 비해 출력값 x'가 아주 작다는 것은 입력값 x가 출력값 x'에 주는 영향이 아주 작다는 것을 의미합니다. 따라서 x'E값이 역전파를 통해 xE값에 전달되는 값도 아주 작아야 합니다.

- ReLU 함수의 경우 순전파 입력값 x값이 0보다 크면 x값이 x'로 전달되며, 0보다 작거나 같으면 0값이 x'로 전달됩니다. 역전파의 경우 순전파 출력값 x'가 0보다 크면 x'E값이 xE로 전달되며, 출력값 x'가 0보다 작거나 같으면 xE로 0이 전달됩니다. 이 경우 xE에서 전 단계의 모든 노드로 전달되는 역전파 값은 0이 됩니다. 입력값 x가 0보다 클 경우엔 출력값 x'는 x가 됩니다. 이 경우 x는 1만큼 x'로 전달된 것과 같습니다. 따라서 x'E 값은 역전파를 통해 1만큼 xE로 전달됩니다. 즉, xE = x'E가 됩니다. 입력값 x가 0보다 작거나 같은 경우엔 출력값 x'는 0이 됩니다. 이 경우 x는 0만큼 x'로 전달된 것과 같습니다. 따라서 x'E 값은 역전파를 통해 0만큼 xE로 전달됩니다. 즉, xE = 0*x'E = 0이 됩니다.

05_3 활성화 함수 적용하기

지금까지 정리한 sigmoid, ReLU 활성화 함수를 인공 신경망에 적용해봅니다. 먼저 딥러닝 7 공식에 적용해 보고, 다음은 PyTorch에 적용해 봅니다.

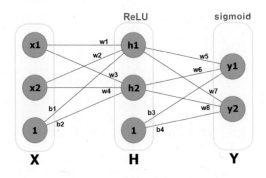

딥러닝 7 공식에 적용하기

먼저 딥러닝 7 공식에 sigmoid, ReLU 활성화 함수를 적용해 봅니다.

01 다음과 같이 예제를 작성합니다.

```
353.ino
```

```
double x1 = 0.05, x2 = 0.10;

double w1 = 0.15, w2 = 0.20;
double w3 = 0.25, w4 = 0.30;
double b1 = 0.35, b2 = 0.35;

double w5 = 0.40, w6 = 0.45;
double w7 = 0.50, w8 = 0.55;
double b3 = 0.60, b4 = 0.60;

double y1T = 0.01, y2T = 0.99;

double lr = 0.01;

void setup() {

    Serial.begin(115200);

    for(int epoch=0;epoch<1000;epoch++) {

        double h1 = x1*w1 + x2*w2 + 1*b1;
        double h2 = x1*w3 + x2*w4 + 1*b2;
        // RELU feed forward
        h1=(h1>0)?h1:0;
        h2=(h2>0)?h2:0;

        double y1 = h1*w5 + h2*w6 + 1*b3;
        double y2 = h1*w7 + h2*w8 + 1*b4;
        // sigmoid feed forward
```

```
        y1=1/(1+exp(-y1));
        y2=1/(1+exp(-y2));

        double E = ((y1-y1T)*(y1-y1T) + (y2-y2T)*(y2-y2T))/2;

        double y1E = y1 - y1T;
        double y2E = y2 - y2T;
        // sigmoid back propagation
        y1E=y1*(1-y1)*y1E;
        y2E=y2*(1-y2)*y2E;

        double w5E = y1E*h1;
        double w6E = y1E*h2;
        double w7E = y2E*h1;
        double w8E = y2E*h2;
        double b3E = y1E*1;
        double b4E = y2E*1;

        double h1E = y1E*w5 + y2E*w7;
        double h2E = y1E*w6 + y2E*w8;
        // RELU back propagation
        h1E=(h1>0)?h1E:0;
        h2E=(h2>0)?h2E:0;

        double w1E = h1E*x1;
        double w2E = h1E*x2;
        double w3E = h2E*x1;
        double w4E = h2E*x2;
        double b1E = h1E*1;
        double b2E = h2E*1;

        w5 -= lr*w5E;
        w6 -= lr*w6E;
        w7 -= lr*w7E;
        w8 -= lr*w8E;
        b3 -= lr*b3E;
        b4 -= lr*b4E;

        w1 -= lr*w1E;
        w2 -= lr*w2E;
        w3 -= lr*w3E;
        w4 -= lr*w4E;
        b1 -= lr*b1E;
        b2 -= lr*b2E;

        Serial.print("epoch = "); Serial.println(epoch);
        Serial.print("y1 : "); Serial.println(y1, 3);
        Serial.print("y2 : "); Serial.println(y2, 3);

        if(E<0.0000001) break;

    }

}

void loop() {
}
```

02 : math 라이브러리에서 exp 파일을 불러옵니다.
26~27 : RELU 순전파 동작을 추가합니다.
32~33 : sigmoid 순전파 동작을 추가합니다.
40~41 : sigmoid 역전파 동작을 추가합니다.
53~54 : RELU 역전파 동작을 추가합니다.
77~80 : 매 100회마다 회기, y1, y2 값을 출력합니다.

02  업로드를 수행합니다.

03 [시리얼 모니터] 버튼을 클릭하고, 통신 속도를 115200으로 맞춰줍니다.

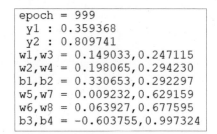

04 출력결과를 확인합니다.

```
epoch = 999
 y1 : 0.359368
 y2 : 0.809741
w1,w3 = 0.149033,0.247115
w2,w4 = 0.198065,0.294230
b1,b2 = 0.330653,0.292297
w5,w7 = 0.009232,0.629159
w6,w8 = 0.063927,0.677595
b3,b4 = -0.603755,0.997324
```

학습 회수에 따라 o1, o2값이 바뀌는 것을 확인합니다. o1, o2값이 각각 0.01, 0.99에 가까워지는 것을 확인합니다. 입력값 0.05, 0.10에 대해 목표값은 0.01, 0.99입니다.

05 epoch 값의 범위를 다음과 같이 수정한 후, 업로드를 수행합니다.

353_2.ino

```
    for(int epoch=0;epoch<100000;epoch++) {
```


06 출력결과를 확인합니다.

```
epoch = 99999
 y1 : 0.013750
 y2 : 0.987571
w1,w3 = 0.198118,0.291117
w2,w4 = 0.296234,0.382345
b1,b2 = 1.312289,1.172902
w5,w7 = -0.956824,1.076556
w6,w8 = -0.813884,1.083658
b3,b4 = -1.981831,1.591643
```

PyTorch에 적용하기

다음은 PyTorch 예제에 적용해 봅니다.

01 345.py 파일을 복사하여 다음과 같이 예제를 수정합니다.

```
353_2.py
01 import torch
02 import torch.nn as nn
03 import torch.optim as optim
04
05 X = torch.FloatTensor([[.05,.10]]) # 입력데이터
06 YT = torch.FloatTensor([[.01,.99]]) # 목표데이터(라벨)
07 W = torch.FloatTensor([[.15,.20],[.25,.30]]) # 가중치1
08 B = torch.FloatTensor([.35,.35]) # 편향1
09 W2 = torch.FloatTensor([[.40,.45],[.50,.55]]) # 가중치2
10 B2 = torch.FloatTensor([.60,.60]) # 편향2
11
12 model=nn.Sequential(
13     nn.Linear(2,2),
14     nn.ReLU(),
15     nn.Linear(2,2),
16     nn.Sigmoid()
17 )
18 print(model)
19
20 with torch.no_grad():
21     model[0].weight = nn.Parameter(W)
22     model[0].bias = nn.Parameter(B)
23     model[2].weight = nn.Parameter(W2)
24     model[2].bias = nn.Parameter(B2)
25
26 loss_fn = nn.MSELoss() # 2공식, 오차 계산 함수
27 optimizer = optim.SGD(model.parameters(), lr=0.01)
28
29 for epoch in range(1000):
30
31     Y = model(X) # 1공식, 순전파
32     E = loss_fn(Y, YT) # 2공식, 오차계산
33     optimizer.zero_grad()
34     E.backward() # 6공식, 오차역전파
35     optimizer.step() # 7공식, 학습
36
37     if epoch%100 == 99:
38         print(epoch, E.item())
39
```

```
40 print(f'W = {model[0].weight.data} ')
41 print(f'B = {model[0].bias.data} ')
42 print(f'W2 = {model[2].weight.data} ')
43 print(f'B2 = {model[2].bias.data} ')
44
45 Y = model(X)
46 print(Y.data)
```

14: 은닉 층에 활성화 함수 ReLU를 적용합니다.

16: 출력 층에 활성화 함수 Sigmoid를 적용합니다.

02 ▶ 예제를 실행합니다. 다음은 실행 결과 화면입니다.

```
Sequential(
  (0): Linear(in_features=2, out_features=2, bias=True)
  (1): ReLU()
  (2): Linear(in_features=2, out_features=2, bias=True)
  (3): Sigmoid()
)
```

```
999 0.0772756040096283
W= tensor([[0.1490, 0.1981],
        [0.2471, 0.2942]])
B= tensor([0.3307, 0.2923])
W2= tensor([[0.0092, 0.0639],
        [0.6292, 0.6776]])
B2= tensor([-0.6038,  0.9973])
tensor([[0.3591, 0.8098]])
```

03 다음과 같이 예제를 수정한 후, 실행해 봅니다.

353_3.py

```
33 for epoch in range(100000):
```

다음은 실행 결과 화면입니다.

```
Sequential(
  (0): Linear(in_features=2, out_features=2, bias=True)
  (1): ReLU()
  (2): Linear(in_features=2, out_features=2, bias=True)
  (3): Sigmoid()
)
```

```
99999 9.983300515159499e-06
W= tensor([[0.1981, 0.2962],
        [0.2911, 0.3823]])
B= tensor([1.3123, 1.1729])
W2= tensor([[-0.9568, -0.8139],
        [ 1.0766,  1.0837]])
B2= tensor([-1.9818,  1.5916])
tensor([[0.0138, 0.9876]])
```

05_4 출력층에 linear 함수 적용해 보기

여기서는 출력층 함수에 linear 함수를 적용해 봅니다. linear 함수는 출력단의 값을 그대로 내보내는 함수입니다. linear 함수를 적용하여 학습을 수행할 경우 선형 회귀라고 합니다.

딥러닝 7 공식에 적용하기

먼저 딥러닝 7 공식에 linear 활성화 함수를 적용해 봅니다.

01 다음과 같이 예제를 작성합니다. 353.ino 파일을 복사한 후, 수정합니다.

```
354.ino
29        // sigmoid feed forward
30        // y1=1/(1+exp(-y1));
31        // y2=1/(1+exp(-y2));
32
33        double E = ((y1-y1T)*(y1-y1T) + (y2-y2T)*(y2-y2T))/2;
34
35        double y1E = y1 - y1T;
36        double y2E = y2 - y2T;
37        // sigmoid back propagation
38        // y1E=y1*(1-y1)*y1E;
39        // y2E=y2*(1-y2)*y2E;
```

30~31 : 주석 처리합니다.
38~39 : 주석 처리합니다.

02  업로드를 수행합니다.

03 [시리얼 모니터] 버튼을 클릭하고, 통신 속도를 115200으로 맞춰줍니다.

04 출력결과를 확인합니다.

```
epoch = 599
 y1 : 0.010858
 y2 : 0.989648
w1,w3 = 0.143157,0.241800
w2,w4 = 0.186315,0.283601
b1,b2 = 0.213147,0.186007
w5,w7 = 0.202730,0.533461
w6,w8 = 0.252676,0.582771
b3,b4 = -0.095253,0.730397
```

PyTorch에 적용하기

다음은 PyTorch 예제에 적용해 봅니다.

01 353_2.py 파일을 복사하여 다음과 같이 예제를 수정합니다.

```
354_2.py
01~11 # 이전 예제와 같습니다.
12 model=nn.Sequential(
13    nn.Linear(2,2),
14    nn.ReLU(),
15    nn.Linear(2,2),
16    #nn.Sigmoid()
17 )
18 print(model)
18~끝 # 이전 예제와 같습니다.
```

16 : 출력 층에 활성화 함수 사용하지 않습니다. 이렇게 하면 15줄의 결과가 그대로 출력이 되며, linear하다고 합니다.

02 계속해서 다음 부분을 수정합니다.

```
33 for epoch in range(600):
```

33 : 학습 횟수는 600으로 합니다.

03 ▶ 예제를 실행합니다. 다음은 실행 결과 화면입니다.

```
Sequential(
  (0): Linear(in_features=2, out_features=2, bias=True)
  (1): ReLU()
  (2): Linear(in_features=2, out_features=2, bias=True)
)
```

```
599 4.304388596665376e-07
W= tensor([[0.1432, 0.1863],
        [0.2418, 0.2836]])
B= tensor([0.2131, 0.1860])
W2= tensor([[0.2028, 0.2528],
        [0.5334, 0.5827]])
B2= tensor([-0.0949,  0.7302])
tensor([[0.0108, 0.9897]])
```

05_5 softmax 활성화 함수/cross entropy 오차 함수 살펴보기

이전 단원에서 우리는 은닉 신경과 출력 신경에 relu, sigmoid 활성화 함수를 적용해 보았습니다. 이 단원에서는 출력 신경의 활성화 함수를 소프트맥스(softmax)로 변경해 봅니다. softmax 활성화 함수는 크로스 엔트로피 오차(cross entropy error) 함수와 같이 사용되며, 분류(classification)에 사용됩니다.

softmax와 cross entropy

다음은 출력층에서 활성화 함수로 사용되는 소프트맥스(softmax) 함수를 나타냅니다.

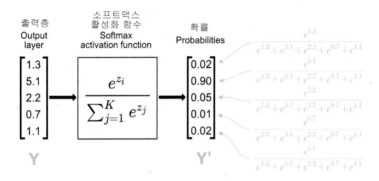

소프트맥스 함수는 출력층에서 사용되는 활성화함수로 다중 분류(classification)를 위해 주로 사용됩니다. 소프트맥스 함수는 확률의 총합이 1이 되도록 만든 함수이며 아래에 나타낸 크로스 엔트로피 오차 함수와 같이 사용됩니다. 크로스 엔트로피 오차 함수의 경우 목표값(ykT) 중 하나만 1, 나머지는 0 값을 갖도록 목표값을 설정해야 합니다.

$$E = -\sum_k (y_{kT} * \log(y_k))$$

우리는 앞에서 다음과 같은 평균 제곱 오차 함수를 살펴보았습니다.

$$E = \sum_k \frac{1}{2}(y_k - y_{kT})^2$$

평균 제곱 오차 함수의 경우 역전파 시 전파되는 오차가 다음과 같이 예측값과 목표값의 차인 것을 우리는 이미 앞에서 살펴보았습니다.

$$y_{kE} = y_k - y_{kT}$$

소프트맥스 함수는 크로스 엔트로피 함수와 같이 사용될 때만 역전파 시 소프트맥스 함수를 역으로 거쳐 전파되는 오차가 다음과 같이 예측값과 목표값의 차가 됩니다.

$$y_{kE} = y_k - y_{kT}$$

※ 이 수식은 크로스 엔트로피 함수와 소프트맥스 함수에 대해 차례대로 편미분을 적용하여 얻어진 수식이며 이 책에서는 수식에 대한 유도 과정은 생략합니다.

그래서 일반적으로 소프트맥스 함수를 활성화 함수로 사용할 경우 오차 함수는 크로스 엔트로피 오차 함수가 됩니다.

softmax 함수 구현해 보기

여기서는 다음 그림에 대해 softmax 함수를 구현해 봅니다.

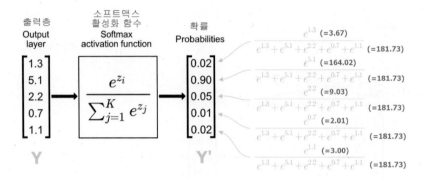

출력층에서 Y의 각 항목은 소프트맥스 활성화 함수를 거쳐 Y'의 각 항목으로 변환됩니다. Y'의 모든 항목의 합은 1이 됩니다.

다음과 같이 아두이노 스케치를 작성하여 테스트해 봅니다.

```
355.ino
01 #include <math.h>
02
03 void setup() {
04
05    Serial.begin(115200);
06
07    Serial.println(exp(1.3));
08    Serial.println(exp(5.1));
09    Serial.println(exp(2.2));
10    Serial.println(exp(0.7));
11    Serial.println(exp(1.1));
12
13    double sumY = exp(1.3)+exp(5.1)+exp(2.2)+exp(0.7)+exp(1.1);
14    Serial.println(sumY);
15
16    Serial.println(exp(1.3)/sumY);
17    Serial.println(exp(5.1)/sumY);
18    Serial.println(exp(2.2)/sumY);
19    Serial.println(exp(0.7)/sumY);
20    Serial.println(exp(1.1)/sumY);
21
22 }
23
24 void loop() {
25 }
```

예제를 보드에 업로드한 후, 시리얼 모니터로 결과를 확인해 봅니다.

```
[[  3.67, 164.02,    9.03,    2.01,    3.00]] ❶
181.73 ❷
[[0.02, 0.90, 0.05, 0.01, 0.02]] ❸
```

다음 그림의 ❶, ❷, ❸과 출력 결과의 ❶, ❷, ❸을 비교해 봅니다.

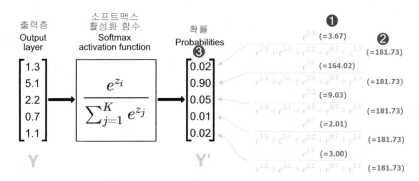

❶ 첫 번째 결과는 Y의 각 항목에 대해 exp 함수를 적용한 결과입니다.

❷ 두 번째 결과는 첫 번째 결과의 모든 항목을 더한 값입니다.

❸ 세 번째 결과는 첫 번째 결과의 값들을 두 번째 결과의 값으로 나눈 결과입니다.

softmax 함수의 분모 크기 줄이기

앞에서 우리는 softmax 함수의 분모를 다음과 같이 계산하여 181.73 값을 얻었습니다.

$$e^{1.3} + e^{5.1} + e^{2.2} + e^{0.7} + e^{1.1} = 181.73$$

이 수식에서 Y의 항목 값이 하나라도 지나치게 클 경우의 계산 결과는 아주 큰 숫자가 되어 계산할 수 있는 실수의 범위를 벗어날 수 있습니다. 이런 경우 그 위험을 줄이기 위해 Y 행렬의 각 항목을 다음과 같이 바꿀 수 있습니다.

$$\begin{bmatrix} 1.3 - 5.1 \\ 5.1 - 5.1 \\ 2.2 - 5.1 \\ 0.7 - 5.1 \\ 1.1 - 5.1 \end{bmatrix} = \begin{bmatrix} -3.8 \\ 0.0 \\ -2.9 \\ -4.4 \\ -4.0 \end{bmatrix}$$

$$Y_{-5.1} \rightarrow Y_c$$

위 그림에서 왼쪽의 Y 행렬에서 가장 큰 항목(5.1)을 찾아 행렬의 각 항목에 대해 빼주어 오른쪽의 Yc 행렬로 변환한 후, softmax 함수를 적용하여도 결과는 같게 됩니다. 다음은 이 과정에 대한 구체적인 예를 보여줍니다.

$$\frac{e^{1.3}}{e^{1.3}+e^{5.1}+e^{2.2}+e^{0.7}+e^{1.1}} \; \text{❶}$$

❷

$$= \frac{e^{1.3}/e^{5.1} \; \text{❸}}{(e^{1.3}+e^{5.1}+e^{2.2}+e^{0.7}+e^{1.1})/e^{5.1} \; \text{❹}}$$

$$= \frac{e^{1.3}/e^{5.1} \; \text{❺}}{e^{1.3}/e^{5.1}+e^{5.1}/e^{5.1}+e^{2.2}/e^{5.1}+e^{0.7}/e^{5.1}+e^{1.1}/e^{5.1} \; \text{❻}}$$

$$= \frac{e^{(1.3-5.1)} \; \text{❼}}{e^{(1.3-5.1)}+e^{(5.1-5.1)}+e^{(2.2-5.1)}+e^{(0.7-5.1)}+e^{(1.1-5.1)} \; \text{❽}}$$

$$= \frac{e^{-3.8}}{e^{-3.8}+e^{0.0}+e^{-2.9}+e^{-4.4}+e^{-4.0}} \; \text{❾}$$

위에서 ❶ 수식은 최초의 Y 행렬의 첫 번째 항목에 대해 softmax 함수를 적용한 수식입니다. 여기서 ❷ 가장 큰 항목을 찾아 ❸, ❹와 같이 분자와 분모를 각각 나누어 줍니다. 그러면 ❺, ❻과 같이 분자와 분모를 바꿀 수 있습니다. ❺, ❻은 ❼, ❽과 같이 계산할 수 있으며, 결과적으로 ❾와 같이 됩니다. 결과적으로 ❶에서 최초의 Y의 첫 번째 항목 1.3에 대해 softmax 함수를 적용한 결과는 ❾에서 변환된 Yc의 첫 번째 항목 −3.8에 softmax 함수를 적용한 결과와 같게 됩니다. ❾에서 분모의 합은 다음과 같이 계산하여 1.11이 됩니다.

$$e^{-3.8}+e^{-0.0}+e^{-2.9}+e^{-4.4}+e^{-4.0}=1.11$$

이렇게 하면 softmax 함수의 분모가 지나치게 커지는 것을 막을 수 있습니다.

다음 그림은 변환된 Yc 행렬에 대해 softmax 함수를 적용하는 과정을 나타내는 그림입니다.

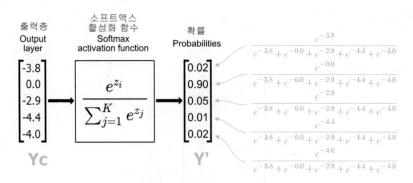

다음과 같이 아두이노 스케치를 작성하여 테스트해 봅니다.

```
01 #include <math.h>
02
03 void setup() {
04
05    Serial.begin(115200);
06
07    Serial.println(exp(1.3-5.1));
08    Serial.println(exp(5.1-5.1));
09    Serial.println(exp(2.2-5.1));
10    Serial.println(exp(0.7-5.1));
11    Serial.println(exp(1.1-5.1));
12
13    double sumY = exp(1.3-5.1)+exp(5.1-5.1)+exp(2.2-5.1)+exp(0.7-5.1)+exp(1.1-5.1);
14    Serial.println(sumY);
15
16    Serial.println(exp(1.3-5.1)/sumY);
17    Serial.println(exp(5.1-5.1)/sumY);
18    Serial.println(exp(2.2-5.1)/sumY);
19    Serial.println(exp(0.7-5.1)/sumY);
20    Serial.println(exp(1.1-5.1)/sumY);
21
22 }
23
24 void loop() {
25 }
```

예제를 보드에 업로드한 후, 시리얼 모니터로 결과를 확인해 봅니다.

```
5.10 ❶
[[-3.80,  0.00, -2.90, -4.40, -4.00]] ❷
[[0.02, 1.00, 0.06, 0.01, 0.02]] ❸
1.11 ❹
[[0.02, 0.90, 0.05, 0.01, 0.02]] ❺
```

다음 그림의 ❶, ❷, ❸, ❹, ❺와 출력 결과의 ❶, ❷, ❸, ❹, ❺를 비교해 봅니다.

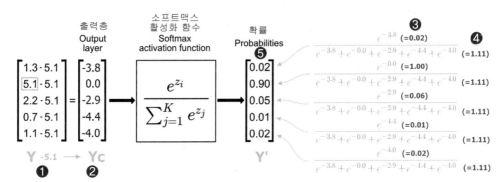

cross entropy 오차 구현해 보기

softmax 함수를 사용할 경우 다음과 같이 하나의 목표값만 1이고 나머지는 0이 됩니다.

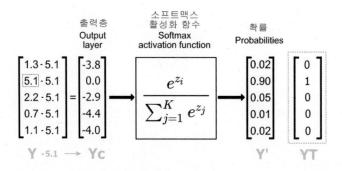

softmax 함수는 분류(classification)를 위해 사용하며 결과값 중 하나의 항목만 1에 가깝고 나머지는 0에 가까워지도록 학습하게 됩니다. 소프트맥스 함수는 확률의 총합이 1이 되도록 만든 함수이며 아래에 나타낸 크로스 엔트로피 오차 함수와 같이 사용합니다.

$$E=-\sum_k (y_{kT}*\log(y_k))$$

위 그림의 경우 오차는 다음과 같이 계산됩니다.

$$\begin{aligned} E &= -(0*\log(0.02)+1*\log(0.90)+0*\log(0.05)+0*\log(0.01)+0*\log(0.02)) \\ &= -(1*\log(0.90)) = 0.11 \end{aligned}$$

다음과 같이 아두이노 스케치를 작성하여 테스트해 봅니다.

355_3.ino

```
01 #include <math.h>
02
03 void setup() {
04
05     Serial.begin(115200);
06
07     Serial.println(-(1*log(0.90)));
08
09 }
10
11 void loop() {
12 }
```

예제를 보드에 업로드한 후, 시리얼 모니터로 결과를 확인해 봅니다.

```
[[-0.00, -0.11, -0.00, -0.00, -0.00]]
0.11
```

05_6 softmax 활성화 함수/cross entropy 오차 함수 적용하기

지금까지 정리한 softmax 활성화 함수와 cross entropy 오차 함수를 인공 신경망에 적용해봅니다. 먼저 딥러닝 7 공식에 적용해 보고, 다음은 PyTorch에 적용해 봅니다.

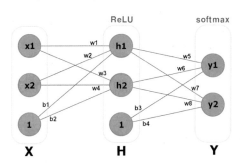

딥러닝 7 공식에 적용하기

먼저 딥러닝 7 공식에 softmax 활성화 함수와 cross entropy 오차 함수를 적용해 봅니다.

01 다음과 같이 예제를 작성합니다. 353.py 파일을 복사한 후, 수정합니다.

356.ino

```
01 double x1 = 0.05, x2 = 0.10;
02
03 double w1 = 0.15, w2 = 0.20;
04 double w3 = 0.25, w4 = 0.30;
05 double b1 = 0.35, b2 = 0.35;
06
07 double w5 = 0.40, w6 = 0.45;
08 double w7 = 0.50, w8 = 0.55;
09 double b3 = 0.60, b4 = 0.60;
10
11 double y1T = 0, y2T = 1; // 크로스 엔트로피는 하나의 목표 값만 1, 나머지는 0
12
13 double lr = 0.01;
14
15 void setup() {
16
17    Serial.begin(115200);
18
19    for(int epoch=0;epoch<200000;epoch++) {
20
21        double h1 = x1*w1 + x2*w2 + 1*b1;
22        double h2 = x1*w3 + x2*w4 + 1*b2;
23        // RELU feed forward
24        h1=(h1>0)?h1:0;
25        h2=(h2>0)?h2:0;
26
27        double y1 = h1*w5 + h2*w6 + 1*b3;
28        double y2 = h1*w7 + h2*w8 + 1*b4;
```

```
33          double sumY=exp(y1)+exp(y2);
34          y1=exp(y1)/sumY;
35          y2=exp(y2)/sumY;
36
37          double E = -(y1T*log(y1)+y2T*log(y2)); // cross entropy error
38
39          double y1E = y1 - y1T;
40          double y2E = y2 - y2T;
41          // softmax back propagation
42          // do nothing
43
44          double w5E = y1E*h1;
45          double w6E = y1E*h2;
46          double w7E = y2E*h1;
47          double w8E = y2E*h2;
48          double b3E = y1E*1;
49          double b4E = y2E*1;
50
51          double h1E = y1E*w5 + y2E*w7;
52          double h2E = y1E*w6 + y2E*w8;
53          // RELU back propagation
54          h1E=(h1>0)?h1E:0;
55          h2E=(h2>0)?h2E:0;
56
57          double w1E = h1E*x1;
58          double w2E = h1E*x2;
59          double w3E = h2E*x1;
60          double w4E = h2E*x2;
61          double b1E = h1E*1;
62          double b2E = h2E*1;
63
64          w5 -= lr*w5E;
65          w6 -= lr*w6E;
66          w7 -= lr*w7E;
67          w8 -= lr*w8E;
68          b3 -= lr*b3E;
69          b4 -= lr*b4E;
70
71          w1 -= lr*w1E;
72          w2 -= lr*w2E;
73          w3 -= lr*w3E;
74          w4 -= lr*w4E;
75          b1 -= lr*b1E;
76          b2 -= lr*b2E;
77
78          Serial.print(" epoch = "); Serial.println(epoch);
79          Serial.print(" y1 : "); Serial.println(y1, 3);
80          Serial.print(" y2 : "); Serial.println(y2, 3);
81
82          if(E<0.0000001) break;
```

```
83
84    }
85
86 }
87
88 void loop() {
89 }
```

46 : 목표값을 각각 0과 1로 변경합니다.

54 : 출력층의 활성화 함수를 소프트맥스로 설정합니다.

56 : 오차 계산 함수를 크로스 엔트로피 오차 함수로 설정합니다.

02 ✅ ➡️ 📄 ⬆️ ⬇️ 업로드 업로드를 수행합니다.

03 출력 결과를 확인합니다.

```
epoch = 99999
  y1 : 0.000052
  y2 : 0.999948
w1,w3 = 0.209796,0.311
w2,w4 = 0.319592,0.423
b1,b2 = 1.546079,1.583
w5,w7 = -0.635543,1.53
w6,w8 = -0.621608,1.62
```

PyTorch에 적용하기

다음은 PyTorch 예제에 적용해 봅니다.

01 353_2.py 파일을 복사하여 다음과 같이 예제를 수정합니다.

356_2.py

```python
01 import torch
02 import torch.nn as nn
03 import torch.optim as optim
04
05 X = torch.FloatTensor([[.05,.10]]) # 입력데이터
06 YT = torch.FloatTensor([[0,1]]) # 목표데이터(라벨)
07 W = torch.FloatTensor([[.15,.20],[.25,.30]]) # 가중치1
08 B = torch.FloatTensor([.35,.35]) # 편향1
09 W2 = torch.FloatTensor([[.40,.45],[.50,.55]]) # 가중치2
10 B2 = torch.FloatTensor([.60,.60]) # 편향2
11
12 model=nn.Sequential(
13    nn.Linear(2,2),
14    nn.ReLU(),
15    nn.Linear(2,2),
16 # nn.Sigmoid()
17 )
18 print(model)
```

```
19
20 with torch.no_grad():
21     model[0].weight = nn.Parameter(W)
22     model[0].bias = nn.Parameter(B)
23     model[2].weight = nn.Parameter(W2)
24     model[2].bias = nn.Parameter(B2)
25
26 loss_fn = nn.CrossEntropyLoss() # 2공식, 오차 계산 함수
27 optimizer = optim.SGD(model.parameters(), lr=0.01)
28
29 for epoch in range(100000):
30
31     Y = model(X) # 1공식, 순전파
32     E = loss_fn(Y, YT) # 2공식, 오차계산
33     optimizer.zero_grad()
34     E.backward() # 6공식, 오차역전파
35     optimizer.step() # 7공식, 학습
36
37     if epoch%100 == 99:
38         print(epoch, E.item())
39
40 print(f'W = {model[0].weight.data}')
41 print(f'B = {model[0].bias.data}')
42 print(f'W2 = {model[2].weight.data}')
43 print(f'B2 = {model[2].bias.data}')
44
45 Y = model(X)
46 Y = nn.functional.softmax(Y, dim=1)
47 print(Y.data)
```

06 : 목표값을 각각 0과 1로 변경합니다.

16 : 출력층에 활성화 함수는 사용하지 않습니다. PyTorch의 경우 cross entropy 오차 함수를 사용할 경우 출력층에
softmax 함수를 따로 사용하지 않습니다. PyTorch에서 제공하는 nn.CrossEntropyLoss 함수 내에는 softmax 함수가
구현되어 있기 때문입니다.

26 : 오차 함수를 nn.CrosseEtropyLoss로 설정합니다. PyTorch CrossEntropyLoss 함수는 다음과 같이 softmax 함수를 내
부에 포함하고 있습니다. 그래서 16줄에 출력층 함수를 softmax 함수를 따로 써 주지 않습니다.

$$\text{loss}(x, class) = \underbrace{-\log\left(\boxed{\frac{\exp(x[class])}{\sum_j \exp(x[j])}}\right)}_{\textbf{CrossEntropyLoss}} = -x[class] + \log\left(\sum_j \exp(x[j])\right)$$

(softmax)

29 : 학습 횟수는 100000으로 합니다.

46 : nn.functional.softmax 함수를 이용하여 Y값을 softmax 출력 형태로 변경합니다.

02 ▶ 예제를 실행합니다. 다음은 실행 결과 화면입니다.

```
Sequential(
  (0): Linear(in_features=2, out_features=2, bias=True)
  (1): ReLU()
  (2): Linear(in_features=2, out_features=2, bias=True)
)
```

```
99999 5.185469490243122e-05
W= tensor([[0.2098, 0.3196],
        [0.3116, 0.4234]])
B= tensor([1.5461, 1.5840])
W2= tensor([[-0.6355, -0.6216],
         [ 1.5355,  1.6216]])
B2= tensor([-0.7672,  1.9672])
tensor([[5.1898e-05, 9.9995e-01]])
```

출력층 활성화 함수와 오차 함수의 관계

다음은 출력층 활성화 함수에 따라 사용할 수 있는 오차 함수입니다.

Problem type	Last-layer activation	Loss function	Example
Binary classification	sigmoid	binary_crossentropy	Dog vs cat, Sentiemnt analysis(pos/neg)
Multi-class, single-label classification	softmax	categorical_crossentropy	MNIST has 10 classes single label (one prediction is one digit)
Multi-class, multi-label classification	sigmoid	binary_crossentropy	News tags classification, one blog can have multiple tags
Regression to arbitrary values	None	mse	Predict house price(an integer/float point)
Regression to values between 0 and 1	sigmoid	mse or binary_crossentropy	Engine health assessment where 0 is broken, 1 is new

딥러닝 드론
프로젝트

이번 장에서는 PyTorch를 활용하여 7 segment에 대한 인공 신경망을 학습시켜 봅니다. 그리고 PID 함수를 DNN을 이용하여 학습시켜 DPidNN 신경망 함수를 만든 후, DPidNN 신경망 함수를 이용하여 드론을 자율 비행시켜 봅니다.

01 PyTorch 활용하기

여기서는 PyTorch를 활용하여 7 segment에 대한 인공 신경망을 학습시켜 봅니다. 이 과정에서 PyTorch 기반 신경망에 적용할 수 있는 입력 데이터와 출력 데이터의 형식을 이해하고 활용할 수 있도록 합니다.

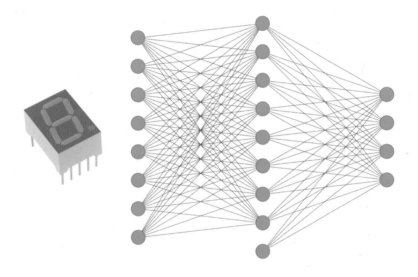

01_1 7 세그먼트 인공 신경망

여기서는 7 세그먼트에 숫자 값에 따라 표시되는 LED의 ON, OFF 값을 입력으로 받아 2 진수로 출력하는 인공 신경망을 구성하고 학습시켜 봅니다. 다음은 7 세그먼트 디스플레이 2 진수 연결 진리표입니다.

7 세그먼트 2 진수 연결 진리표

	A	B	C	D	E	F	G				
	In	In	In	In	In	In	In	Out	Out	Out	Out
0	1	1	1	1	1	1	0	0	0	0	0
1	0	1	1	0	0	0	0	0	0	0	1
2	1	1	0	1	1	0	1	0	0	1	0
3	1	1	1	1	0	0	1	0	0	1	1
4	0	1	1	0	0	1	1	0	1	0	0
5	1	0	1	1	0	1	1	0	1	0	1
6	0	0	1	1	1	1	1	0	1	1	0
7	1	1	1	0	0	0	0	0	1	1	1
8	1	1	1	1	1	1	1	1	0	0	0
9	1	1	1	0	0	1	1	1	0	0	1

5 = 1011011 ➡ 0101

그림에서 7 세그먼트에 5로 표시되기 위해 7개의 LED가 1011011(1-ON, 0-OFF)의 비트열에 맞춰 켜지거나 꺼져야 합니다. 해당 비트열에 대응하는 이진수는 0101입니다. 여기서는 다음 그림과 같이 7개의 입력, 8개의 은닉층, 4개의 출력층으로 구성된 인공 신경망을 학습시켜 봅니다.

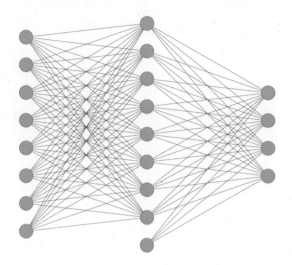

입력층, 은닉층의 맨 하단의 노드는 편향 노드입니다.

torch FloatTensor로 데이터 초기화하기

먼저 입력값과 목표값을 torch FloatTensor로 초기화합니다.

01 다음과 같이 예제를 작성합니다.

_7seg_data_torch.py

```
01 import torch
02
03 torch.set_printoptions(precision=4, linewidth=120, sci_mode=False)
04
05 X=torch.FloatTensor([
06    [ 1, 1, 1, 1, 1, 1, 0 ], # 0
07    [ 0, 1, 1, 0, 0, 0, 0 ], # 1
08    [ 1, 1, 0, 1, 1, 0, 1 ], # 2
09    [ 1, 1, 1, 1, 0, 0, 1 ], # 3
10    [ 0, 1, 1, 0, 0, 1, 1 ], # 4
11    [ 1, 0, 1, 1, 0, 1, 1 ], # 5
12    [ 0, 0, 1, 1, 1, 1, 1 ], # 6
13    [ 1, 1, 1, 0, 0, 0, 0 ], # 7
14    [ 1, 1, 1, 1, 1, 1, 1 ], # 8
15    [ 1, 1, 1, 0, 0, 1, 1 ] # 9
16 ])
```

```
17 YT=torch.FloatTensor([
18    [ 0, 0, 0, 0 ],
19    [ 0, 0, 0, 1 ],
20    [ 0, 0, 1, 0 ],
21    [ 0, 0, 1, 1 ],
22    [ 0, 1, 0, 0 ],
23    [ 0, 1, 0, 1 ],
24    [ 0, 1, 1, 0 ],
25    [ 0, 1, 1, 1 ],
26    [ 1, 0, 0, 0 ],
27    [ 1, 0, 0, 1 ]
28 ])
```

03 : torch.set_printoptions 함수를 호출하여 print 함수로 torch Tensor를 출력할 때, 실수 출력 형식을 조절합니다. precision 인자는 소수점 이하 자리수를 설정하며, 여기서는 소수점 이하 4 자리까지 출력합니다. linewidth 인자는 한 줄에 표시할 수 있는 문자수로 120으로 설정합니다. sci_mode 인자는 실수 표기 방식을 설정하며, False로 설정할 경우 고정 소수점 표기법(Fixed point notation)을 사용하며, True로 설정할 경우 과학적 표기법(Scientific notation)을 사용합니다. 예를 들어, 0.000514는 고정 소수점 표기법이고, 5.14e-04는 과학적 표기법입니다. 여기서는 고정 소수점 표기법을 사용합니다.

05~16 : X 변수를 선언하고, 진리표의 입력 값으로 초기화된 2차 실수 텐서를 할당합니다.

17~28 : YT 변수를 선언하고, 진리표의 목표 값으로 초기화된 2차 실수 텐서를 할당합니다.

02 계속해서 다음과 같이 예제를 작성합니다.

_411.py

```
01 from _7seg_data_torch import X, YT
02
03 print(X.shape)
04 print(YT.shape)
```

01 : _7seg_data_torch 모듈로부터 X, YT를 불러옵니다.

03 : X의 모양을 출력합니다.

04 : YT의 모양을 출력합니다.

03 ▶ 예제를 실행합니다. 다음은 실행 결과 화면입니다.

```
torch.Size([10, 7])
torch.Size([10, 4])
```

X는 10*7 크기의 2차 텐서입니다.

YT는 10*4 크기의 2차 텐서입니다.

딥러닝 모델 학습시키기

다음은 딥러닝 모델을 생성한 후, 학습을 시켜 봅니다.

01 다음과 같이 예제를 작성합니다.

```
_411_2.py
01 import torch
02 import torch.nn as nn
03 import torch.optim as optim
04 from _7seg_data_torch import X, YT
05
06 model=nn.Sequential(
07     nn.Linear(7,8),
08     nn.ReLU(),
09     nn.Linear(8,4),
10     nn.Sigmoid()
11 )
12 print(model)
13
14 loss_fn = nn.MSELoss()
15 optimizer = optim.Adam(model.parameters(), lr=0.001)
16
17 for epoch in range(10000):
18
19     Y = model(X) # 1공식, 순전파
20     E = loss_fn(Y, YT) # 2공식, 오차계산
21     optimizer.zero_grad()
22     E.backward() # 6공식, 오차역전파
23     optimizer.step() # 7공식, 학습
24
25     if epoch%100 == 99:
26         print(epoch, E.item())
27
28 Y = model(X)
29 print(Y.data)
```

06~11 : 입력층의 노드 수는 7개, 은닉층의 노드 수는 8개, 출력층의 노드 수는 4개인 신경망 모델을 생성합니다. 은닉층의 활성화 함수는 ReLU, 출력 층의 활성화 함수는 Sigmoid로 설정합니다.

13 : 오차 함수를 nn.MSELoss로 설정합니다. nn.MSELoss는 평균 제곱 오차 함수입니다.

14 : 학습 함수를 optim.Adam으로 설정합니다. optim.Adam은 가장 많이 사용하는 학습 함수입니다.

16 : 학습을 10000 회 수행합니다.

28 : X에 대해 예측을 수행해 봅니다.

29 : 예측 값 Y를 출력합니다.

02 ◉ 예제를 실행합니다. 다음은 실행 결과 화면입니다.

```
Sequential(
  (0): Linear(in_features=7, out_features=8, bias=True)
  (1): ReLU()
  (2): Linear(in_features=8, out_features=4, bias=True)
  (3): Sigmoid()
)
```

0, 2 층은 (가중치+편향) 층이고, 1, 3 층은 활성화 함수층입니다.

```
9999 1.4533863577526063e-05
tensor([[ 0.0049,    0.0011,    0.0000,    0.0032],
        [ 0.0000,    0.0068,    0.0065,    0.9963],
        [ 0.0044,    0.0000,    0.9992,    0.0017],
        [ 0.0000,    0.0042,    0.9959,    1.0000],
        [ 0.0044,    0.9937,    0.0004,    0.0036],
        [ 0.0024,    0.9948,    0.0057,    0.9960],
        [ 0.0011,    0.9994,    0.9959,    0.0000],
        [ 0.0000,    0.9928,    0.9937,    1.0000],
        [ 0.9929,    0.0008,    0.0030,    0.0000],
        [ 0.9972,    0.0067,    0.0001,    0.9968]])
```

YT값과 비교해 봅니다. YT값에 가깝게 학습된 것을 볼 수 있습니다.

학습이 잘 안 되는 경우도 있습니다. 다음은 4에 대한 학습이 제대로 안된 경우입니다.

```
9999 0.0500122606754303
tensor([[ 0.0058,    0.0035,    0.0009,    0.0034],
        [ 0.0000,    0.5001,    0.0051,    0.9952],
        [ 0.0039,    0.0000,    0.9949,    0.0052],
        [ 0.0012,    0.0010,    0.9978,    0.9999],
        [ 0.0058,    0.5002,    0.0000,    0.0054],
        [ 0.0043,    0.9989,    0.0000,    0.9983],
        [ 0.0015,    0.9937,    0.0000,    0.0000],
        [ 0.0015,    0.4999,    0.9948,    1.0000],
        [ 0.9916,    0.0008,    0.0005,    0.0003],
        [ 0.9956,    0.5000,    0.0046,    0.9939]])
```

다음은 7에 대한 학습이 제대로 안된 경우입니다.

```
9999 0.025008762255311012
tensor([[ 0.0046,    0.0000,    0.0000,    0.0032],
        [ 0.0000,    0.0030,    0.0054,    0.9959],
        [ 0.0043,    0.0000,    0.9999,    0.0016],
        [ 0.0010,    0.0000,    0.9964,    0.9999],
        [ 0.0036,    0.9957,    0.0000,    0.0033],
        [ 0.0035,    0.9984,    0.0037,    0.9971],
        [ 0.0004,    1.0000,    0.9952,    0.0000],
        [ 0.0010,    0.0000,    0.9947,    1.0000],
        [ 0.9936,    0.0032,    0.0046,    0.0003],
        [ 0.9962,    0.0026,    0.0000,    0.9979]])
```

국소해의 문제 해결해 보기

앞의 예제에서 은닉층 노드의 개수가 8일 경우 학습이 제대로 되지 않는 경우가 있는데 이런 현상은 국소해의 문제로 발생합니다. 예를 들어, 다음 그림에서 신경망의 학습 과정에서 최소값 지점을 찾지 못하고 극소값 지점에 수렴하는 경우입니다. 국소해의 문제가 발생할 경우엔 재학습을 수행해 보거나 은닉층의 노드수를 변경해 봅니다. 여기서는 은닉층 노드의 개수를 16으로 늘려봅니다.

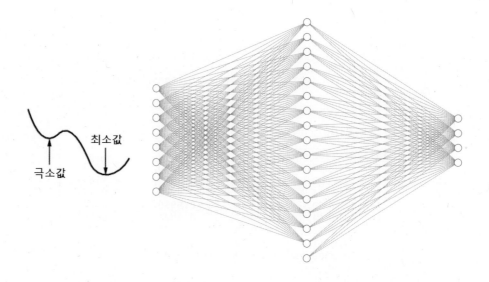

최소값

극소값

01 다음과 같이 예제를 수정합니다.

_411_3.py

```
01~05 # 이전 예제와 같습니다.
06 model=nn.Sequential(
07     nn.Linear(7,16),
08     nn.ReLU(),
09     nn.Linear(16,4),
10     nn.Sigmoid()
11 )
12 print(model)
13~끝 # 이전 예제와 같습니다.
```

07,09 : 은닉층이 노드 개수를 16으로 늘립니다.

02 ▶ 예제를 실행합니다. 다음은 실행 결과 화면입니다.

```
Sequential(
  (0): Linear(in_features=7, out_features=16, bias=True)
  (1): ReLU()
  (2): Linear(in_features=16, out_features=4, bias=True)
  (3): Sigmoid()
)
```

```
9999 4.2585488699842244e-06
tensor([[   0.0030,    0.0010,    0.0004,    0.0018],
        [   0.0000,    0.0030,    0.0027,    0.9972],
        [   0.0027,    0.0000,    0.9992,    0.0010],
        [   0.0000,    0.0025,    0.9975,    0.9997],
        [   0.0027,    0.9973,    0.0009,    0.0026],
        [   0.0023,    0.9978,    0.0025,    0.9984],
        [   0.0007,    1.0000,    0.9970,    0.0000],
        [   0.0000,    0.9966,    0.9978,    1.0000],
        [   0.9958,    0.0004,    0.0025,    0.0002],
        [   0.9971,    0.0025,    0.0000,    0.9979]])
```

출력층에 linear 함수 적용해 보기

여기서는 출력층 함수에 linear 함수를 적용해 봅니다. linear 함수는 출력단의 값을 그대로 내보내는 함수입니다. linear 함수를 적용하여 학습을 수행할 경우 선형 회귀라고 합니다.

01 다음과 같이 예제를 수정합니다.

_411_4.py

```
01~05 # 이전 예제와 같습니다.
06 model=nn.Sequential(
07     nn.Linear(7,16),
08     nn.ReLU(),
09     nn.Linear(16,4),
10     #nn.Sigmoid()
11 )
12 print(model)
13~끝 # 이전 예제와 같습니다.
```

10 : 출력층의 활성화 함수를 주석 처리합니다. 이 경우 09줄의 출력값이 그대로 나오게 됩니다.

02 ⊙ 예제를 실행합니다. 다음은 실행 결과 화면입니다.

```
Sequential(
  (0): Linear(in_features=7, out_features=16, bias=True)
  (1): ReLU()
  (2): Linear(in_features=16, out_features=4, bias=True)
)
9999 8.206879728751837e-13
tensor([[     0.0000,    -0.0000,     0.0000,     0.0000],
        [     0.0000,    -0.0000,     0.0000,     1.0000],
        [     0.0000,    -0.0000,     1.0000,     0.0000],
        [     0.0000,    -0.0000,     1.0000,     1.0000],
        [     0.0000,     1.0000,     0.0000,     0.0000],
        [     0.0000,     1.0000,     0.0000,     1.0000],
        [     0.0000,     1.0000,     1.0000,     0.0000],
        [     0.0000,     1.0000,     1.0000,     1.0000],
        [     1.0000,    -0.0000,    -0.0000,     0.0000],
        [     1.0000,    -0.0000,     0.0000,     1.0000]])
```

loss(오차)가 이전 예제보다 더 줄어드는 것을 확인합니다.

목표값 변경해 보기

여기서는 목표값의 형식을 2진수에서 10진수로 변경해 봅니다. 신경망 출력층 노드 개수가 다음과 같이 1개가 됩니다.

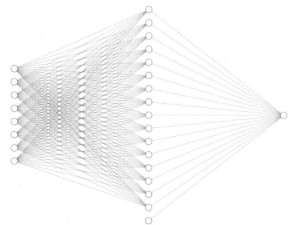

01 다음과 같이 _7seg_data_torch.py 라이브러리를 수정합니다.

_7seg_data_torch.py

```
01 import torch
02
03 torch.set_printoptions(precision=4, linewidth=120, sci_mode=False)
04
05 X=torch.FloatTensor([
06    [ 1, 1, 1, 1, 1, 1, 0 ], # 0
07    [ 0, 1, 1, 0, 0, 0, 0 ], # 1
08    [ 1, 1, 0, 1, 1, 0, 1 ], # 2
09    [ 1, 1, 1, 1, 0, 0, 1 ], # 3
10    [ 0, 1, 1, 0, 0, 1, 1 ], # 4
11    [ 1, 0, 1, 1, 0, 1, 1 ], # 5
12    [ 0, 0, 1, 1, 1, 1, 1 ], # 6
13    [ 1, 1, 1, 0, 0, 0, 0 ], # 7
14    [ 1, 1, 1, 1, 1, 1, 1 ], # 8
15    [ 1, 1, 1, 0, 0, 1, 1 ] # 9
16 ])
17 YT=torch.FloatTensor([
18    [ 0, 0, 0, 0 ],
19    [ 0, 0, 0, 1 ],
20    [ 0, 0, 1, 0 ],
21    [ 0, 0, 1, 1 ],
22    [ 0, 1, 0, 0 ],
23    [ 0, 1, 0, 1 ],
24    [ 0, 1, 1, 0 ],
25    [ 0, 1, 1, 1 ],
26    [ 1, 0, 0, 0 ],
27    [ 1, 0, 0, 1 ]
28 ])
29 YT_1=torch.FloatTensor([
30    [0],
31    [1],
32    [2],
33    [3],
34    [4],
35    [5],
36    [6],
37    [7],
38    [8],
39    [9]
40 ])
```

29~40 : YT_1 변수를 선언하고, 10진수 형식의 목표값으로 초기화된 2차 실수 텐서를 할당합니다.

02 다음과 같이 예제를 수정합니다.

```
_411_5.py
01 import torch
02 import torch.nn as nn
03 import torch.optim as optim
04 from _7seg_data_torch import X, YT_1
05
06 YT = YT_1
07
08 model=nn.Sequential(
09     nn.Linear(7,16),
10     nn.ReLU(),
11     nn.Linear(16,1),
12     nn.Sigmoid()
13 )
14 print(model)
15~끝 # 이전 예제와 같습니다.
```

04 : _7seg_data_torch 모듈로부터 X, YT_1을 불러옵니다.
06 : YT 변수를 선언하고, YT_1로 초기화합니다.
11 : 출력층 노드의 개수를 1개로 줄입니다.

03 ● 예제를 실행합니다. 다음은 실행 결과 화면입니다.

```
9999 6.00147698464476e-13
tensor([[    -0.0000],
        [     1.0000],
        [     2.0000],
        [     3.0000],
        [     4.0000],
        [     5.0000],
        [     6.0000],
        [     7.0000],
        [     8.0000],
        [     9.0000]])
```

```
Sequential(
  (0): Linear(in_features=7, out_features=16, bias=True)
  (1): ReLU()
  (2): Linear(in_features=16, out_features=1, bias=True)
)
```

결과가 잘 나오는 것을 확인합니다. 결과가 잘 안 나올 경우 재학습을 수행합니다.

입력층과 목표층 바꿔보기

다음은 이전 예제의 입력층과 목표층을 바꿔 인공 신경망을 학습 시켜봅니다. 다음과 같이 2진수가
입력되면 해당되는 7 세그먼트의 켜지고 꺼져야 할 LED의 비트열을 출력합니다.

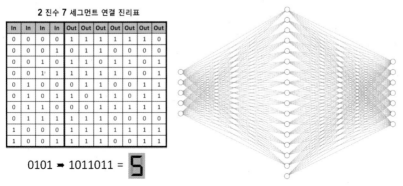

2 진수 7 세그먼트 연결 진리표

In	In	In	In	Out	Out	Out	Out	Out	Out	Out
0	0	0	0	1	1	1	1	1	1	0
0	0	0	1	0	1	1	0	0	0	0
0	0	1	0	1	1	0	1	1	0	1
0	0	1	1	1	1	1	1	0	0	1
0	1	0	0	0	1	1	0	0	1	1
0	1	0	1	1	0	1	1	0	1	1
0	1	1	0	0	0	1	1	1	1	1
0	1	1	1	1	1	1	0	0	0	0
1	0	0	0	1	1	1	1	1	1	1
1	0	0	1	1	1	1	0	0	1	1

0101 ➡ 1011011 = **5**

예를 들어, "숫자 5에 맞게 7 세그먼트 LED를 켜줘!" 하고 싶을 때, 사용할 수 있는 인공 신경망입니다.

01 다음과 같이 예제를 수정합니다.

_411_6.py

```
01 import torch
02 import torch.nn as nn
03 import torch.optim as optim
04 from _7seg_data_torch import X, YT
05
06 X, YT = YT, X
07
08 model=nn.Sequential(
09     nn.Linear(4,16),
10     nn.ReLU(),
11     nn.Linear(16,7),
12 # nn.Sigmoid()
13 )
14 print(model)
15~끝 # 이전 예제와 같습니다.
```

04 : _7seg_data_torch 모듈로부터 X, YT을 불러옵니다.
06 : YT, X를 X, YT로 변경합니다. 즉, 입력과 출력을 바꿔줍니다.
09 : 입력층 노드의 개수를 4로 바꿉니다.
11 : 출력층 노드의 개수를 7로 바꿉니다.

02 ▶ 예제를 실행합니다. 다음은 실행 결과 화면입니다.

```
Sequential(
  (0): Linear(in_features=4, out_features=16, bias=True)
  (1): ReLU()
  (2): Linear(in_features=16, out_features=7, bias=True)
)
```

```
9999 1.3042187121947713e-11
tensor([[  1.0000,     1.0000,     1.0000,     1.0000,     1.0000,     1.0000,    -0.0000],
        [ -0.0000,     1.0000,     1.0000,    -0.0000,     0.0000,    -0.0000,    -0.0000],
        [  1.0000,     1.0000,    -0.0000,     1.0000,     1.0000,    -0.0000,     1.0000],
        [  1.0000,     1.0000,     1.0000,     1.0000,     0.0000,    -0.0000,     1.0000],
        [ -0.0000,     1.0000,     1.0000,    -0.0000,    -0.0000,     1.0000,     1.0000],
        [  1.0000,     0.0000,     1.0000,    -0.0000,     0.0000,     1.0000,     1.0000],
        [ -0.0000,     0.0000,     1.0000,     1.0000,     1.0000,     1.0000,     1.0000],
        [  1.0000,     1.0000,     1.0000,     0.0000,     0.0000,    -0.0000,    -0.0000],
        [  1.0000,     1.0000,     1.0000,     1.0000,     1.0000,     1.0000,     1.0000],
        [  1.0000,     1.0000,     1.0000,     0.0000,     0.0000,     1.0000,     1.0000]])
```

01 _ 2 은닉층 늘려보기

여기서는 은닉층을 늘려 봅니다. 일반적으로 은닉층의 개수가 2개 이상일 때 심층 인공 신경망이라고 합니다. 데이터는 다음과 같이 원래 데이터를 사용합니다.

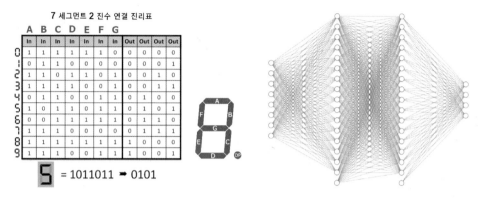

01 다음과 같이 예제를 수정합니다.

_412.py

```
01 import torch
02 import torch.nn as nn
03 import torch.optim as optim
04 from _7seg_data_torch import X, YT
05
06 model=nn.Sequential(
07     nn.Linear(7,16),
08     nn.ReLU(),
09     nn.Linear(16,16),
10     nn.ReLU(),
11     nn.Linear(16,4),
12     nn.Sigmoid()
13 )
14 print(model)
15~끝 # 이전 예제와 같습니다.
```

09 : 은닉층을 하나 더 늘립니다. 노드의 개수는 16으로 합니다.
12 : 출력층의 활성화 함수가 Sigmoid인 것을 확인합니다.

02 ⊙ 예제를 실행합니다. 다음은 실행 결과 화면입니다.

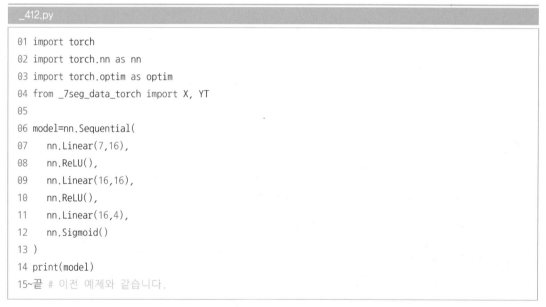

학습 시키고 모델 내보내기

다음은 인공 신경망을 준비하여 학습을 수행한 후, 수행 결과를 저장합니다.

01 다음과 같이 예제를 수정합니다. 이전 예제의 마지막에 다음과 같이 추가합니다.

```
_412_2.py

01~31 # 이전 예제와 같습니다.
32
33 torch.save(model, 'model_7seg.pth')
```

32 : torch.save 함수를 이용하여 학습된 인공 신경망을 'model_7seg.pth' 파일로 저장해 줍니다.

02 ▶ 예제를 실행합니다.

03 학습이 끝난 후, 다음과 같이 [pyLabs] 디렉터리에 [model_7seg.pth] 파일이 생성된 것을 확인합니다.

📄 model_7seg.pth

04 출력 결과도 확인합니다. 바로 다음 예제의 결과와 비교하여 같은 결과를 얻어야 합니다.

```
9999 4.841845111513976e-07
tensor([[    0.0012,      0.0007,      0.0011,      0.0008],
        [    0.0006,      0.0010,      0.0007,      0.9993],
        [    0.0008,      0.0000,      0.9994,      0.0002],
        [    0.0000,      0.0009,      0.9996,      0.9997],
        [    0.0010,      0.9990,      0.0007,      0.0006],
        [    0.0004,      0.9990,      0.0002,      0.9992],
        [    0.0000,      0.9998,      0.9991,      0.0000],
        [    0.0000,      0.9988,      0.9992,      1.0000],
        [    0.9986,      0.0000,      0.0000,      0.0004],
        [    0.9992,      0.0010,      0.0000,      0.9996]])
```

모델 불러와 예측하기 1

다음은 학습된 인공 신경망을 불러와 예측을 수행해 봅니다.

01 다음과 같이 예제를 작성합니다.

```
_412_3.py

01 import torch
02 from _7seg_data_torch import X
03
04 model = torch.load('model_7seg.pth')
05 print(model)
06
07 Y = model(X)
08 print(Y.data)
```

04 : torch.load 함수를 호출하여 학습된 모델을 불러옵니다.

05 : 모델을 출력합니다.

07 : 예측을 수행합니다.

08 : 예측 결과를 출력합니다.

02 ▶ 예제를 실행합니다. 다음은 실행 결과 화면입니다. 바로 전 예제 결과와 같습니다.

```
Sequential(
  (0): Linear(in_features=7, out_features=16, bias=True)
  (1): ReLU()
  (2): Linear(in_features=16, out_features=16, bias=True)
  (3): ReLU()
  (4): Linear(in_features=16, out_features=4, bias=True)
  (5): Sigmoid()
)
```

0, 2, 4 층은 (가중치+편향) 층이고, 1, 3, 5 층은 활성화 함수층입니다.

```
tensor([[  0.0012,     0.0007,     0.0011,     0.0008],
        [  0.0006,     0.0010,     0.0007,     0.9993],
        [  0.0008,     0.0000,     0.9994,     0.0002],
        [  0.0000,     0.0009,     0.9996,     0.9997],
        [  0.0010,     0.9990,     0.0007,     0.0006],
        [  0.0004,     0.9990,     0.0002,     0.9992],
        [  0.0000,     0.9998,     0.9991,     0.0000],
        [  0.0000,     0.9988,     0.9992,     1.0000],
        [  0.9986,     0.0000,     0.0000,     0.0004],
        [  0.9992,     0.0010,     0.0000,     0.9996]])
```

모델 불러와 예측하기 2

여기서는 1개 데이터에 대한 예측을 해 봅니다.

01 다음과 같이 예제를 수정합니다.

_412_4.py

```
01 import torch
02 from _7seg_data_torch import X
03
04 model = torch.load('model_7seg.pth')
05 print(model)
06
07 Y = model(X[:1])
08 print(Y.data)
```

07 : 입력을 X[:1]로 변경합니다. 이렇게 하면 X의 0번 항목으로만 구성된 텐서가 됩니다.

02 ▶ 예제를 실행합니다. 다음은 실행 결과 화면입니다.

```
Sequential(
  (0): Linear(in_features=7, out_features=16, bias=True)
  (1): ReLU()
  (2): Linear(in_features=16, out_features=16, bias=True)
  (3): ReLU()
  (4): Linear(in_features=16, out_features=4, bias=True)
  (5): Sigmoid()
)
```

```
tensor([[0.0012, 0.0007, 0.0011, 0.0008]])
```

모델 모양 살펴보기

여기서는 학습된 모델 모양을 살펴봅니다.

01 다음과 같이 예제를 수정합니다.

_412_5.py

```
01 import torch
02
03 model = torch.load('model_7seg.pth')
04
05 W1, b1 = model[0].weight.data, model[0].bias.data
06 W2, b2 = model[2].weight.data, model[2].bias.data
07 W3, b3 = model[4].weight.data, model[4].bias.data
08
09 print(W1.shape, b1.shape)
10 print(W2.shape, b2.shape)
11 print(W3.shape, b3.shape)
```

05 : model[0].weight.data, model[0].bias.data를 읽어와 각각 W1, b1에 할당합니다.
06 : model[2].weight.data, model[2].bias.data를 읽어와 각각 W2, b2에 할당합니다.
07 : model[4].weight.data, model[4].bias.data를 읽어와 각각 W3, b3에 할당합니다.
09 : print 함수를 호출하여 W1의 모양과 b1의 모양을 출력합니다.
10 : print 함수를 호출하여 W2의 모양과 b2의 모양을 출력합니다.
11 : print 함수를 호출하여 W3의 모양과 b3의 모양을 출력합니다.

02 ▶ 예제를 실행합니다. 다음은 실행 결과 화면입니다.

```
torch.Size([16, 7]) torch.Size([16])
torch.Size([16, 16]) torch.Size([16])
torch.Size([4, 16]) torch.Size([4])
```

모델 아두이노 스케치로 변환하기

다음은 학습된 모델을 아두이노 스케치에서 사용할 수 있도록 변환합니다.

01 다음과 같이 예제를 수정합니다.

_412_6.py

```
01 import torch
02
03 model = torch.load('model_7seg.pth')
04
05 W1, b1 = model[0].weight.data, model[0].bias.data
06 W2, b2 = model[2].weight.data, model[2].bias.data
07 W3, b3 = model[4].weight.data, model[4].bias.data
08
09 W1 = torch.transpose(W1, 0, 1)
10 W2 = torch.transpose(W2, 0, 1)
11 W3 = torch.transpose(W3, 0, 1)
12
```

```
13  names = [ " _W1 " , " _B1 " , " _W2 " , " _B2 " , " _W3 " , " _B3 " ]
14  arrays = [W1, b1, W2, b2, W3, b3]
15
16  # for ESP32 Arduino
17  for name, array in zip(names, arrays):
18      print( ' double %s[] = { ' %name)
19      print( ' , ' . ' .join([str(x) for x in array.flatten().tolist()]))
20      print( ' };\n ' )
```

09~11 : torch.transpose 함수를 호출하여 텐서를 전치해 줍니다. 전치는 행과 열을 바꾸는 것을 말하며 아두이노 스케치에서 사용하기 위한 변환 작업 중 하나입니다.

13 : names 변수를 선언한 후, 가중치와 편향의 이름으로 초기화합니다.

14 : arrays 변수를 선언한 후, 학습된 가중치와 편향으로 초기화합니다.

17 : zip 함수를 이용하여 names와 arrays의 각 항목을 튜플 형태로 묶은 후, 튜플의 각 항목을 name과 array로 받아서 18~20줄을 수행합니다.

18 : 실수 형의 배열 이름과 배열 기호를 출력합니다.

19 : array의 항목들을 문자열 배열로 만든 후, join 함수를 호출하여 쉼표(,)를 구분자로 하나의 문자열로 묶은 후, 출력합니다. flatten 함수를 이용하여 1차 텐서로 변경한 후, tolist 함수를 이용하여 리스트로 변경합니다.

20 : 중괄호와 반점을 출력합니다.

02 [도구]--[시스템 쉘 열기...] 메뉴를 선택합니다.

도구	도움말
패키지 관리...	
🖥 시스템 쉘 열기...	

03 다음과 같이 명령을 수행합니다.

`C:\Users\edu\Desktop\pyLabs>python _412_6.py`

04 다음은 출력결과입니다.

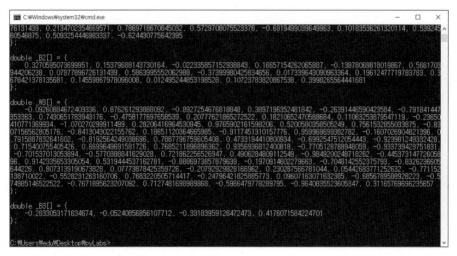

가중치와 편향 값이 C/C++ 배열 형태로 변경되었습니다. C/C++ 배열 형태로 변환된 가중치와 편향값은 바로 다음 단원의 아두이노 스케치에서 사용됩니다. 출력 결과를 복사합니다. 우스 왼쪽 버튼을 누른 채로 출력 결과 전체를 긁은 후, ctrl+c 버튼을 누르면 운영체제 내부 버퍼로 복사됩니다.

Eigen 행렬 라이브러리 설치하기

아두이노 환경에서는 Eigen 라이브러리를 이용하여 행렬 연산을 수행할 수 있습니다. 파이썬에서 행렬 연산을 지원하는 NumPy 라이브러리도 내부적으로는 Eigen 라이브러리를 사용합니다. 다음과 같은 순서로 Eigen 라이브러리를 설치합니다.

01 다음과 같이 아두이노 소프트웨어의 [스케치]--[라이브러리 포함하기]--[라이브러리 관리...] 메뉴를 선택합니다.

02 다음과 같이 [라이브러리 매니저] 창에서 [eigen]을 검색한 후, 설치해 줍니다.

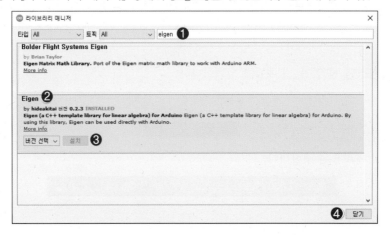

아두이노 DNN으로 예측해 보기

여기서는 아두이노 스케치로 변환된 모델을 이용하여 아두이노에서 예측을 수행해 봅니다. 다음은 아두이노 스케치에 미리 구성된 인공 신경망으로 앞에서 학습된 모델의 구조와 같은 형태입니다.

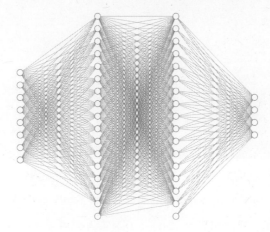

01 제공되는 소스에서 다음 예제를 엽니다.

dnn_predict_7seg   dnn_predict_7seg

02 예제가 열리면 model_data.cpp 파일을 열어 앞에서 복사한 가중치와 편향 값을 다음과 같이 덮어 씁니다. _W1에서 _B3까지 덮어씁니다.

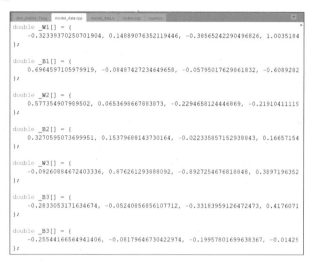

```
double _W1[] = {
    -0.32339370250701904, 0.14889076352119446, -0.38565242290496826, 1.0035184
};

double _B1[] = {
    0.6964597105979919, -0.08487427234649658, -0.05795017629861832, -0.6089282
};

double _W2[] = {
    0.577354907989502, 0.0653698667883873, -0.2294658124446869, -0.21910411119
};

double _B2[] = {
    0.3270595073699951, 0.15379688143730164, -0.022335857152938843, 0.16657154
};

double _W3[] = {
    -0.09260884672403336, 0.876261293888092, -0.8927254676818848, 0.3897196352
};

double _B3[] = {
    -0.2833053171634674, -0.05240856856107712, -0.33183959126472473, 0.4176071
};

double _B3[] = {
    -0.25544166564941406, -0.08179646730422974, -0.19957801699638367, -0.01429
};
```

03  업로드를 수행합니다.

04 [시리얼 모니터] 버튼을 클릭하고, 통신 속도를 115200으로 맞춰줍니다.

시리얼 모니터 🔍   새 줄 ∨   115200 보드레이트 ∨   출력 지우기

05 출력 결과를 확인합니다.

```
4713
0:[[0.0012, 0.0007, 0.0011, 0.0008]]
1:[[0.0006, 0.0010, 0.0007, 0.9993]]
2:[[0.0008, 0.0000, 0.9994, 0.0002]]
3:[[0.0000, 0.0009, 0.9996, 0.9997]]
4:[[0.0010, 0.9990, 0.0007, 0.0006]]
5:[[0.0004, 0.9990, 0.0002, 0.9992]]
6:[[0.0000, 0.9998, 0.9991, 0.0000]]
7:[[0.0000, 0.9988, 0.9992, 1.0000]]
8:[[0.9986, 0.0000, 0.0000, 0.0004]]
9:[[0.9992, 0.0010, 0.0000, 0.9996]]
```

_412_3.py 예제 출력 결과와 같은 것을 비교합니다.

```
tensor([[  0.0012,    0.0007,    0.0011,    0.0008],
        [  0.0006,    0.0010,    0.0007,    0.9993],
        [  0.0008,    0.0000,    0.9994,    0.0002],
        [  0.0000,    0.0009,    0.9996,    0.9997],
        [  0.0010,    0.9990,    0.0007,    0.0006],
        [  0.0004,    0.9990,    0.0002,    0.9992],
        [  0.0000,    0.9998,    0.9991,    0.0000],
        [  0.0000,    0.9988,    0.9992,    1.0000],
        [  0.9986,    0.0000,    0.0000,    0.0004],
        [  0.9992,    0.0010,    0.0000,    0.9996]])
```

아두이노 DNN 살펴보기

여기서는 아두이노 스케치로 변환된 모델을 이용하여 아두이노에서 예측을 수행해 봅니다. 다음은
아두이노 스케치에 미리 구성된 인공 신경망으로 앞에서 학습된 모델의 구조와 같은 형태입니다. 신
경망은 Eigen 행렬을 이용하여 구현하였습니다. Eigen 행렬에 대한 내용은 부록을 참고합니다. 다
음 소스에 대한 자세한 설명은 따로 하지 않습니다.

```
01 #include <iostream>
02 #include <ArduinoEigen.h>
03 #include "mydnn.h"
04 #include "model_data.h"
05
06 using namespace std;
07 using namespace Eigen;
08
09 IOFormat HeavyFmt(StreamPrecision, 0, ", ", ",\n", "[", "]", "[", "]");
10
11 const int NUM_PATTERN = 10;
12 const int NUM_X = 7;
13 const int NUM_H = 16;
14 const int NUM_M = 16;
15 const int NUM_Y = 4;
16
17 double xs[NUM_PATTERN][NUM_X] = {
18     { 1, 1, 1, 1, 1, 1, 0 }, // 0
19     { 0, 1, 1, 0, 0, 0, 0 }, // 1
20     { 1, 1, 0, 1, 1, 0, 1 }, // 2
21     { 1, 1, 1, 1, 0, 0, 1 }, // 3
22     { 0, 1, 1, 0, 0, 1, 1 }, // 4
23     { 1, 0, 1, 1, 0, 1, 1 }, // 5
24     { 0, 0, 1, 1, 1, 1, 1 }, // 6
25     { 1, 1, 1, 0, 0, 0, 0 }, // 7
26     { 1, 1, 1, 1, 1, 1, 1 }, // 8
27     { 1, 1, 1, 0, 0, 1, 1 } // 9
28 };
29 double ys[NUM_PATTERN][NUM_Y];
30
31 MatrixXd X, H, M, Y;
32 MatrixXd WH(NUM_X, NUM_H), BH(1, NUM_H);
33 MatrixXd WM(NUM_H, NUM_M), BM(1, NUM_M);
34 MatrixXd WY(NUM_M, NUM_Y), BY(1, NUM_Y);
35
36 void dnn_test() {
37
38     WH = Map<Matrix<double,NUM_X,NUM_H,RowMajor>>(_W1);
39     BH = Map<MatrixXd>(_B1, 1, NUM_H);
40     WM = Map<Matrix<double,NUM_H,NUM_M,RowMajor>>(_W2);
41     BM = Map<MatrixXd>(_B2, 1, NUM_M);
42     WY = Map<Matrix<double,NUM_M,NUM_Y,RowMajor>>(_W3);
```

```
43    BY = Map<MatrixXd>(_B3, 1, NUM_Y);
44
45    long start = micros();
46    for(int pc=0;pc<NUM_PATTERN;pc++) {
47
48        X = Map<MatrixXd>(xs[pc], 1, NUM_X);
49
50        relu_f(H = X*WH + BH);
51        relu_f(M = H*WM + BM);
52        sigmoid_f(Y = M*WY + BY);
53
54        Map<MatrixXd>(ys[pc], 1, NUM_Y) = Y;
55
56    }
57    long end = micros();
58    Serial.println(end-start);
59
60    cout << fixed;
61    cout.precision(4);
62
63    for(int pc=0;pc<NUM_PATTERN;pc++) {
64        Y = Map<MatrixXd>(ys[pc], 1, NUM_Y);
65        cout << pc << " : " << Y.format(HeavyFmt) << endl;
66    }
67
68 }
69
70 void setup() {
71
72    Serial.begin(115200);
73    delay(1000);
74
75    dnn_test();
76
77 }
78
79 void loop() {}
```

38, 40, 42 : Map 클래스를 이용하여 model_data.cpp 파일에 있는 _W1, _W2, _W3 배열의 값을 WH, WM, WY 행렬로 복사합니다.

39, 41, 43 : Map 클래스를 이용하여 model_data.cpp 파일에 있는 _B1, _B2, _B3 배열의 값을 BH, BM, BY 행렬로 복사합니다.

48　　　　 : Map 클래스를 이용하여 xs[pc] 배열의 값을 X 행렬로 복사합니다.

50~52　　 : 순전파를 수행합니다. 예측값은 Y에 저장됩니다.

54　　　　 : Map 클래스를 이용하여 Y 행렬의 노드값을 ys[pc] 배열로 복사합니다.

02 DNN 드론 프로젝트

여기서는 PID 함수를 DNN을 이용하여 학습시켜 DPidNN 신경망 함수를 만든 후, DPidNN 신경망 함수를 이용하여 드론을 자율 비행시켜 봅니다.

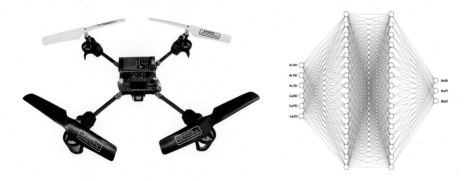

02 _ 1 PID 데이터 수집하기

여기서는 DNN에 사용할 학습 데이터를 수집합니다. PID 함수 기반으로 중심을 잡는 드론으로부터 가속도 자이로 센서 데이터와 Roll, Pitch, Yaw의 균형 데이터를 수집합니다. 가속도 자이로 센서 데이터는 DNN의 입력 데이터가 되며, 균형 데이터는 목표 데이터가 됩니다.

01 제공되는 소스에서 [drone_std_auto_data_collection] 예제를 엽니다.

drone_std_auto_data_collection   drone_std_auto_data_collection.ino

02 ✓ ➡ ▯ ⬆ ⬇ 업로드 업로드를 수행합니다.

03 드론을 USB에서 분리한 후 평평한 바닥에 내려놓습니다.

04 드론 전원을 껐다가 켜 줍니다.

05 2초 정도 기다렸다가 ❷ BOOT 버튼을 눌러 드론이 자율 비행을 수행하는 것을 확인합니다. 드론이 멈출 때까지 기다립니다. 약 8초 정도 데이터를 수집한 후, 드론은 멈춥니다.

※ 강당과 같은 넓은 공간에서 데이터를 수집합니다.

06 드론이 멈추면 드론의 전원을 켠 채로 드론의 USB를 컴퓨터와 연결합니다.

07 [시리얼 모니터] 버튼을 클릭하고, 통신 속도를 115200으로 맞춰줍니다.

08 다음과 같이 시리얼 모니터 입력창에 p를 입력한 후, 엔터키를 누릅니다.

09 그러면 다음과 같이 수집한 데이터의 파이썬 코드를 출력합니다.

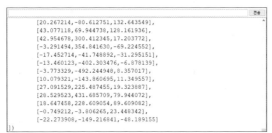

```
    [20.267214,-80.612751,132.643549],
    [43.077118,69.944738,128.161936],
    [42.954678,300.412345,17.203772],
    [-3.291494,354.841630,-69.224552],
    [-17.452714,-41.748892,-31.295151],
    [-13.460123,-402.303476,-6.878139],
    [-3.773329,-492.244948,8.357017],
    [10.079321,-143.860695,11.349557],
    [27.091529,225.487455,19.323887],
    [28.529523,431.685709,79.944072],
    [18.647458,228.609054,89.609082],
    [-0.749212,-3.806265,23.448342],
    [-22.273908,-149.216841,-48.189155]
]}
```

※ 정상적으로 출력이 되지 않을 경우에는 시리얼 모니터 창을 끈 후, 다시 띄운 후, 7번의 동작을 수행합니다.

10 출력된 소스를 전체 선택합니다. 시리얼 모니터 출력창을 마우스 선택한 후, [ctrl+a] 키를 누르면 전체 선택이 됩니다. 전체 선택이 된 후에는 ctrl+c 키를 누릅니다. 그러면 시리얼 모니터의 출력 내용이 컴퓨터 내부 메모리로 복사됩니다.

11 다음과 같이 mydata.py 파일을 pyLabs 디렉터리에 생성한 후에 Ctrl + V 키를 눌러 복사한 후 저장해 줍니다. 편집기는 독자 여러분이 사용하기 편한 것으로 사용합니다. 이 책에서 사용한 편집기는 notepad++입니다.

```
5582        [12.958098,-313.521623,49.473284],
5583        [-33.163848,-218.466578,64.710999],
5584        [8.680481,49.710055,107.484697],
5585        [56.271012,377.837838,71.367191],
5586        [27.159430,443.280719,19.463979],
5587        [-27.027597,167.996235,15.802687],
5588        [-24.674273,-223.871284,34.136719],
5589        [26.469737,-317.687177,8.303203],
5590        [70.958522,-130.570218,-19.317535],
5591        [55.261276,52.915223,-26.240118],
5592        [19.551210,16.746152,17.916570],
5593        [20.267214,-80.612751,132.643549],
5594        [43.077118,69.944738,128.161936],
5595        [42.954678,300.412345,17.203772],
5596        [-3.291494,354.841630,-69.224552],
5597        [-17.452714,-41.748892,-31.295151],
5598        [-13.460123,-402.303476,-6.878139],
5599        [-3.773329,-492.244948,8.357017],
5600        [10.079321,-143.860695,11.349557],
5601        [27.091529,225.487455,19.323887],
5602        [28.529523,431.685709,79.944072],
5603        [18.647458,228.609054,89.609082],
5604        [-0.749212,-3.806265,23.448342],
5605        [-22.273908,-149.216841,-48.189155]
5606   ])
```

※ 이 소스는 바로 다음에 나오는 [02 PyTorch로 PID 학습시키기] 단원에서 PyTorch를 이용한 인공신경망 학습에 사용됩니다.

아두이노 DNN 살펴보기
여기서는 아두이노 스케치로 변환된 모델을 이용하여 아두이노에서 예측을 수행해 봅니다. 다음은 아두이노 스케치에 미리 구성된 인공 신경망으로 앞에서 학습된 모델의 구조와 같은 형태입니다.

01 auto_aviation 파일의 내용을 확인합니다.

auto_aviation
18 int data_sampling_en = 0; 19 int data_streaming_en = 0;

18 : data_sampling_en 변수를 선언하고 0으로 초기화합니다. data_sampling_en 변수는 데이터 수집 활성화 변수입니다. data_sampling_en 변수를 1로 설정하면 데이터 수집을 시작합니다.

19 : data_streaming_en 변수를 선언하고 0으로 초기화합니다. data_streaming_en 변수는 수집된 데이터를 PC로 출력할 때 사용하는 변수입니다. data_streaming_en 변수를 1로 설정하면 수집된 데이터를 PC로 내보낼 수 있습니다.

```
22    pinMode(0, INPUT);
23
24    while(true) {
25        int pinState = digitalRead(0);
26        if(pinState == LOW) break;
27    }
```

22 : pinMode 함수를 호출하여 GPIO0 번 핀을 INPUT으로 설정합니다.
24~27 : 계속해서 GPIO0 번 핀 값을 읽어 버튼이 눌리면 29줄로 이동합니다.

```
29    data_sampling_en = 1;
```

29 : data_sampling_en 변수를 1로 설정하여 데이터 수집을 시작합니다.

```
48    data_sampling_en = 0;
```

48 : data_sampling_en 변수를 0으로 설정하여 데이터 수집을 멈춥니다.

```
50    data_sampling_en = 1;
```

50 : data_streaming_en 변수를 1로 설정하여 수집된 데이터를 PC로 내보낼 수 있도록 합니다.

02 drone_control 파일의 내용을 확인합니다.

drone_control

```
014 const int SAMPLE_COUNT = 2800;
015 const int INPUT_NODES = 6;
016 const int OUTPUT_NODES = 3;
017
018 int16_t (* input)[INPUT_NODES] = NULL;
019 double (* target)[OUTPUT_NODES] = NULL;
```

014 : SAMPLE_COUNT 상수는 수집할 데이터의 개수입니다. 이 예제에서는 2800개의 데이터를 수집합니다.
015 : INPUT_NODES 상수는 수집할 가속도 자이로 센서 데이터의 입력 노드의 개수입니다. 이 예제에서는 가속도 3축, 자이로 3축 데이터가 입력값이 됩니다. DNN 학습시 1회에 6개의 데이터가 입력됩니다.
016 : OUTPUT_NODES 상수는 수집할 균형 데이터의 출력 노드의 개수입니다. 이 예제에서는 Roll, Pitch, Yaw가 출력값이 됩니다.
018 : input은 수집할 가속도 자이로 센서 데이터를 저장할 공간의 포인터 변수입니다.
019 : target은 수집할 균형 데이터를 저장할 공간의 포인터 변수입니다.

```
046    input = (int16_t (*)[INPUT_NODES])
047        malloc(sizeof(int16_t)*INPUT_NODES*SAMPLE_COUNT);
048    target = (double (*)[OUTPUT_NODES])
049        malloc(sizeof(double)*OUTPUT_NODES*SAMPLE_COUNT);
```

046~047 : malloc 함수를 호출하여 가속도 자이로 센서 데이터를 저장할 메모리를 할당합니다.
048~049 : malloc 함수를 호출하여 균형 데이터를 저장할 메모리를 할당합니다.

```
166    extern int data_sampling_en;
167    static int i = 0;
168
169    if(data_sampling_en == 1 && i<SAMPLE_COUNT) {
170        // 입력 데이터 수집
171        input[i][0] = AcX;
172        input[i][1] = AcY;
173        input[i][2] = AcZ;
174        input[i][3] = GyX;
175        input[i][4] = GyY;
176        input[i][5] = GyZ;
177
178        // 목표 데이터 수집
179        target[i][0] = BalX;// 라벨 시작
180        target[i][1] = BalY;
181        target[i][2] = BalZ; // 라벨 끝
182
183        i++;
184    }
```

166   : 외부에 data_sampling_en 변수가 선언되었다고 컴파일러에 알려줍니다.
169   : data_sampling_en 값이 1이고 i값이 SAMPLE_COUNT 값보다 작으면 170~183줄을 수행합니다.
171~176 : 가속도 자이로 센서 데이터를 저장합니다.
179~181 : 균형 데이터를 저장합니다.

```
186    extern int data_streaming_en;
187        if(data_streaming_en == 1) {
188            if(Serial.available()>0) {
189                char userInput = Serial.read();
190                if(userInput == 'p') {
191                    // python code
192                    printf("import torch\n\n");
193                    printf("I = torch.FloatTensor([\n");
194                    int i;
195                    for(i=0;i<SAMPLE_COUNT-1;i++) {
```

```
196                    printf( " \t[%d,%d,%d,%d,%d,%d],\n " ,
197                        input[i][0], input[i][1], input[i][2],
198                        input[i][3], input[i][4], input[i][5]);
199                    }
200                    printf( " \t[%d,%d,%d,%d,%d,%d]\n " ,
201                        input[i][0], input[i][1],
202                        input[i][2], input[i][3],
203                        input[i][4], input[i][5]);
204                    printf( " ])\n " );
205
206                    printf( " T = torch.FloatTensor([\n " );
207                    for(i=0;i<SAMPLE_COUNT-1;i++) {
208                        printf( " \t[%f,%f,%f],\n " ,
209                            target[i][0], target[i][1], target[i][2]);
210                    }
211                    printf( " \t[%f,%f,%f]\n " ,
212                        target[i][0], target[i][1], target[i][2]);
213                    printf( " ])\n " );
214                }
215            }
216    }
```

186　　　: 외부에 data_streaming_en 변수가 선언되었다고 컴파일러에 알려줍니다.

187　　　: data_streaming_en값이 1이면 188~216줄을 수행하여 수집된 데이터를 시리얼 모니터로 내보냅니다.

188　　　: 시리얼 입력 데이터가 있으면 189~215줄을 수행합니다.

189　　　: Serial.read 함수를 호출하여 시리얼 입력 데이터를 userInput 변수로 가져옵니다.

190　　　: 사용자 입력이 p문자이면 192~214줄을 수행합니다. 이 부분은 파이썬 코드를 생성하는 부분으로 입력 데이터와 목표 데이터에 대한 파이썬 코드를 생성합니다. 여기서 생성한 파이썬 코드는 다음 단원에서 PyTorch를 이용하여 학습을 수행할 때 사용합니다.

194~204 : 입력 데이터에 대한 파이썬 코드를 생성합니다.

206~213 : 목표 데이터에 대한 파이썬 코드를 생성합니다.

02 _ 2 PyTorch로 PID 학습시키기

다음은 PC에서 PyTorch를 이용하여 학습을 수행합니다. 학습된 가중치는 C/C++ 코드로 변환되어 아두이노로 전달되어 예측에 사용됩니다. 사용할 신경망은 다음과 같습니다.

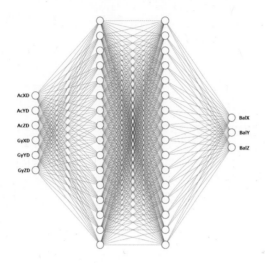

입력 층은 6개의 노드로 구성되며 가속도 자이로 센서 값을 나타냅니다. 출력 층은 3개의 노드로 구성되며 Roll, Pitch, Yaw에 대한 균형값을 나타냅니다. 은닉 층은 2개로 구성되며, 각각의 은닉 층은 16개의 노드로 구성됩니다.

수집된 PID 데이터 확인하기

먼저 이전 단원에서 수집한 데이터를 확인해 봅니다.

01 다음과 같이 예제를 작성합니다.

_422.py

```
01 from mydata import I, T
02
03 x_data, y_data = I, T
04 x_data = x_data/32768
05 print(x_data.shape, y_data.shape)
```

01 : mydata 모듈로부터 I, T 변수를 불러옵니다.
03 : x_data, y_data 변수를 선언한 후, I, T 값으로 초기화합니다.
04 : x_data 값을 32768으로 나누어 −1.0~1.0 사이의 값이 되도록 합니다.
05 : x_data, y_data의 모양을 출력합니다.

02 ▶ 예제를 실행합니다. 다음은 실행 결과 화면입니다.

```
torch.Size([2800, 6]) torch.Size([2800, 3])
```

x_data의 모양은 2차원 배열입니다. 데이터의 개수는 2800개이며 1개의 데이터는 6개의 값을 갖습니다. y_data의 모양은 2차원 배열입니다. 데이터의 개수는 2800개이며 1개의 데이터는 3개의 값을 갖습니다.

DataLoader 적용하기

여기서는 읽어온 데이터세트를 DataLoader 객체에 넘겨줍니다. DataLoader는 torch.utils.data 모듈에 있는 객체로 데이터세트를 섞어서 작은 묶음으로 나누어주는 역할을 합니다. 이 작은 묶음을 미니배치라고 합니다. 이 미니배치를 인공 신경망 학습 시 차례대로 넘겨줍니다.

01 다음과 같이 예제를 수정합니다.

_422_2.py

```python
01 from torch.utils.data import DataLoader
02 from mydata import I, T
03
04 x_data, y_data = I, T
05 x_data = x_data/32768
06
07 xy_data = [*zip(x_data, y_data)]
08
09 NUM_SAMPLES = len(xy_data)
10 NUM_SPLIT = int(0.8*NUM_SAMPLES)
11 train_data, test_data = xy_data[:NUM_SPLIT], xy_data[NUM_SPLIT:]
12 print(len(train_data), len(test_data))
13
14 train_loader = DataLoader(
15     train_data,
16     batch_size=32,
17     shuffle=True)
18 test_loader = DataLoader(
19     test_data,
20     batch_size=32,
21     shuffle=True)
22 sensor, balance = next(iter(train_loader))
23 print(sensor.shape, balance.shape)
```

01 : torch.utils.data 모듈로부터 DataLoader를 불러옵니다. DataLoader는 입력받은 데이터세트를 for문에서 미니배치로 잘라서 내어주고, 매 회기마다 데이터를 섞어주는 역할을 합니다.

07 : zip 내장 함수를 호출하여 x_data, y_data 데이터를 순서대로 엮어 리스트로 만든 후, xy_data에 할당합니다.

09 : xy_data 항목의 개수 값을 NUM_SAMPLES 변수에 할당합니다. 여기서는 2800입니다.

10   : NUM_SPLIT 변수를 선언한 후, NUM_SAMPLES값의 0.8배에 해당하는 정수값을 할당합니다. 여기서는 2240이 됩니다. NUM_SPLIT 변수는 x_train 데이터를 학습용 데이터와 시험용 데이터를 나누는 기준이 됩니다. 이 예제에서는 전체 데이터에 대해 학습용 데이터로 80%, 시험용 데이터로 20%를 사용하게 됩니다.

11   : xy_data 데이터를 NUM_SPLIT 값을 기준으로 train_data, test_data로 나눕니다.

12   : train_data, test_data의 모양을 출력합니다.

14~17 : DataLoader 객체를 생성합니다. 여기서 DataLoader 객체는 훈련용 데이터를 받아 32개의 미니배치로 자르고 매 회기마다 데이터를 섞어줍니다. 데이터를 섞어주면 인공 신경망 훈련 시 과적합을 막아줍니다. 과적합은 훈련용 데이터에만 정확성이 높아지는 형태로 인공지능이 학습되는 현상을 말합니다.

18~21 : 시험용 데이터를 받는 DataLoader 객체를 생성합니다.

22   : 미니배치 샘플 하나를 뽑아봅니다. iter 함수를 호출하여 train_loader의 iterator 객체를 얻어온 후, next 함수를 호출하여 iterator 객체가 내어주는 항목을 하나 얻어옵니다.

23   : sensor와 balance의 모양을 출력합니다.

02 ▶ 예제를 실행합니다. 다음은 실행 결과 화면입니다.

```
2240 560
torch.Size([32, 6]) torch.Size([32, 3])
```

첫 번째 줄 출력 결과는 train_data와 test_data의 개수입니다. 두 번째 출력 결과는 DataLoader 객체에서 얻어온 미니배치 데이터의 크기입니다.

인공 신경망 구성하기

여기서는 다음과 같이 인공 신경망을 구성합니다.

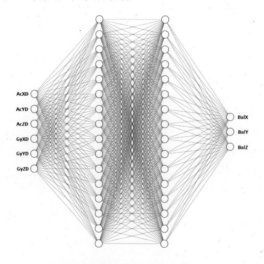

6개의 센서 데이터 입력을 받아 3개의 균형값 출력을 학습하는 인공 신경망입니다.

01 다음과 같이 예제를 수정합니다.

_422_3.py

```
01 import torch.nn as nn
02 from torch.utils.data import DataLoader
03 from mydata import I, T
04
05 x_data, y_data = I, T
06 x_data = x_data/32768
07
08 xy_data = [*zip(x_data, y_data)]
09
10 NUM_SAMPLES = len(xy_data)
11 NUM_SPLIT = int(0.8*NUM_SAMPLES)
12 train_data, test_data = xy_data[:NUM_SPLIT], xy_data[NUM_SPLIT:]
13
14 train_loader = DataLoader(
15     train_data,
16     batch_size=32,
17     shuffle=True)
18 test_loader = DataLoader(
19     test_data,
20     batch_size=32,
21     shuffle=True)
22
23 model=nn.Sequential(
24     nn.Linear(6,16),
25     nn.ReLU(),
26     nn.Linear(16,16),
27     nn.ReLU(),
28     nn.Linear(16,3)
29 )
30 print(model)
```

01　　　 : torch.nn 라이브러리를 nn으로 불러옵니다.
23~29 : 인공 신경망을 구성합니다.
30　　　 : model을 출력합니다.

02 ◉ 예제를 실행합니다. 다음은 실행 결과 화면입니다.

```
Sequential(
  (0): Linear(in_features=6, out_features=16, bias=True)
  (1): ReLU()
  (2): Linear(in_features=16, out_features=16, bias=True)
  (3): ReLU()
  (4): Linear(in_features=16, out_features=3, bias=True)
)
```

인공 신경망 학습하기

여기서는 인공 신경망 학습 함수를 정의한 후, 인공 신경망을 학습시켜 봅니다.

01 다음과 같이 예제를 수정합니다.

_422_4.py

```
01 import torch.nn as nn
02 import torch.optim as optim
03 from torch.utils.data import DataLoader
04 from mydata import I, T
05
06 x_data, y_data = I, T
07 x_data = x_data/32768
08
09 xy_data = [*zip(x_data, y_data)]
10
11 NUM_SAMPLES = len(xy_data)
12 NUM_SPLIT = int(0.8*NUM_SAMPLES)
13 train_data, test_data = xy_data[:NUM_SPLIT], xy_data[NUM_SPLIT:]
14
15 train_loader = DataLoader(
16     train_data,
17     batch_size=32,
18     shuffle=True)
19 test_loader = DataLoader(
20     test_data,
21     batch_size=32,
22     shuffle=True)
23
24 model=nn.Sequential(
25     nn.Linear(6,16),
26     nn.ReLU(),
27     nn.Linear(16,16),
28     nn.ReLU(),
29     nn.Linear(16,3)
30 )
31
32 loss_fn = nn.MSELoss()
33 optimizer = optim.Adam(model.parameters(), lr=0.001)
34
35 def model_fit(model, loss_fn, optimizer, data_loader):
36     sum_loss = 0
37     for sensor, balance in data_loader:
38         pred = model(sensor) # 1공식, 순전파
39         loss = loss_fn(pred, balance) # 2공식, 오차계산
40         optimizer.zero_grad()
```

```
41          loss.backward() # 6공식, 오차역전파
42          optimizer.step() # 7공식, 학습
43
44          sum_loss += loss.item()*sensor.size(0)
45
46      avg_loss = sum_loss/len(data_loader.dataset)
47      return avg_loss
48
49  for epoch in range(600):
50      train_loss = model_fit(
51          model, loss_fn, optimizer, train_loader)
52      if epoch<5 or epoch%10==9:
53          print(f'epoch {epoch+1:02d}, loss: {train_loss:.5f}')
```

02   : torch.optim 모듈을 optim으로 불러옵니다.

32   : 오차 함수를 설정합니다. MSELoss 객체를 사용합니다.

33   : 최적화 함수를 설정합니다. Adam 객체를 사용합니다. 학습률은 0.001로 설정합니다.

35~47 : model_fit 함수를 정의합니다. model_fit 함수는 인공 신경망 학습 함수입니다.

36   : sum_loss 변수를 선언한 후, 0으로 초기화합니다.

37~44 : data_loader로부터 sensor, balance 데이터를 가져와 인공 신경망 학습을 진행합니다. sensor, balance은 17줄
            에서 설정된 32개의 데이터로 구성됩니다. 즉, 32개의 이미지와 32개의 라벨이 학습에 사용됩니다.

38   : 예측 값의 최대 항목 위치 값을 얻어와 pred 변수에 할당합니다.

44   : loss.item()은 32개의 입력 데이터의 평균 오차를 내어주기 때문에 sensor 개수인 32만큼 곱해서 sum_loss에 더
            해줍니다.

46   : sum_loss는 학습용 데이터 22400에 대한 오차 합이고 len(data_loader.dataset)은 22400이 되어 avg_loss는 2240
            개 데이터에 대한 평균 오차가 됩니다.

47   : 평균 오차값을 내어줍니다.

49~53 : 학습을 600회 수행합니다.

50~51 : model_fit 함수를 호출하여 인공 신경망을 학습시킵니다.

53~54 : 초기 5회 학습 결과와 매 10번마다의 학습 결과를 출력합니다.

02 ◉ 예제를 실행합니다. 다음은 실행 결과 화면입니다.

```
epoch 01, loss: 20023.72996
epoch 02, loss: 19995.74609
epoch 03, loss: 19890.83150
epoch 04, loss: 19541.87888
epoch 05, loss: 18791.96966
epoch 10, loss: 11630.95190
epoch 20, loss: 4074.22065
epoch 30, loss: 1832.78563
epoch 40, loss: 1700.36268
epoch 50, loss: 1646.37777
```

최초 학습 시 오차는 2만 정도이고 마지막 학습에는 오차가 113정도로 줄어드는 것을 확인합니다.

학습된 인공 신경망 평가하기

여기서는 인공 신경망 평가 함수를 정의한 후, 학습된 인공 신경망을 평가해 봅니다.

01 다음과 같이 예제를 수정합니다.

_422_5.py

```
01 import torch
02 import torch.nn as nn
03 import torch.optim as optim
04 from torch.utils.data import DataLoader
05 from mydata import I, T
06
07 x_data, y_data = I, T
08 x_data = x_data/32768
09
10 xy_data = [*zip(x_data, y_data)]
11
12 NUM_SAMPLES = len(xy_data)
13 NUM_SPLIT = int(0.8*NUM_SAMPLES)
14 train_data, test_data = xy_data[:NUM_SPLIT], xy_data[NUM_SPLIT:]
15
16 train_loader = DataLoader(
17     train_data,
18     batch_size=32,
19     shuffle=True)
20 test_loader = DataLoader(
21     test_data,
22     batch_size=32,
23     shuffle=True)
24
25 model=nn.Sequential(
26     nn.Linear(6,16),
27     nn.ReLU(),
28     nn.Linear(16,16),
29     nn.ReLU(),
30     nn.Linear(16,3)
31 )
32
33 loss_fn = nn.MSELoss()
34 optimizer = optim.Adam(model.parameters(), lr=0.001)
35
36 def model_fit(model, loss_fn, optimizer, data_loader):
37     sum_loss = 0
38     for sensor, balance in data_loader:
39         pred = model(sensor) # 1공식, 순전파
40         loss = loss_fn(pred, balance) # 2공식, 오차계산
41         optimizer.zero_grad()
42         loss.backward() # 6공식, 오차역전파
43         optimizer.step() # 7공식, 학습
44
```

```
45        sum_loss += loss.item()*sensor.size(0)
46
47    avg_loss = sum_loss/len(data_loader.dataset)
48    return avg_loss
49
50 def model_evaluate(model, loss_fn, data_loader):
51    with torch.no_grad():
52        sum_loss = 0
53        for sensor, balance in data_loader:
54            pred = model(sensor)
55            loss = loss_fn(pred, balance)
56
57            sum_loss += loss.item()*sensor.size(0)
58
59    avg_loss = sum_loss/len(data_loader.dataset)
60    return avg_loss
61
62 for epoch in range(600):
63    train_loss = model_fit(
64        model, loss_fn, optimizer, train_loader)
65    valid_loss = model_evaluate(
66        model, loss_fn, test_loader)
67    if epoch<5 or epoch%10==9:
68        print(f'epoch {epoch+1:02d}, loss: {train_loss:.5f}',end=' ')
69        print(f', vloss: {valid_loss:.5f}')
70
71 torch.save(model, 'model_pid.pth')
```

01   : torch 라이브러리를 불러옵니다.

50~60 : model_evaluate 함수를 정의합니다. model_evaluate 함수는 인공 신경망 평가 함수입니다.

51   : torch.no_grad 객체를 생성하여 52~57줄 수행 시 역전파 계산을 비활성화합니다. 인공 신경망 학습이 끝나면
        역전파 계산을 수행하지 않습니다.

52   : sum_loss 변수를 선언한 후, 0으로 초기화합니다.

65~66 : model_evaluate 함수를 호출하여 학습된 인공 신경망을 평가합니다.

69   : 평가 결과를 출력합니다.

71   : 학습된 모델을 model_pid.pth 파일로 저장합니다.

02 ▶ 예제를 실행합니다. 다음은 실행 결과 화면입니다.

```
epoch 01, loss: 20023.17755, vloss: 27266.09559
epoch 02, loss: 19986.24866, vloss: 27147.37003
epoch 03, loss: 19820.23728, vloss: 26723.28477
epoch 04, loss: 19364.69396, vloss: 25820.97143
epoch 05, loss: 18572.58922, vloss: 24473.02386
epoch 10, loss: 13046.57958, vloss: 16904.00564
epoch 20, loss: 6018.59272, vloss: 7664.34523
epoch 30, loss: 2111.63700, vloss: 2865.75173
epoch 40, loss: 1759.87321, vloss: 2407.33650
epoch 50, loss: 1676.49201, vloss: 2284.00270
```

```
epoch 560, loss: 114.07820, vloss: 139.96501
epoch 570, loss: 112.90734, vloss: 138.57634
epoch 580, loss: 113.86320, vloss: 137.14210
epoch 590, loss: 112.28332, vloss: 138.44882
epoch 600, loss: 113.19650, vloss: 131.78846
```

학습이 끝난 후, model_pid.pth 파일이 생성된 것을 확인합니다.

📄 model_pid.pth

학습된 인공 신경망 불러와 예측하기

여기서는 학습된 인공 신경망을 불러와 예측을 수행해 봅니다.

01 다음과 같이 예제를 수정합니다.

```
_422_6.py

01 import torch
02 from mydata import I, T
03
04 x_data, y_data = I, T
05 x_data = x_data/32768
06
07 xy_data = [*zip(x_data, y_data)]
08
09 NUM_SAMPLES = len(xy_data)
10 NUM_SPLIT = int(0.8*NUM_SAMPLES)
11 train_data, test_data = xy_data[:NUM_SPLIT], xy_data[NUM_SPLIT:]
12
13 model = torch.load('model_pid.pth')
14
15 sensor, balance = test_data[-1]
16 pred = model(sensor)
17 print('sensor : ', sensor)
18 print('pred : ', pred.data)
19 print('balance : ', balance)
20
21 print("double x_test[] = { ")
22 print(" ", ", ".join([str(x) for x in sensor.flatten().tolist()]))
23 print("};\n")
```

13 : torch.load 함수를 호출하여 저장된 인공 신경망 모델을 불러옵니다.

15 : test_data 맨 마지막 항목을 가져와 sensor, balance 변수에 할당합니다.

16 : 예측을 수행합니다.

17 : sensor 항목값을 출력해 봅니다.

18 : pred.data 항목값을 출력해 봅니다. pred.data은 sensor 입력값에 대한 예측값입니다.

19 : balance 항목값을 출력해 봅니다. balance은 sensor 입력값에 대한 목표값입니다.

21~23 : 이 부분은 뒤에 오는 아두이노 예제에서 DNN의 예측 테스트를 위해 sensor 입력값을 실수 배열 형태로 출력합니다.

02 ▶ 예제를 실행합니다. 다음은 실행 결과 화면입니다.

```
sensor : tensor([ 1.0000,  0.0421, -0.4611,  0.0346,  0.1415,  0.0568])
pred   : tensor([ -27.1296, -138.3274,  -56.3430])
balance : tensor([ -22.2739, -149.2168,  -48.1892])
double x_test[] = {
    0.999969482421875, 0.0421142578125, -0.4610595703125, 0.03460693359375,
0.14154052734375, 0.05682373046875
};
```

sensor는 입력값입니다. pred는 sensor에 대한 예측값입니다. balance는 sensor에 대한 실제 목표 값입니다. pred와 balance의 값의 차가 작을수록 잘 된 예측입니다. x_test 배열은 뒤에 올 아두이노 예제에서 사용할 sensor의 실제 값입니다.

03 출력 결과를 따로 저장해 둡니다. 뒤에서 사용합니다.

```
sensor : tensor([ 1.0000,  0.0421, -0.4611,  0.0346,  0.1415,  0.0568])
pred   : tensor([ -27.1296, -138.3274,  -56.3430])
balance : tensor([ -22.2739, -149.2168,  -48.1892])
double x_test[] = {
    0.999969482421875, 0.0421142578125, -0.4610595703125, 0.03460693359375, 0.14154052734375,
0.05682373046875
```

학습된 가중치와 편향 내보내기

다음은 학습된 가중치를 C/C++ 언어 형태로 변환하여 아두이노 스케치에서 사용할 수 있도록 합니다.

01 다음과 같이 예제를 수정합니다.

_422_7.py

```
01 import torch
02
03 model = torch.load('model_pid.pth')
04
05 W1, b1 = model[0].weight.data, model[0].bias.data
06 W2, b2 = model[2].weight.data, model[2].bias.data
07 W3, b3 = model[4].weight.data, model[4].bias.data
08
09 print(W1.shape, b1.shape)
10 print(W2.shape, b2.shape)
11 print(W3.shape, b3.shape)
12
13 W1 = torch.transpose(W1, 0, 1)
14 W2 = torch.transpose(W2, 0, 1)
15 W3 = torch.transpose(W3, 0, 1)
16
17 names = ["_W1", "_B1", "_W2", "_B2", "_W3", "_B3"]
18 arrays = [W1, b1, W2, b2, W3, b3]
19
20 # for ESP32 Arduino
21 for name, array in zip(names, arrays):
22     print('double %s[] = {' %name)
23     print(', '.join([str(x) for x in array.flatten().tolist()]))
24     print('};\n')
```

05~07 : 학습된 모델의 가중치와 편향을 읽어옵니다.

09~11 : 가중치화 편향을 출력합니다.

13~15 : 가중치를 아두이노 형식에 맞추기 위해 전치를 수행합니다.

17 : names 변수를 선언한 후, 가중치와 편향의 이름으로 초기화합니다.

18 : arrays 변수를 선언한 후, 학습된 가중치와 편향으로 초기화합니다.

21 : zip 함수를 이용하여 names와 arrays의 각 항목을 묶은 후, 각 항목을 name과 array로 받아서 22~24줄을 수행합니다.

22 : 실수 형의 배열 이름과 배열 기호를 출력합니다.

23 : array의 항목들을 문자열 배열로 만든 후, join 함수를 호출하여 쉼표(,)를 구분자로 하나의 문자열로 묶은 후, 출력합니다.

24 : 중괄호와 반점을 출력합니다.

02 [도구]--[시스템 쉘 열기...] 메뉴를 선택합니다.

03 다음과 같이 명령을 수행합니다.

`C:\Users\edu\Desktop\pyLabs>python _422_7.py`

04 다음은 출력결과입니다.

가중치와 편향 값이 C/C++ 배열 형태로 변경되었습니다. C/C++ 배열 형태로 변환된 가중치와 편향값은 바로 다음 단원의 아두이노 스케치에서 사용됩니다.

02 _ 3 DPidNN으로 드론 날리기

여기서는 C/C++ 형태로 변환된 가중치와 편향을 이용하여 아두이노에서 예측을 수행해 봅니다. 그리고 아두이노 인공지능 드론에 적용하여 봅니다.

아두이노 DPidNN으로 예측해 보기

먼저 C/C++ 형태로 변환된 가중치와 편향을 이용하여 아두이노에서 예측을 수행해 봅니다.

01 제공되는 소스에서 [dnn_predict_test] 예제를 엽니다.

mydnn.cpp, mydnn.h : Eigen 딥러닝 라이브러리입니다.

model_data.cpp, model_data.h : C/C++ 형태로 변환된 가중치와 편향을 담을 파일입니다.

dnn_predict_pid : 예측을 수행할 파일입니다.

02 model_data.cpp 파일에 이전 단원에서 변환한 C/C++ 형태의 가중치와 편향 변수를 복사해 넣습니다.

```
double _W1[] = {
    0.21571753919124603, 0.062942296266655579, 0.07126735150814056, 0.0317618660628795
};

double _B1[] = {
    2.262854814529419, 2.035975456237793, 2.331282138824463, 2.1339385509490967, 2.94
};

double _W2[] = {
    -0.15733951330184937, 1.6174043416976929, 0.7933897972106934, 2.2248384952545166,
};

double _B2[] = {
    0.005373883992433548, 2.2446534633636475, 1.3889316320419312, 1.5395647287368774,
};

double _W3[] = {
    0.10745684802532196, -0.1421564519405365, -0.11615456640720367, -0.45402675867080
};

double _B3[] = {
    -3.29487943649292, -0.4701859652996063, 0.2905297577381134
};
```

03 dnn_predict_test 파일을 확인합니다.

```
01 #include <iostream>
02 #include <ArduinoEigen.h>
03 #include "mydnn.h"
04 #include "model_data.h"
05
06 using namespace std;
07 using namespace Eigen;
08
```

```
09 IOFormat HeavyFmt(StreamPrecision, 0, " , ", ",\n", "[ ", " ]", "[ ", " ]");
10
11 const int NUM_X = 6;
12 const int NUM_H = 16;
13 const int NUM_M = 16;
14 const int NUM_Y = 3;
15
16 MatrixXd X, H, M, Y;
17 MatrixXd WH(NUM_X, NUM_H), BH(1, NUM_H);
18 MatrixXd WM(NUM_H, NUM_M), BM(1, NUM_M);
19 MatrixXd WY(NUM_M, NUM_Y), BY(1, NUM_Y);
20
21 void dnn_test() {
22
23     WH = Map<Matrix<double,NUM_X,NUM_H,RowMajor>>(_W1);
24     BH = Map<MatrixXd>(_B1, 1, NUM_H);
25     WM = Map<Matrix<double,NUM_H,NUM_M,RowMajor>>(_W2);
26     BM = Map<MatrixXd>(_B2, 1, NUM_M);
27     WY = Map<Matrix<double,NUM_M,NUM_Y,RowMajor>>(_W3);
28     BY = Map<MatrixXd>(_B3, 1, NUM_Y);
29
30     double x_test[] = {
31         0.999969482421875, 0.0421142578125, -0.4610595703125,
32         0.03460693359375, 0.14154052734375, 0.05682373046875
33     };
34
35     long start = micros();
36     X = Map<MatrixXd>(x_test, 1, NUM_X);
37
38     relu_f(H = X*WH + BH);
39     relu_f(M = H*WM + BM);
40     Y = M*WY + BY;
41     long end = micros();
42     Serial.println(end-start);
43
44     cout << fixed;
45     cout.precision(4);
46
47     cout << Y.format(HeavyFmt) << endl;
48
49 }
50
51 void setup() {
52
53     Serial.begin(115200);
54     delay(1000);
55
56     dnn_test();
57
58 }
59
60 void loop() {}
```

11 : 입력 층 노드의 개수입니다.

12 : 첫 번째 은닉 층 노드의 개수입니다.

13 : 두 번째 은닉 층 노드의 개수입니다.

14 : 출력 층 노드의 개수입니다.

23, 25, 27 : Map 클래스를 이용하여 model_data.cpp 파일에 있는 _W1, _W2, _W3 배열의 값을 WH, WM, WY 행렬로 복사합니다.

24, 26, 28 : Map 클래스를 이용하여 model_data.cpp 파일에 있는 _B1, _B2, _B3 배열의 값을 BH, BM, BY 행렬로 복사합니다.

30~32 : [학습 시키고 모델 내보내기] 예제에서 출력한 x_test 부분을 복사해 넣습니다.

```
double x_test[] = {
    0.999969482421875, 0.0421142578125, -0.4610595703125, 0.03460693359375,
0.14154052734375, 0.05682373046875
};
```

36 : Map 클래스를 이용하여 x_test 배열의 값을 X 행렬로 복사합니다.

38~40 : 순전파를 수행합니다. 예측값은 Y에 저장됩니다.

35, 41, 42 : 순전파 시간을 측정합니다.

04  업로드를 수행합니다.

05 [시리얼 모니터] 버튼을 클릭하고, 통신 속도를 115200으로 맞춰줍니다.

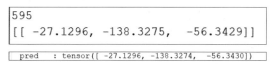

06 결과 값을 확인합니다. _422_6.py 예제의 예측값과 비교해 봅니다.

```
595
[[ -27.1296, -138.3275,  -56.3429]]
```
```
pred  : tensor([ -27.1296, -138.3274,  -56.3430])
```

소수점 이하 값은 오차가 있을 수 있습니다. 예측 시간은 595 마이크로초로 0.595 밀리 초입니다.

드론에 DPidNN 인공 지능 적용하기

이제 드론에 인공지능을 적용해 봅니다.

01 제공되는 소스에서 [drone_std_auto_dnn] 예제를 엽니다.

02 model_data.cpp에 이전 단원에서 변환한 C/C++ 형태의 가중치와 편향 변수를 복사해 넣습니다.

```
drone_std_auto_dnn    auto_aviation    drone_control    model_data.cpp    model_data.h    mydnn.cpp    mydnn.h    predict
 1 double _W1[] = {
 2     0.21571753919124603, 0.06294229626655579, 0.07126735150814056, 0.031761
 3 };
 4
 5 double _B1[] = {
 6     2.262854814529419, 2.035975456237793, 2.331282138824463, 2.133938550949
 7 };
 8
 9 double _W2[] = {
10     -0.15733951330184937, 1.6174043416976929, 0.7933897972106934, 2.2248384
11 };
12
13 double _B2[] = {
14     0.005373883992433548, 2.2446534633636475, 1.3889316320419312, 1.5395647
15 };
16
17 double _W3[] = {
18     0.10745684802532196, -0.1421564519405365, -0.11615456640720367, -0.4540
19 };
20
21 double _B3[] = {
22     -3.29487943649292, -0.4701859652996063, 0.2905297577381134
23 };
```

03 predict.ino 파일을 확인합니다.

```
predict.ino

01 #include <ArduinoEigen.h>
02 #include "mydnn.h"
03 #include "model_data.h"
04
05 using namespace Eigen;
06
07 const int NUM_X = 6;
08 const int NUM_H = 16;
09 const int NUM_M = 16;
10 const int NUM_Y = 3;
11
12 MatrixXd X, H, M, Y;
13 MatrixXd WH(NUM_X, NUM_H), BH(1, NUM_H);
14 MatrixXd WM(NUM_H, NUM_M), BM(1, NUM_M);
15 MatrixXd WY(NUM_M, NUM_Y), BY(1, NUM_Y);
16
17 void dnn_initialize() {
18
19     WH = Map<Matrix<double,NUM_X,NUM_H,RowMajor>>(_W1);
20     BH = Map<MatrixXd>(_B1, 1, NUM_H);
21     WM = Map<Matrix<double,NUM_H,NUM_M,RowMajor>>(_W2);
22     BM = Map<MatrixXd>(_B2, 1, NUM_M);
23     WY = Map<Matrix<double,NUM_M,NUM_Y,RowMajor>>(_W3);
24     BY = Map<MatrixXd>(_B3, 1, NUM_Y);
25
26 }
27
28 void dnn_predict(double x[], const int NUM_X, double y[], const int NUM_Y) {
```

```
29
30     X = Map<MatrixXd>(x, 1, NUM_X);
31
32     relu_f(H = X*WH + BH);
33     relu_f(M = H*WM + BM);
34     Y = M*WY + BY;
35
36     Map<MatrixXd>(y, 1, NUM_Y) = Y;
37
38 }
```

17~26 : dnn_initialize 함수를 확인합니다.

19, 21, 23 : Map 클래스를 이용하여 model_data.cpp 파일에 있는 _W1, _W2, _W3 배열의 값을 WH, WM, WY 행렬로 복사합니다.

20, 22, 24 : Map 클래스를 이용하여 model_data.cpp 파일에 있는 _B1, _B2, _B3 배열의 값을 BH, BM, BY 행렬로 복사합니다.

28~38 : dnn_predict 함수를 확인합니다. 첫 번째 인자 x는 가속도 자이로 센서값을 담은 배열입니다. 두 번째 인자 NUM_X는 입력값의 개수입니다. 세 번째 인자 y는 예측값을 담을 배열입니다. 네 번째 인자 NUM_Y는 출력값의 개수입니다.

30 : Map 클래스를 이용하여 x 배열의 값을 X 행렬로 복사합니다.

32~34 : 순전파를 수행합니다. 예측값은 Y에 저장됩니다.

36 : Map 클래스를 이용하여 Y 행렬의 노드값을 y 배열로 복사합니다.

04 drone_control.ino 파일을 확인합니다.

drone_contorl.ino

```
070    double AcXD = AcX/32768.0;
071    double AcYD = AcY/32768.0;
072    double AcZD = AcZ/32768.0;
073    double GyXD = GyX/32768.0;
074    double GyYD = GyY/32768.0;
075    double GyZD = GyZ/32768.0;
```

70~75 : 가속도 자이로 센서값 6개를 32768.0으로 나누어 −1~1사이의 실수값으로 저장합니다.

```
160    const int NUM_X = 6;
161    const int NUM_Y = 3;
162    double x[NUM_X] = {AcXD, AcYD, AcZD, GyXD, GyYD, GyZD};
163    double y[NUM_Y] = {0,};
164
165    dnn_predict(x, NUM_X, y, NUM_Y);
166
167    double BalX = y[0];
168    double BalY = y[1];
169    double BalZ = y[2];
```

160 : NUM_X 상수를 선언한 후, 6으로 초기화합니다. NUM_X 상수는 predict 파일에 정의된 상수와 같습니다.

161 : NUM_Y 상수를 선언한 후, 3으로 초기화합니다. NUM_Y 상수는 predict 파일에 정의된 상수와 같습니다.

162 : 실수 배열 변수 x를 선언한 후, −1~1 사이의 값으로 보정된 값으로 초기화합니다.

163 : 실수 배열 변수 y를 선언한 후, 0으로 초기화합니다.

165 : dnn_predict 함수를 호출하여 센서값에 대한 균형값을 예측합니다.

167~169 : 예측된 균형값을 BalX, BalY, BalZ 변수에 넣습니다.

```
 77 //   static int32_t AcXSum =0, AcYSum =0, AcZSum =0;
 78 //   static int32_t GyXSum =0, GyYSum =0, GyZSum =0;
 79 //   static double AcXOff =0.0, AcYOff =0.0, AcZOff =0.0;
                        중간 생략
156 //   BalX += ResX;
157 //   BalY += ResY;
158 //   BalZ += ResZ;
```

77~158 : 주석 처리합니다.

05 drone_std_auto_dnn.ino 파일을 확인합니다.

drone_std_auto_dnn.ino

```
01 void setup() {
02
03    auto_setup();
04
05    drone_setup();
06
07    dnn_initialize();
08
09 }
10
11 void loop() {
12
13    drone_loop();
14
15 }
```

07 : dnn_initialize 함수를 호출하여 DNN의 가중치화 편향을 초기화합니다.

06  업로드를 수행합니다.

07 드론을 USB에서 분리한 후 평평한 바닥에 내려놓습니다.

08 드론 전원을 껐다가 켜 줍니다.

09 2초 정도 기다렸다가 ❷ BOOT 버튼을 눌러 드론이 자율 비행을 수행하는 것을 확인합니다. 드론이 멈출 때까지 기다립니다. 약 8초 정도 자율 비행 후, 드론은 멈춥니다.

드론 자율비행 테스트를 반복하기 위해서는 3~5 과정을 수행해 줍니다.

Eigen 행렬을 이용한 DNN 구현

여기서는 Eigen 행렬을 이용하여 DNN을 구현해 봅니다. 행렬을 이용하면, 커다란 DNN을 자유롭게 구성하고 테스트해 볼 수 있습니다. 예를 들어, 다음과 같은 형태의 DNN을 구성해서 테스트해 볼 수 있습니다.

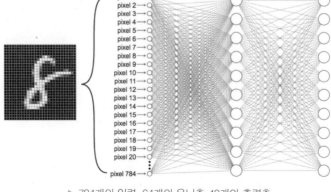

▶ 784개의 입력, 64개의 은닉층, 10개의 출력층

01 행렬 이해하기

여기서는 딥러닝 구현에 필요한 행렬 연산에 대해서 살펴봅니다.

Eigen 행렬 라이브러리 설치하기

아두이노 환경에서는 Eigen 라이브러리를 이용하여 행렬 연산을 수행할 수 있습니다. 파이썬에서 행렬 연산을 지원하는 NumPy 라이브러리도 내부적으로는 Eigen 라이브러리를 사용합니다. 다음과 같은 순서로 Eigen 라이브러리를 설치합니다.

01 다음과 같이 아두이노 소프트웨어의 [스케치]--[라이브러리 포함하기]--[라이브러리 관리...] 메뉴를 선택합니다.

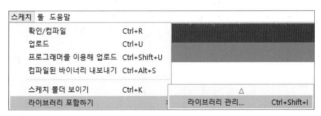

02 다음과 같이 [라이브러리 매니저] 창에서 [eigen]을 검색한 후, 설치해 줍니다.

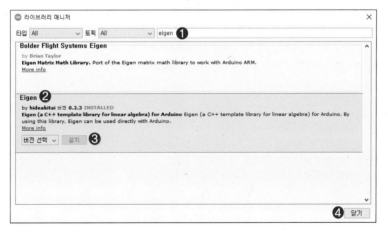

행렬의 정의

행렬이란 수 또는 다항식 등을 직사각형 모양으로 배열한 것입니다. 예를 들어, 실수 1, 2, 3, 4를 2x2 직사각형 위에 배열한 행렬은 다음과 같습니다.

$$\begin{pmatrix} 1 & 2 \\ 3 & 4 \end{pmatrix}$$

실수 1, 2를 1x2 직사각형 위에 배열한 행렬은 다음과 같습니다.

$$\begin{pmatrix} 1 & 2 \end{pmatrix}$$

실수 1, 2를 2x1 직사각형 위에 배열한 행렬은 다음과 같습니다.

$$\begin{pmatrix} 1 \\ 2 \end{pmatrix}$$

행렬은 다음과 같이 대괄호를 이용하여 나타내기도 합니다.

$$\begin{bmatrix} 1 & 2 \\ 3 & 4 \end{bmatrix}$$

다음과 같이 아두이노 스케치를 작성하여 테스트해 봅니다.

```
_511.ino
```

```cpp
#include <iostream> // 문자열 출력을 위해 필요합니다.
#include <ArduinoEigen.h> // 행렬 연산을 위해 필요합니다.

using namespace std; // 문자열 출력을 위해 필요합니다.
using namespace Eigen; // 행렬 연산을 위해 필요합니다.

MatrixXd A(2, 2); // 실수를 원소로 갖는 2x2 행렬 객체를 생성합니다.
MatrixXd B(1, 2); // 실수를 원소로 갖는 1x2 행렬 객체를 생성합니다.
MatrixXd C(2, 1); // 실수를 원소로 갖는 2x1 행렬 객체를 생성합니다.

// Eigen 행렬의 출력 방식을 정하는 객체를 생성합니다.
IOFormat HeavyFmt(StreamPrecision, 0, " , ", " ,\n", " [ ", " ] ", " [ ", " ] ");

void setup() {

    Serial.begin(115200);
    delay(1000);

    A << 1, 2, 3, 4; // A 행렬을 1, 2, 3, 4 값으로 초기화합니다.
    B << 1, 2; // B 행렬을 1, 2 값으로 초기화합니다.
    C << 1, 2; // C 행렬을 1, 2 값으로 초기화합니다.

    cout << A.format(HeavyFmt) << endl; // A 행렬 값 출력
    cout << B.format(HeavyFmt) << endl; // B 행렬 값 출력
    cout << C.format(HeavyFmt) << endl; // C 행렬 값 출력

}

void loop() {}
```

예제를 보드에 업로드한 후, 시리얼 모니터로 결과를 확인해 봅니다.

```
[[1, 2],
 [3, 4]]
[[1, 2]]
[[1],
 [2]]
```

소스의 가독성을 위해 다음과 같은 형태로 초기화할 수도 있습니다.

```
16   A << 1, 2,
17        3, 4; // A 행렬을 1, 2, 3, 4 값으로 초기화합니다.
18   B << 1, 2; // B 행렬을 1, 2 값으로 초기화합니다.
19   C << 1,
20        2; // C 행렬을 1, 2 값으로 초기화합니다.
```

행렬의 모양

행렬은 수 또는 다항식 등을 직사각형 모양으로 배열한 것으로 행과 열로 나타낼 수 있습니다. 예를 들어, 다음은 2x2 행렬의 행과 열을 나타냅니다.

$$\left(\begin{array}{c|c} 1 & 2 \\ \hline 3 & 4 \end{array}\right)\begin{array}{l}\text{1행}\\\text{2행}\end{array} \quad \left(\begin{array}{c|c} \boxed{1} & \boxed{2} \\ \boxed{3} & \boxed{4} \end{array}\right)$$
$$\text{1열} \quad \text{2열}$$

다음은 1x2 행렬의 행과 열을 나타냅니다.

$$\left(\boxed{1 \quad 2}\right)\text{1행} \quad \left(\boxed{1} \quad \boxed{2}\right)$$
$$\text{1열} \quad \text{2열}$$

다음은 2x1 행렬의 행과 열을 나타냅니다.

$$\left(\begin{array}{c}\boxed{1}\\\boxed{2}\end{array}\right)\begin{array}{l}\text{1행}\\\text{2행}\end{array} \quad \left(\begin{array}{c}\boxed{1}\\\boxed{2}\end{array}\right)$$
$$\text{1열}$$

일반적으로 MxN 행렬은 M개의 행과 N개의 열로 나타낼 수 있습니다.

다음과 같이 아두이노 스케치를 작성하여 테스트해 봅니다.

_512.ino

```
#include <iostream>
#include <ArduinoEigen.h>

using namespace std;
using namespace Eigen;

MatrixXd A(2, 2);
MatrixXd B(1, 2);
MatrixXd C(2, 1);
```

```
void setup() {

    Serial.begin(115200);
    delay(1000);

    A << 1, 2, 3, 4;
    B << 1, 2;
    C << 1, 2;

    cout << A.rows() << " x " << A.cols() << endl; // A 행렬의 행과 열을 출력
    cout << B.rows() << " x " << B.cols() << endl; // B 행렬의 행과 열을 출력
    cout << C.rows() << " x " << C.cols() << endl; // C 행렬의 행과 열을 출

}

void loop() {}
```

예제를 보드에 업로드한 후, 시리얼 모니터로 결과를 확인해 봅니다.

```
2x2
1x2
2x1
```

rows() 함수는 가로줄의 개수, cols() 함수는 세로줄의 개수를 내어줍니다.

행렬의 덧셈, 뺄셈, 스칼라 배
같은 모양의 행렬은 항목별로 덧셈, 뺄셈을 수행할 수 있습니다. 다음은 1x2 행렬의 덧셈과 뺄셈을 나타냅니다.

$$\begin{pmatrix} 1 & 2 \end{pmatrix} + \begin{pmatrix} 3 & 4 \end{pmatrix} = \begin{pmatrix} 4 & 6 \end{pmatrix}$$
$$\begin{pmatrix} 1 & 2 \end{pmatrix} - \begin{pmatrix} 3 & 4 \end{pmatrix} = \begin{pmatrix} -2 & -2 \end{pmatrix}$$

다음은 2x2 행렬의 덧셈과 뺄셈을 나타냅니다.

$$\begin{pmatrix} 1 & 2 \\ 3 & 4 \end{pmatrix} + \begin{pmatrix} 5 & 6 \\ 7 & 8 \end{pmatrix} = \begin{pmatrix} 6 & 8 \\ 10 & 12 \end{pmatrix}$$
$$\begin{pmatrix} 1 & 2 \\ 3 & 4 \end{pmatrix} - \begin{pmatrix} 5 & 6 \\ 7 & 8 \end{pmatrix} = \begin{pmatrix} -4 & -4 \\ -4 & -4 \end{pmatrix}$$

행렬은 스칼라 값과의 곱을 수행할 수 있습니다. 스칼라 값은 행렬의 각 항목에 곱해집니다. 다음은 스칼라 값 2와 2x2 행렬의 곱을 나타냅니다.

$$2\begin{pmatrix} 1 & 2 \\ 3 & 4 \end{pmatrix} = \begin{pmatrix} 2*1 & 2*2 \\ 2*3 & 2*4 \end{pmatrix} = \begin{pmatrix} 2 & 4 \\ 6 & 8 \end{pmatrix}$$

다음과 같이 아두이노 스케치를 작성하여 테스트해 봅니다.

```cpp
#include <iostream>
#include <ArduinoEigen.h>

using namespace std;
using namespace Eigen;

MatrixXd A(1, 2); // 1x2 행렬 A
MatrixXd B(1, 2); // 1x2 행렬 B
MatrixXd C(2, 2); // 2x2 행렬 C
MatrixXd D(2, 2); // 2x2 행렬 D

IOFormat HeavyFmt(StreamPrecision, 0, " , " , " ,\n", " [ ", " ] ", " [ ", " ] ");

void setup() {

    Serial.begin(115200);
    delay(1000);

    A << 1, 2;
    B << 3, 4;
    C << 1, 2, 3, 4;
    D << 5, 6, 7, 8;

    cout << (A + B).format(HeavyFmt) << endl; // 1x2 행렬 A와 B의 합
    cout << (A - B).format(HeavyFmt) << endl; // 1x2 행렬 A와 B의 차
    cout << (C + D).format(HeavyFmt) << endl; // 2x2 행렬 C와 D의 합
    cout << (C - D).format(HeavyFmt) << endl; // 2x2 행렬 C와 D의 차
    cout << (2*C).format(HeavyFmt) << endl; // 스칼라 값 2와 2x2 행렬 C의 곱

}

void loop() {}
```

예제를 보드에 업로드한 후, 시리얼 모니터로 결과를 확인해 봅니다.

```
[[4, 6]]
[[-2, -2]]
[[ 6,  8],
 [10, 12]]
[[-4, -4],
 [-4, -4]]
[[2, 4],
 [6, 8]]
```

행렬의 곱셈

행렬은 곱셈도 가능합니다. 앞에 오는 행렬의 열의 개수와 뒤에 오는 행렬의 행의 개수가 같으면 곱셈이 가능합니다. 예를 들어, 다음은 1x2 행렬과 2x2 행렬의 곱셈을 나타냅니다. 앞에 오는 행렬의 열의 개수는 2이고 뒤에 오는 행렬의 행의 개수는 2가 되어 곱셈이 가능합니다.

$$(1 \quad 2)\begin{pmatrix} 3 & 4 \\ 5 & 6 \end{pmatrix} = (1*3+2*5 \quad 1*4+2*6) = (13 \quad 16)$$

행렬의 곱셈은 앞에 오는 행렬의 m 번째 행과 뒤에 오는 행렬의 n 번째 열의 대응되는 항목끼리 곱해진 후, 모두 더해집니다. 더해진 결과 값은 결과 행렬의 m 번째 행, n 번째 열의 항목이 됩니다. 예를 들어 위 수식에서 앞에 오는 행렬의 1 번째 행 1, 2와 뒤에 오는 행렬의 1 번째 열 3, 4는 대응되는 항목끼리 곱해진 후, 모두 더해져 1*3+2*5=13이 됩니다. 결과 값 13은 결과 행렬의 1 번째 행, 1 번째 열의 항목이 됩니다. 일반적으로 k x m 행렬과 m x n 행렬을 곱하면 k x n 행렬이 됩니다. 위 수식에서도 1x2 행렬과 2x2 행렬이 곱해져 1x2 행렬이 됩니다.

다음은 2x1 행렬과 1x2 행렬의 곱셈을 나타냅니다. 앞에 오는 행렬의 열의 개수는 1이고 뒤에 오는 행렬의 행의 개수는 1이 되어 곱셈이 가능합니다.

$$\begin{pmatrix} 1 \\ 2 \end{pmatrix}(3 \quad 4) = \begin{pmatrix} 1*3 & 1*4 \\ 2*3 & 2*4 \end{pmatrix} = \begin{pmatrix} 3 & 4 \\ 6 & 8 \end{pmatrix}$$

이 수식에서는 2x1 행렬과 1x2 행렬이 곱해져 2x2 행렬이 됩니다.

다음은 1x2 행렬과 2x1 행렬의 곱셈을 나타냅니다. 앞에 오는 행렬의 열의 개수는 2이고 뒤에 오는 행렬의 행의 개수는 2가 되어 곱셈이 가능합니다.

$$(1 \quad 2)\begin{pmatrix} 1 \\ 2 \end{pmatrix} = (1*1+2*2) = (5)$$

이 수식에서는 1x2 행렬과 2x1 행렬이 곱해져 1x1 행렬이 됩니다.

다음과 같이 아두이노 스케치를 작성하여 테스트해 봅니다.

_514.ino

```
#include <iostream>
#include <ArduinoEigen.h>

using namespace std;
using namespace Eigen;

MatrixXd A(1, 2); // 1x2 행렬 A
MatrixXd B(2, 2); // 2x2 행렬 B
MatrixXd C(2, 1); // 2x1 행렬 C
```

```
MatrixXd D(1, 2); // 1x2 행렬 D

IOFormat HeavyFmt(StreamPrecision, 0, " , ", " ,\n", " [ ", " ] ", " [ ", " ] ");

void setup() {

    Serial.begin(115200);
    delay(1000);

    A << 1, 2;
    B << 3, 4, 5, 6;
    C << 1, 2;
    D << 3, 4;

    cout << (A*B).format(HeavyFmt) << endl; // 1x2 행렬과 2x2 행렬의 곱셈
    cout << (C*D).format(HeavyFmt) << endl; // 2x1 행렬과 1x2 행렬의 곱셈
    cout << (A*C).format(HeavyFmt) << endl; // 1x2 행렬과 2x1 행렬의 곱셈

}

void loop() {}
```

예제를 보드에 업로드한 후, 시리얼 모니터로 결과를 확인해 봅니다.

```
[[13, 16]]
[[3, 4],
 [6, 8]]
[[5]]
```

행렬의 전치

행렬의 전치는 행렬 내의 각 항목의 행과 열을 바꾸는 것을 말합니다. 예를 들어, 다음은 1x2 행렬을 전치시켜 2x1 행렬로 만드는 상황을 나타냅니다. 앞에 오는 행렬의 (1행, 1열)은 뒤에 오는 행렬의 (1행, 1열)로, (1행, 2열)은 (2행, 1열)로 이동하게 됩니다. T는 transpose의 약자로 전치를 의미합니다. 일반적으로 m x n 행렬을 전치하면 n x m 행렬이 됩니다.

$$\begin{pmatrix} 1 & 2 \end{pmatrix}^T = \begin{pmatrix} 1 \\ 2 \end{pmatrix}$$

다음은 2x2 행렬을 전치시키는 상황을 나타냅니다.

$$\begin{pmatrix} 1 & 2 \\ 3 & 4 \end{pmatrix}^T = \begin{pmatrix} 1 & 3 \\ 2 & 4 \end{pmatrix}$$

다음과 같이 아두이노 스케치를 작성하여 테스트해 봅니다.

```
_515.ino

#include <iostream>
#include <ArduinoEigen.h>

using namespace std;
using namespace Eigen;

MatrixXd A(1, 2); // 1x2 행렬 A
MatrixXd B(2, 2); // 2x2 행렬 B

IOFormat HeavyFmt(StreamPrecision, 0, " , " , " ,\n", "[ ", " ] ", "[ ", " ] ");

void setup() {

    Serial.begin(115200);
    delay(1000);

    A << 1, 2;
    B << 1, 2, 3, 4;

    cout << A.format(HeavyFmt) << endl;
    cout << A.transpose().format(HeavyFmt) << endl; // 1x2 행렬의 전치=>2x1
    cout << B.format(HeavyFmt) << endl;
    cout << B.transpose().format(HeavyFmt) << endl; // 2x2 행렬의 전치=>2x2

}

void loop() {}
```

Eigen 행렬은 전치를 수행하기 위해 transpose 함수를 제공합니다.

예제를 보드에 업로드한 후, 시리얼 모니터로 결과를 확인해 봅니다.

```
[[1, 2]]
[[1],
 [2]]
[[1, 2],
 [3, 4]]
[[1, 3],
 [2, 4]]
```

1x2 행렬의 전치 행렬과의 곱

다음은 1x2 행렬과 자신의 전치 행렬과의 곱을 나타냅니다.

$$(1 \quad 2)(1 \quad 2)^T = (1 \quad 2)\begin{pmatrix} 1 \\ 2 \end{pmatrix} = (5)$$

결과는 1x1 행렬이 됩니다. 이 수식은 인공 지능 학습 시 평균 제곱 오차를 구할 때 사용합니다.

다음과 같이 아두이노 스케치를 작성하여 테스트해 봅니다.

```
_516.ino

#include <iostream>
#include <ArduinoEigen.h>

using namespace std;
using namespace Eigen;

MatrixXd A(1, 2);

IOFormat HeavyFmt(StreamPrecision, 0, " , ", " ,\n", " [ , ] ", " [ , ] ");

void setup() {

    Serial.begin(115200);
    delay(1000);

    A << 1, 2;

    cout << A.format(HeavyFmt) << endl;
    cout << A.transpose().format(HeavyFmt) << endl;
    cout << (A*A.transpose()).format(HeavyFmt) << endl;

}

void loop() {}
```

예제를 보드에 업로드한 후, 시리얼 모니터로 결과를 확인해 봅니다.

```
[[1, 2]]
[[1],
 [2]]
[[5]]
```

02 딥러닝 7 공식 구현하기

여기서는 본문에서 살펴본 [2입력 2출력]의 딥러닝 7 공식을 행렬을 이용하여 정리해 봅니다. 인공 신경망을 행렬로 정리하면 인공 신경망의 크기, 깊이와 상관없이 간결하게 정리할 수 있습니다.

딥러닝 제 1 공식 : 순전파

다음은 [2입력 2출력] 인공 신경망의 딥러닝 제 1 공식을 나타냅니다.

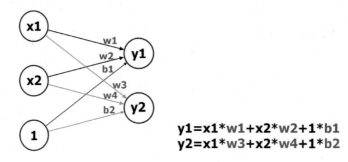

위의 수식은 2 개의 다항식으로 구성되며 행렬 계산식으로 정리할 수 있습니다.

다음은 순전파의 행렬 계산식이 일차연립방정식으로 해석되는 과정을 나타냅니다.

$$[y_1\,y_2] = [x_1\,x_2] \begin{bmatrix} w_1 & w_3 \\ w_2 & w_4 \end{bmatrix} + [b_1\,b_2]$$

$$\quad Y \qquad\quad X \qquad\quad W \qquad\quad B$$

$$y_1 = x_1 w_1 + x_2 w_2 + b_1$$
$$y_2 = x_1 w_3 + x_2 w_4 + b_2$$

행렬의 곱 X*W는 앞에 오는 X 행렬의 가로줄 항목, 뒤에 오는 W 행렬의 세로줄 항목이 순서대로 곱해진 후, 모두 더해져서 임시 행렬(예를 들어, XW 행렬)의 항목 하나를 구성합니다. 그래서 X 행렬의 가로줄 항목 개수와 W 행렬의 세로줄 항목 개수는 같아야 합니다. 계속해서 XW 행렬의 각 항목은 B 행렬의 각 항목과 더해져 Y 행렬의 각 항목을 구성합니다.

다음은 순전파의 행렬 계산식을 숫자로 표현한 구체적인 예입니다.

$$\begin{bmatrix} 19 & 30 \end{bmatrix} = \begin{bmatrix} 2 & 3 \end{bmatrix} \begin{bmatrix} 3 & 5 \\ 4 & 6 \end{bmatrix} + \begin{bmatrix} 1 & 2 \end{bmatrix}$$

$$\quad\quad Y \quad\quad\quad X \quad\quad W \quad\quad\quad B$$

$$19 = 2 \times 3 + 3 \times 4 + 1$$
$$30 = 2 \times 5 + 3 \times 6 + 2$$

딥러닝 제 1 공식을 행렬로 정리하면 다음과 같습니다.

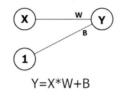

$$Y=X*W+B$$

다음과 같이 아두이노 스케치를 작성하여 테스트해 봅니다.

_521.ino

```
#include <iostream>
#include <ArduinoEigen.h>

using namespace std;
using namespace Eigen;

IOFormat HeavyFmt(StreamPrecision, 0, ", ", ",\n", "[", "]", "[", "]");

MatrixXd X(1, 2); // 입력 행렬
MatrixXd W(2, 2); // 가중치 행렬
MatrixXd B(1, 2); // 편향 행렬

void setup() {

    Serial.begin(115200);
    delay(1000);

    X << 2, 3;
    W << 3, 5, 4, 6;
    B << 1, 2;

    MatrixXd Y; // 행렬의 크기를 지정하지 않아도 됩니다.
    Y = X*W + B;
    cout << Y.format(HeavyFmt) << endl;

}

void loop() {}
```

예제를 보드에 업로드한 후, 시리얼 모니터로 결과를 확인해 봅니다.

```
[[19, 30]]
```

딥러닝 제 2 공식 : 평균 제곱 오차

다음은 [2입력 2출력] 인공 신경망의 딥러닝 제 2 공식을 나타냅니다.

$$\textbf{E = (y1-y1T)*(y1-y1T)/2}$$
$$\textbf{+ (y2-y2T)*(y2-y2T)/2}$$

다음은 행렬 계산식을 이용한 평균 제곱 오차 계산 과정을 나타냅니다.

$$\begin{pmatrix} y_1 - y_{1T} & y_2 - y_{2T} \end{pmatrix}\begin{pmatrix} y_1 - y_{1T} \\ y_2 - y_{2T} \end{pmatrix}/2 = \left(\frac{(y_1 - y_{1T})^2 + (y_2 - y_{2T})^2}{2} \right)$$

결과는 1x1 행렬이 됩니다.

딥러닝 제 2 공식을 행렬로 정리하면 다음과 같습니다.

$$\boxed{\text{E = (Y-YT)*(Y-YT).T/2}}$$

다음과 같이 아두이노 스케치를 작성하여 테스트해 봅니다.

_522.ino

```
#include <iostream>
#include <ArduinoEigen.h>

using namespace std;
using namespace Eigen;

IOFormat HeavyFmt(StreamPrecision, 0, ", ", ",\n", "[", "]", "[", "]");

MatrixXd X(1, 2);
MatrixXd W(2, 2);
MatrixXd B(1, 2);
MatrixXd YT(1, 2); // 목표 행렬 YT

void setup() {

    Serial.begin(115200);
    delay(1000);

    X << 2, 3;
    W << 3, 5, 4, 6;
    B << 1, 2;
    YT << 27, -30;

    MatrixXd Y;
    Y = X*W + B;

    cout << (Y - YT).format(HeavyFmt) << endl;
    cout << (Y - YT).transpose().format(HeavyFmt) << endl;
    cout << ((Y - YT)*(Y - YT).transpose()).format(HeavyFmt) << endl;
    cout << ((Y - YT)*(Y - YT).transpose()/2).format(HeavyFmt) << endl;

}

void loop() {}
```

예제를 보드에 업로드한 후, 시리얼 모니터로 결과를 확인해 봅니다.

```
[[-8, 60]]
[[-8],
 [60]]
[[3664]]
[[1832]]
```

다음은 딥러닝 제 2 공식을 적용한 예제입니다.

_523.ino

```cpp
#include <iostream>
#include <ArduinoEigen.h>

using namespace std;
using namespace Eigen;

MatrixXd X(1, 2);
MatrixXd W(2, 2);
MatrixXd B(1, 2);
MatrixXd YT(1, 2);

void setup() {

    Serial.begin(115200);
    delay(1000);

    X << 2, 3;
    W << 3, 5, 4, 6;
    B << 1, 2;
    YT << 27, -30;

    MatrixXd Y;
    Y = X*W + B;

    MatrixXd E;
    E = (Y - YT)*(Y - YT).transpose()/2;
    double e = E(0, 0);// E 행렬의 (0, 0)항목 값을 얻어옵니다.
    cout << e << endl;

}

void loop() {}
```

예제를 보드에 업로드한 후, 시리얼 모니터로 결과를 확인해 봅니다.

```
1832
```

딥러닝 제 3 공식 : 역전파 오차

다음은 [2입력 2출력] 인공 신경의 딥러닝 제 3 공식을 나타냅니다.

$$y1E=y1-y1T$$
$$y2E=y2-y2T$$

위의 수식은 2 개의 다항식으로 구성되며 행렬 계산식으로 정리할 수 있습니다.

다음은 역전파 오차의 행렬 계산식이 일차연립방정식으로 해석되는 과정을 나타냅니다.

$$[y_{1E}\ y_{2E}] = [y_1\ y_2] - [y_{1T}\ y_{2T}]$$

$$\quad\quad Y_E \quad\quad\quad Y \quad\quad\quad Y_T$$

$$y_{1E} = y_1 - y_{1T}$$
$$y_{2E} = y_2 - y_{2T}$$

Y 행렬의 각 항목에 대해서 YT 행렬의 대응되는 항목을 뺀 후, YE 행렬의 대응되는 항목에 대입합니다.

다음은 역전파 오차의 행렬 계산식을 숫자로 표현한 구체적인 예입니다.

$$[-8\ \ 60] = [19\ \ 30] - [27\ \ -30]$$

$$\quad\quad Y_E \quad\quad\quad Y \quad\quad\quad Y_T$$

$$-8 = 19 - 27$$
$$60 = 30 - (-30)$$

딥러닝 제 2 공식을 행렬로 정리하면 다음과 같습니다.

$$\boxed{\text{YE = Y - YT}}$$

다음과 같이 아두이노 스케치를 작성하여 테스트해 봅니다.

```
_524.ino

#include <iostream>
#include <ArduinoEigen.h>

using namespace std;
using namespace Eigen;

IOFormat HeavyFmt(StreamPrecision, 0, ", ", ",\n", "[", "]", "[", "]");

MatrixXd X(1, 2);
MatrixXd W(2, 2);
MatrixXd B(1, 2);
MatrixXd YT(1, 2);
```

```
void setup() {

    Serial.begin(115200);
    delay(1000);

    X << 2, 3;
    W << 3, 5, 4, 6;
    B << 1, 2;
    YT << 27, -30;

    MatrixXd Y;
    Y = X*W + B;

    MatrixXd E;
    E = (Y - YT)*(Y - YT).transpose()/2;
    double e = E(0, 0);

    MatrixXd YE;
    YE = Y - YT;
    cout << YE.format(HeavyFmt) << endl;

}

void loop() {}
```

예제를 보드에 업로드한 후, 시리얼 모니터로 결과를 확인해 봅니다.

```
[[-8, 60]]
```

딥러닝 제 4 공식 : 입력 역전파

다음은 [2입력 2출력] 인공 신경망의 딥러닝 제 4 공식을 나타냅니다.

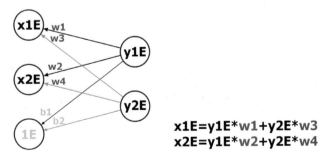

$$x1E = y1E*w1 + y2E*w3$$
$$x2E = y1E*w2 + y2E*w4$$

위의 수식은 2 개의 다항식으로 구성되며 행렬 계산식으로 정리할 수 있습니다.

다음은 입력 역전파의 행렬 계산식이 일차연립방정식으로 해석되는 과정을 나타냅니다.

$$\begin{bmatrix} x_{1E} & x_{2E} \end{bmatrix} = \begin{bmatrix} y_{1E} & y_{2E} \end{bmatrix} \begin{bmatrix} w_1 & w_2 \\ w_3 & w_4 \end{bmatrix}$$

$$\qquad X_E \qquad\qquad Y_E \qquad\quad W^T$$

$$x_{1E} = y_{1E} * w_1 + y_{2E} * w_3$$
$$x_{2E} = y_{1E} * w_2 + y_{2E} * w_4$$

행렬의 곱 YE*W.T는 앞에 오는 YE 행렬의 가로줄 항목, 뒤에 오는 W.T 행렬의 세로줄 항목이 순서대로 곱해진 후, 모두 더해져서 XE 행렬의 항목 하나를 구성합니다. 그래서 YE 행렬의 가로줄 항목 개수와 W.T 행렬의 세로줄 항목 개수는 같아야 합니다. 또 W.T 행렬의 가로줄 개수와 XE 행렬의 가로줄 개수는 같아야 합니다.

※ 여기서 W.T는 W 행렬의 전치행렬을 나타냅니다.

다음은 입력 역전파의 행렬 계산식을 숫자로 표현한 구체적인 예입니다.

$$\begin{bmatrix} 276 & 328 \end{bmatrix} = \begin{bmatrix} -8 & 60 \end{bmatrix} \begin{bmatrix} 3 & 4 \\ 5 & 6 \end{bmatrix}$$

$$\qquad X_E \qquad\qquad Y_E \qquad\quad W^T$$

$$276 = -8 \times 3 + 60 \times 5$$
$$328 = -8 \times 4 + 60 \times 6$$

딥러닝 제 4 공식을 행렬로 정리하면 다음과 같습니다.

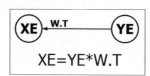

딥러닝 제 6 공식 : 가중치, 편향 역전파

다음은 [2입력 2출력] 인공 신경망의 가중치와 편향의 역전파를 나타내는 그림과 수식입니다.

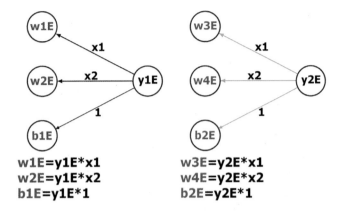

w1E=y1E*x1   w3E=y2E*x1
w2E=y1E*x2   w4E=y2E*x2
b1E=y1E*1   b2E=y2E*1

가중치 수식의 경우 4 개의 다항식으로 구성되며 행렬 계산식으로 정리할 수 있습니다. 편향 수식의 경우는 2 개의 다항식으로 구성되며 행렬 계산식으로 정리할 수 있습니다.

❶ 가중치 역전파

다음은 가중치 역전파의 행렬 계산식이 일차연립방정식으로 해석되는 과정을 나타냅니다.

$$\begin{bmatrix} w_{1E} & w_{3E} \\ w_{2E} & w_{4E} \end{bmatrix} = \begin{bmatrix} x_1 \\ x_2 \end{bmatrix} \begin{bmatrix} y_{1E} & y_{2E} \end{bmatrix}$$

$$\quad W_E \qquad\quad X^T \qquad Y_E$$

$$w_{1E} = x_1 y_{1E} \qquad w_{3E} = x_1 y_{2E}$$
$$w_{2E} = x_2 y_{1E} \qquad w_{4E} = x_2 y_{2E}$$

행렬의 곱 X.T*YE는 앞에 오는 X.T 행렬의 가로줄 항목 각각에 대해, 뒤에 오는 YE 행렬의 세로줄 항목 각각에 곱해진 후, WE 행렬의 각각의 항목을 구성합니다. X.T는 2x1 행렬이고 YE는 1x2 행렬이므로 WE는 2x2 행렬이 됩니다.

※ 여기서 XT는 X 행렬의 전치행렬을 나타냅니다.

다음은 가중치 역전파의 행렬 계산식을 숫자로 표현한 구체적인 예입니다.

$$\begin{bmatrix} -16 & 120 \\ -24 & 180 \end{bmatrix} = \begin{bmatrix} 2 \\ 3 \end{bmatrix} \begin{bmatrix} -8 & 60 \end{bmatrix}$$

$$\quad W_E \qquad\quad X^T \qquad Y_E$$

$$-16 = 2 \times -8 \qquad 120 = 2 \times 60$$
$$-24 = 3 \times -8 \qquad 180 = 3 \times 60$$

❷ 편향 역전파

다음은 편향 역전파의 행렬 계산식이 일차연립방정식으로 해석되는 과정을 나타냅니다.

$$\begin{bmatrix} b_{1E} & b_{2E} \end{bmatrix} = 1 \begin{bmatrix} y_{1E} & y_{2E} \end{bmatrix}$$

$$B_E \qquad\qquad Y_E$$

$$b_{1E} = 1 y_{1E}$$
$$b_{2E} = 1 y_{1E}$$

YE 행렬의 각 항목은 1과 곱해져 BE 행렬의 각 항목에 대입됩니다.

다음은 편향 역전파의 행렬 계산식을 숫자로 표현한 구체적인 예입니다.

$$\begin{bmatrix} -8 & 60 \end{bmatrix} = 1 \begin{bmatrix} -8 & 60 \end{bmatrix}$$

$$B_E \qquad\qquad Y_E$$

$$-8 = 1 \times (-8)$$
$$60 = 1 \times 60$$

딥러닝 제 6 공식을 행렬로 정리하면 다음과 같습니다.

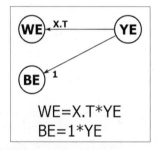

다음과 같이 아두이노 스케치를 작성하여 테스트해 봅니다.

_525.ino

```
#include <iostream>
#include <ArduinoEigen.h>

using namespace std;
using namespace Eigen;

IOFormat HeavyFmt(StreamPrecision, 0, ", ", ",\n", "[", "]", "[", "]");

MatrixXd X(1, 2);
MatrixXd W(2, 2);
MatrixXd B(1, 2);
MatrixXd YT(1, 2);
```

```
void setup() {

    Serial.begin(115200);
    delay(1000);

    X << 2, 3;
    W << 3, 5, 4, 6;
    B << 1, 2;
    YT << 27, -30;

    MatrixXd Y;
    Y = X*W + B;

    MatrixXd E;
    E = (Y - YT)*(Y - YT).transpose()/2;
    double e = E(0, 0);

    MatrixXd YE;
    YE = Y - YT;

    MatrixXd WE;
    MatrixXd BE;
    WE = X.transpose()*YE;
    BE = 1*YE;
    cout << WE.format(HeavyFmt) << endl;
    cout << BE.format(HeavyFmt) << endl;

}

void loop() {}
```

예제를 보드에 업로드한 후, 시리얼 모니터로 결과를 확인해 봅니다.

```
[[-16, 120],
 [-24, 180]]
[[-8, 60]]
```

딥러닝 제 7 공식 : 신경망 학습

다음은 [2입력 2출력] 인공 신경망의 신경망 학습을 나타내는 수식입니다.

$$w1 \mathrel{-}= lr*w1E$$
$$w2 \mathrel{-}= lr*w2E$$
$$b1 \mathrel{-}= lr*b1E$$
$$w3 \mathrel{-}= lr*w3E$$
$$w4 \mathrel{-}= lr*w4E$$
$$b2 \mathrel{-}= lr*b2E$$

가중치 수식의 경우 4 개의 다항식으로 구성되며 행렬 계산식으로 정리할 수 있습니다. 편향 수식의 경우는 2 개의 다항식으로 구성되며 행렬 계산식으로 정리할 수 있습니다.

❶ 가중치 학습 정리하기

다음은 가중치 학습 행렬 계산식이 일차연립방정식으로 해석되는 과정을 나타냅니다.

$$\begin{bmatrix} w_1 & w_3 \\ w_2 & w_4 \end{bmatrix} = \begin{bmatrix} w_1 & w_3 \\ w_2 & w_4 \end{bmatrix} - \alpha \begin{bmatrix} w_{1E} & w_{3E} \\ w_{2E} & w_{4E} \end{bmatrix}$$

$$\quad\quad W \quad\quad\quad\quad W \quad\quad\quad\quad W_E$$

$$w_1 = w_1 - \alpha w_{1E} \quad w_3 = w_3 - \alpha w_{3E}$$
$$w_2 = w_2 - \alpha w_{2E} \quad w_4 = w_4 - \alpha w_{4E}$$

W 행렬의 각 항목에서 학습률이 곱해진 WE 행렬의 각 항목을 빼줍니다.

다음은 가중치 학습 행렬 계산식을 숫자로 표현한 구체적인 예입니다.

$$\begin{bmatrix} 3.16 & 3.8 \\ 4.24 & 4.2 \end{bmatrix} = \begin{bmatrix} 3 & 5 \\ 4 & 6 \end{bmatrix} - 0.01 \begin{bmatrix} -16 & 120 \\ -24 & 180 \end{bmatrix}$$

$$\quad\quad W \quad\quad\quad\quad W \quad\quad\quad\quad W_E$$

$$3.16 = 3 - 0.01 \times (-16) \quad 3.8 = 5 - 0.01 \times 120$$
$$4.24 = 4 - 0.01 \times (-24) \quad 4.2 = 6 - 0.01 \times 180$$

❷ 편향 학습 정리하기

다음은 편향 학습 행렬 계산식이 일차연립방정식으로 해석되는 과정을 나타냅니다.

$$\begin{bmatrix} b_1 & b_2 \end{bmatrix} = \begin{bmatrix} b_1 & b_2 \end{bmatrix} - \alpha \begin{bmatrix} b_{1E} & b_{2E} \end{bmatrix}$$

$$\quad\quad B \quad\quad\quad B \quad\quad\quad B_E$$

$$b_1 = b_1 - \alpha b_{1E}$$
$$b_2 = b_2 - \alpha b_{2E}$$

B 행렬의 각 항목에서 학습률이 곱해진 BE 행렬의 각 항목을 빼줍니다.

다음은 편향 학습 행렬 계산식을 숫자로 표현한 구체적인 예입니다.

$$[1.08 \quad 1.40] = [1 \quad 2] - 0.01[-8 \quad 60]$$

$$B \qquad\qquad B \qquad\qquad B_E$$

$$1.08 = 1 - 0.01 \times (-8)$$
$$1.40 = 2 - 0.01 \times 60$$

딥러닝 제 7 공식을 행렬로 정리하면 다음과 같습니다.

$$\boxed{\begin{array}{l} W \mathrel{-}= lr*WE \\ B \mathrel{-}= lr*BE \end{array}}$$

다음과 같이 아두이노 스케치를 작성하여 테스트해 봅니다.

_526.ino

```cpp
#include <iostream>
#include <ArduinoEigen.h>

using namespace std;
using namespace Eigen;

IOFormat HeavyFmt(StreamPrecision, 0, ", ", ",\n", "[", "]", "[", "]");

MatrixXd X(1, 2);
MatrixXd W(2, 2);
MatrixXd B(1, 2);
MatrixXd YT(1, 2);

void setup() {

    Serial.begin(115200);
    delay(1000);

    X << 2, 3;
    W << 3, 5, 4, 6;
    B << 1, 2;
    YT << 27, -30;

    MatrixXd Y;
    Y = X*W + B;

    MatrixXd E;
    E = (Y - YT)*(Y - YT).transpose()/2;
    double e = E(0, 0);

    MatrixXd YE;
    YE = Y - YT;
```

```
    MatrixXd WE;
    MatrixXd BE;
    WE = X.transpose()*YE;
    BE = 1*YE;

    double lr = 0.01;
    W -= lr*WE;
    B -= lr*BE;
    cout << W.format(HeavyFmt) << endl;
    cout << B.format(HeavyFmt) << endl;

}

void loop() {}
```

예제를 보드에 업로드한 후, 시리얼 모니터로 결과를 확인해 봅니다.

```
[[3.16,   3.8],
 [4.24,   4.2]]
[[1.08,   1.4]]
```

딥러닝 반복 학습해 보기

지금까지 정리한 수식으로 신경망을 학습시켜 봅니다. 다음 그림을 살펴봅니다.

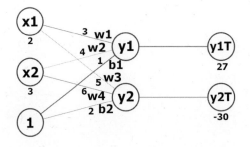

이 그림에서 입력값 X, 가중치 W, 편향 B, 목표값 YT는 다음과 같습니다.

$$X = [x_1\, x_2] = [2\,3]$$
$$W = \begin{bmatrix} w_1\, w_3 \\ w_2\, w_4 \end{bmatrix} = \begin{bmatrix} 3\,5 \\ 4\,6 \end{bmatrix}$$
$$B = [b_1\, b_2] = [1\,2]$$
$$Y_T = [y_{1T}\, y_{2T}] = [27\,-30]$$

X, YT를 이용하여 W, B에 대해 학습을 수행해 봅니다.

01 다음과 같이 예제를 수정합니다.

```cpp
#include <iostream>
#include <ArduinoEigen.h>

using namespace std;
using namespace Eigen;

IOFormat HeavyFmt(StreamPrecision, 0, " , " , " ,\n" , " [ " , " ] " , " [ " , " ] " );

MatrixXd X(1, 2);
MatrixXd W(2, 2);
MatrixXd B(1, 2);
MatrixXd YT(1, 2);

MatrixXd Y;
MatrixXd E;
double e;
MatrixXd YE;
MatrixXd WE;
MatrixXd BE;
double lr = 0.01;

void dnn_test() {

    X << 2, 3;
    W << 3, 5, 4, 6;
    B << 1, 2;
    YT << 27, -30;

    cout << fixed; // 소수점을 고정시켜 출력
    cout.precision(3); // 소수점 이하 3자리 출력

    for(int epoch=0;epoch<200;epoch++) {

        Y = X*W + B; // 순전파
        E = (Y - YT)*(Y - YT).transpose()/2; // 오차 계산
        e = E(0, 0);
        YE = Y - YT; // 역전파 오차
        WE = X.transpose()*YE; // 가중치 역전파
        BE = 1*YE; // 편향 역전파
        W -= lr*WE; // 가중치 학습
        B -= lr*BE; // 편향 학습

        cout << " epoch = " << epoch << endl;
```

```
            cout << Y.format(HeavyFmt) << endl;
            cout << WE.format(HeavyFmt) << endl;
            cout << BE.format(HeavyFmt) << endl;
            cout << W.format(HeavyFmt) << endl;
            cout << B.format(HeavyFmt) << endl;

            if(e<0.0000001) break;

        }

}

void setup() {

    Serial.begin(115200);
    delay(1000);

    dnn_test();
}

void loop() {}
```

02 ✓ ➔ 🗎 ⬆ ⬇ 업로드 업로드를 수행합니다. 다음은 실행 결과 화면입니다.

```
epoch = 79
[[ 27.000, -30.000]]
[[-0.000,   0.001],
 [-0.000,   0.001]]
[[-0.000,   0.000]]
[[ 4.143,  -3.571],
 [ 5.714,  -6.857]]
[[ 1.571,  -2.286]]
```

(79+1)회 째 학습이 완료되는 것을 볼 수 있습니다.

2입력 2은닉 2출력 인공 신경망

여기서는 앞에서 정리한 행렬 기반 딥러닝 7 공식을 이용하여 2입력 2은닉 2출력 인공 신경망에 대해 행렬을 이용하여 정리합니다.

다음 그림은 [2입력 2은닉 2출력]으로 구성된 인공 신경망을 나타냅니다. 인공 신경망에서 입력층과 출력층 사이에 오는 층을 은닉층이라고 합니다.

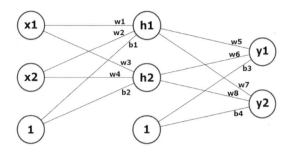

[2입력 2은닉 2출력] 인공 신경망은 다음 그림과 같이 2개의 [2입력 2출력] 인공 신경으로 구성됩니다.

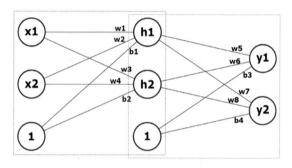

그래서 다음과 같이 [2입력 2출력] 인공 신경 2개로 나눌 수 있습니다.

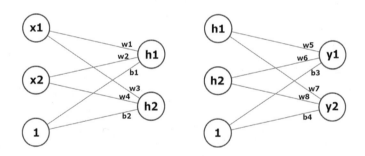

[2입력 2은닉 2출력]으로 구성된 인공 신경망을 행렬을 이용하여 표현하면 다음과 같습니다.

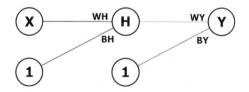

이 인공 신경망은 다음과 같이 인공 신경망 2개로 구성되며 순전파 수식은 다음과 같습니다.

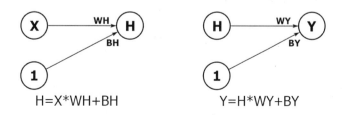

$$H = X * WH + BH \qquad Y = H * WY + BY$$

은닉층을 포함한 인공 신경망의 경우 은닉층 노드의 역전파 과정이 필요합니다. 다음은 은닉층 노드의 역전파 그림과 수식을 나타냅니다. 이 그림과 수식은 앞에서 유도했습니다.

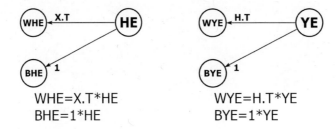

$$HE = YE * WY.T$$

여기서 유도한 HE는 바로 다음에 올 가중치, 편향 역전파 수식에 사용됩니다.

다음 그림은 이 인공 신경망의 가중치, 편향 역전파와 수식을 나타냅니다.

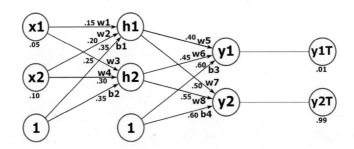

$$WHE = X.T * HE$$
$$BHE = 1 * HE$$

$$WYE = H.T * YE$$
$$BYE = 1 * YE$$

첫 번째 그림의 HE는 은닉층 역전파에서 구한 행렬을 사용합니다.

2입력 2은닉 2출력 인공 신경망 구현하기

지금까지 정리한 수식으로 신경망을 학습시켜 봅니다. 다음 그림을 살펴봅니다.

이 그림에서 입력값 X, 가중치 WH, WY, 편향 BH, BY, 목표값 YT는 다음과 같습니다.

$$X = \begin{bmatrix} x_1 \, x_2 \end{bmatrix} = [.05 \,.10]$$
$$W_H = \begin{bmatrix} w_1 \, w_3 \\ w_2 \, w_4 \end{bmatrix} = \begin{bmatrix} .15 \,.25 \\ .20 \,.30 \end{bmatrix}$$
$$B_H = \begin{bmatrix} b_1 \, b_2 \end{bmatrix} = [.35 \,.35]$$
$$W_Y = \begin{bmatrix} w_5 \, w_7 \\ w_6 \, w_8 \end{bmatrix} = \begin{bmatrix} .40 \,.50 \\ .45 \,.55 \end{bmatrix}$$
$$B_Y = \begin{bmatrix} b_3 \, b_4 \end{bmatrix} = [.60 \,.60]$$
$$Y_T = \begin{bmatrix} y_{1T} \, y_{2T} \end{bmatrix} = [.01 \,.99]$$

X, YT를 이용하여 WH, WY, BH, BY에 대해 학습을 수행해 봅니다.

01 다음과 같이 예제를 작성합니다.

```cpp
#include <iostream>
#include <ArduinoEigen.h>

using namespace std;
using namespace Eigen;

IOFormat HeavyFmt(StreamPrecision, 0, " , ", " ,\n ", " [ ", " ] ", " [ ", " ] ");

MatrixXd X(1, 2);
MatrixXd H(1, 2);
MatrixXd Y(1, 2);
MatrixXd WH(2, 2);
MatrixXd BH(1, 2);
MatrixXd WY(2, 2);
MatrixXd BY(1, 2);
MatrixXd YT(1, 2);

MatrixXd E;
double e;
MatrixXd YE;
MatrixXd HE;
MatrixXd WYE;
MatrixXd BYE;
MatrixXd WHE;
MatrixXd BHE;
double lr = 0.01;

void dnn_test() {

    X << 0.05, 0.10;
    WH << 0.15, 0.25, 0.20, 0.30;
    BH << 0.35, 0.35;
    WY << 0.40, 0.50, 0.45, 0.55;
    BY << 0.60, 0.60;
    YT << 0.01, 0.99;

    cout << fixed;
    cout.precision(3);

    for(int epoch=0;epoch<2000;epoch++) {

        H = X*WH + BH;
        Y = H*WY + BY;
        E = (Y - YT)*(Y - YT).transpose()/2;
```

```
            e = E(0, 0);
            YE = Y - YT;
            WYE = H.transpose()*YE;
            BYE = 1*YE;
            HE = YE*WY.transpose(); // 여기서 구한 HE는
            WHE = X.transpose()*HE; // 여기와
            BHE = 1*HE; // 여기서 사용됩니다.
            WY -= lr*WYE;
            BY -= lr*BYE;
            WH -= lr*WHE;
            BH -= lr*BHE;

            cout << " epoch = " << epoch << endl;
            cout << Y.format(HeavyFmt) << endl;
            cout << WY.format(HeavyFmt) << endl;
            cout << BY.format(HeavyFmt) << endl;
            cout << WH.format(HeavyFmt) << endl;
            cout << BH.format(HeavyFmt) << endl;

            if(e<0.0000001) break;

    }

}
void setup() {

    Serial.begin(115200);
    delay(1000);

    dnn_test();

}

void loop() {}
```

02 ✓ ➡ 🗎 ⬆ ⬇ 업로드 업로드를 수행합니다. 다음은 실행 결과 화면입니다.

```
epoch = 665
[[0.010, 0.990]]
[[0.203, 0.533],
 [0.253, 0.583]]
[[-0.095,  0.730]]
[[0.143, 0.242],
 [0.186, 0.284]]
[[0.213, 0.186]]
```

(665+1)회 째 학습이 완료되는 것을 볼 수 있습니다.

1 다음은 입력X 은닉H 은닉M 출력Y의 심층 인공 신경망입니다. 이 신경망에는 2개의 은닉층이 포함되어 있습니다. 일반적으로 은닉층이 2층 이상일 경우 심층 인공 신경망이라고 합니다. 이 신경망의 가중치, 편향 역전파 그래프와 은닉층 역전파 그래프를 그리고 순전파, 역전파 행렬 계산식을 구합니다.

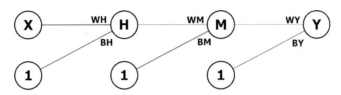

2 다음은 입력X 은닉H 은닉M 은닉N 출력Y의 심층 인공 신경망입니다. 이 신경망에는 3개의 은닉층이 포함되어 있습니다. 일반적으로 은닉층이 2층 이상일 경우 심층 인공 신경망이라고 합니다. 이 신경망의 가중치, 편향 역전파 그래프와 은닉층 역전파 그래프를 그리고 순전파, 역전파 행렬 계산식을 구합니다.

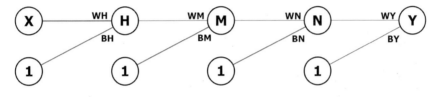

03 활성화 함수 구현하기

다음 그림은 활성화 함수의 순전파와 역전파의 행렬 기반 수식을 나타냅니다.

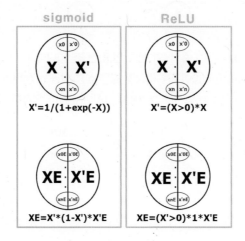

이 그림에서 X, X'는 각각 x0~xn, x'0~x'n(n은 0보다 큰 정수)의 집합을 나타냅니다. 예를 들어, x0, x'0는 하나의 노드 내에서 활성화 함수의 입력과 출력을 의미합니다. X, X'는 하나의 층 내에서 활성화 함수의 입력과 출력 행렬을 의미합니다.

※ 이 그림에서 곱셈(*)은 행렬간의 곱셈을 의미하지 않고, 행렬 내의 같은 위치에 있는 각 항목간의 곱셈을 의미합니다. 나눗셈 (/)의 경우도 행렬 내의 같은 위치에 있는 각 항목간의 나눗셈을 의미합니다.

sigmoid 활성화 함수 실습하기

다음과 같이 아두이노 스케치를 작성하여 테스트해 봅니다.

_531.ino

```
#include <iostream>
#include <ArduinoEigen.h>

using namespace std;
using namespace Eigen;

IOFormat HeavyFmt(StreamPrecision, 0, " , ", " ,\n", " [ ", " ] ", " [ ", " ] ");

void setup() {
```

```
        Serial.begin(115200);
        delay(1000);

        cout << fixed;
        cout.precision(3);

        MatrixXd X(1, 2);
        X << -5, 10;

        MatrixXd Xd; // X dash
        Xd = (1/(1+exp(-X.array()))).matrix(); // sigmod 순전파
        cout << Xd.format(HeavyFmt) << endl;

        MatrixXd XdE(1, 2); // X dash Error
        XdE << 2, 1;

        MatrixXd XE;
        XE = (Xd.array()*(1-Xd.array())*XdE.array()).matrix(); // sigmoid 역전파
        cout << XE.format(HeavyFmt) << endl;

}

void loop() {}
```

Eigen 라이브러리에서 행렬의 각 항목에 대해 exp 함수나 사칙 연산자를 사용하기 위해서는 먼저 행렬을 배열로 변경해야 합니다. 행렬을 배열로 변경하기 위해서는 array() 함수를 사용합니다. 배열에 대해 연산이 수행된 후에는 matrix 함수를 이용하여 행렬로 변경해 줍니다.

예제를 보드에 업로드한 후, 시리얼 모니터로 결과를 확인해 봅니다.

```
[[0.007, 1.000]]
[[0.013, 0.000]]
```

relu 활성화 함수 실습하기

다음과 같이 아두이노 스케치를 작성하여 테스트해 봅니다.

```
_532.ino

#include <iostream>
#include <ArduinoEigen.h>

using namespace std;
using namespace Eigen;

IOFormat HeavyFmt(StreamPrecision, 0, ", ", ",\n", "[", "]", "[", "]");

void setup() {

    Serial.begin(115200);
    delay(1000);

    cout << fixed;
    cout.precision(3);

    MatrixXd X(1, 2);
    X << -5, 10;

    MatrixXd Xd; // X dash
    Xd = ((X.array()>0).cast<double>()*X.array()).matrix(); // relu 순전파
    cout << Xd.format(HeavyFmt) << endl;

    MatrixXd XdE(1, 2); // X dash Error
    XdE << 2, 1;

    MatrixXd XE;
    XE = ((Xd.array()>0).cast<double>()*1*XdE.array()).matrix(); // relu 역전파
    cout << XE.format(HeavyFmt) << endl;

}

void loop() {}
```

Eigen 라이브러리에서 행렬의 각 항목에 대해 비교 연산자나 사칙 연산자를 사용하기 위해서는 먼저 행렬을 배열로 변경해야 합니다. 행렬을 배열로 변경하기 위해서는 array() 함수를 사용합니다. 배열에 대해 비교 연산자를 사용할 경우엔 결과 값이 진리 값(true, false)이 되기 때문에 cast 키워드를 이용해 실수로 변경해 주도록 합니다. 배열에 대해 연산이 수행된 후에는 matrix 함수를 이용하여 행렬로 변경해 줍니다.

예제를 보드에 업로드한 후, 시리얼 모니터로 결과를 확인해 봅니다.

```
[[-0.000, 10.000]]
[[0.000, 1.000]]
```

sigmoid 활성화 함수 정리하기

sigmoid 활성화 함수를 C/C++ 함수로 정리하면 다음과 같습니다.

순전파

```cpp
void sigmoid_f(MatrixXd& X) {
    X = (1/(1+exp(-X.array()))).matrix();
}
```

역전파

```cpp
void sigmoid_b(MatrixXd& XE, MatrixXd& X) {
    XE = (X.array()*(1-X.array())*XE.array()).matrix();
}
```

다음과 같이 아두이노 스케치를 작성하여 테스트해 봅니다.

_533.ino
```cpp
#include <iostream>
#include <ArduinoEigen.h>

using namespace std;
using namespace Eigen;

IOFormat HeavyFmt(StreamPrecision, 0, " , ", " ,\n", "[", "]", "[", "]");

void sigmoid_f(MatrixXd& X) {
    X = (1/(1+exp(-X.array()))).matrix();
}

void sigmoid_b(MatrixXd& XE, MatrixXd& X) {
    XE = (X.array()*(1-X.array())*XE.array()).matrix();
}

void setup() {

    Serial.begin(115200);
```

```
        delay(1000);

        cout << fixed;
        cout.precision(3);

        MatrixXd X(1, 2);
        X << -5, 10;

        sigmoid_f(X);
        cout << X.format(HeavyFmt)<< endl;

        MatrixXd XE(1, 2);
        XE << 2, 1;

        sigmoid_b(XE, X);
        cout << XE.format(HeavyFmt)<< endl;

    }

void loop() {}
```

예제를 보드에 업로드한 후, 시리얼 모니터로 결과를 확인해 봅니다.

```
[[0.007, 1.000]]
[[0.013, 0.000]]
```

relu 활성화 함수 정리하기

relu 활성화 함수를 C/C++ 함수로 정리하면 다음과 같습니다.

순전파

```
void relu_f(MatrixXd& X) {
    X = ((X.array()>0).cast<double>()*X.array()).matrix();
}
```

역전파

```
void relu_b(MatrixXd& XE, MatrixXd& X) {
    XE = ((X.array()>0).cast<double>()*1*XE.array()).matrix();
}
```

다음과 같이 아두이노 스케치를 작성하여 테스트해 봅니다.

_534.ino

```cpp
#include <iostream>
#include <ArduinoEigen.h>

using namespace std;
using namespace Eigen;

IOFormat HeavyFmt(StreamPrecision, 0, " , " , " ,\n ", " [ " , " ] "., " [ " , " ] ");

void relu_f(MatrixXd& X) {
    X = ((X.array()>0).cast<double>()*X.array()).matrix();
}

void relu_b(MatrixXd& XE, MatrixXd& X) {
    XE = ((X.array()>0).cast<double>()*1*XE.array()).matrix();
}

void setup() {

    Serial.begin(115200);
    delay(1000);

    cout << fixed;
    cout.precision(3);

    MatrixXd X(1, 2);
    X << -5, 10;

    relu_f(X);
    cout << X.format(HeavyFmt) << endl;

    MatrixXd XE(1, 2);
    XE << 2, 1;

    relu_b(XE, X);
    cout << XE.format(HeavyFmt) << endl;

}

void loop() {}
```

예제를 보드에 업로드한 후, 시리얼 모니터로 결과를 확인해 봅니다.

```
[[-0.000, 10.000]]
[[0.000, 1.000]]
```

활성화 함수 적용하기

지금까지 정리한 sigmoid, ReLU 활성화 함수를 인공 신경망에 적용해봅니다.

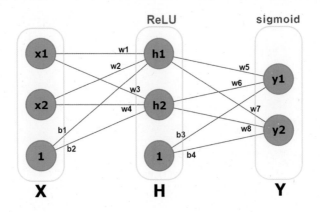

01 _528.ino 예제를 복사하여 다음과 같이 수정합니다.

```
_535.ino
01 #include <iostream>
02 #include <ArduinoEigen.h>
03
04 using namespace std;
05 using namespace Eigen;
06
07 IOFormat HeavyFmt(StreamPrecision, 0, " , ", " ,\n", " [ ", " ] ", " [ ", " ] ");
08
09 void relu_f(MatrixXd& X) {
10     X = ((X.array()>0).cast<double>()*X.array()).matrix();
11 }
12
13 void relu_b(MatrixXd& XE, MatrixXd& X) {
14     XE = ((X.array()>0).cast<double>()*1*XE.array()).matrix();
15 }
16
17 void sigmoid_f(MatrixXd& X) {
18     X = (1/(1+exp(-X.array()))).matrix();
19 }
20
21 void sigmoid_b(MatrixXd& XE, MatrixXd& X) {
22     XE = (X.array()*(1-X.array())*XE.array()).matrix();
23 }
24
25 MatrixXd X(1, 2), H, Y, YT(1, 2);
26 MatrixXd WH(2, 2), BH(1, 2);
27 MatrixXd WY(2, 2), BY(1, 2);
```

```cpp
28
29 MatrixXd E;
30 double e;
31 MatrixXd YE, HE;
32 MatrixXd WYE, BYE;
33 MatrixXd WHE, BHE;
34 double lr = 0.01;
35
36 void dnn_test() {
37
38    X << 0.05, 0.10;
39    WH << 0.15, 0.25, 0.20, 0.30;
40    BH << 0.35, 0.35;
41    WY << 0.40, 0.50, 0.45, 0.55;
42    BY << 0.60, 0.60;
43    YT << 0.01, 0.99;
44
45    cout << fixed;
46    cout.precision(3);
47
48    for(int epoch=0;epoch<10000;epoch++) {
49
50        relu_f(H = X*WH + BH);
51        sigmoid_f(Y = H*WY + BY);
52
53        E = (Y - YT)*(Y - YT).transpose()/2;
54        e = E(0, 0);
55
56        sigmoid_b(YE = Y - YT, Y);
57        relu_b(HE = YE*WY.transpose(), H);
58
59        WYE = H.transpose()*YE;
60        BYE = 1*YE;
61        WHE = X.transpose()*HE;
62        BHE = 1*HE;
63
64        WY -= lr*WYE;
65        BY -= lr*BYE;
66        WH -= lr*WHE;
67        BH -= lr*BHE;
68
69        cout << " epoch = " << epoch << endl;
70        cout << Y.format(HeavyFmt) << endl;
71
72        if(e<0.0000001) break;
73
```

```
74     }
75
76 }
77
78 void setup() {
79
80     Serial.begin(115200);
81     delay(1000);
82
83     dnn_test();
84
85 }
86
87 void loop() {}
```

50 : 은닉층 H에 순전파 relu 활성화 함수를 적용합니다.

51 : 출력층 Y에 순전파 시그모이드 활성화 함수를 적용합니다.

56 : 역출력층 YE에 역전파 시그모이드 활성화 함수를 적용합니다.

57 : 역은닉층 HE에 역전파 relu 활성화 함수를 적용합니다.

02 ✓ ➡ 📄 ⬆ ⬇ 업로드 업로드를 수행합니다. 다음은 실행 결과 화면입니다.

```
epoch = 9999
[[0.050, 0.962]]
```

(9999+1)번째에 y1, y2가 각각 0.050, 0.962가 됩니다.

※ for 문의 횟수를 늘리면 예측값이 목표값에 근접하는 것을 확인할 수 있습니다.

04 softmax/cross entorpy 함수 구현하기

여기서는 softmax 활성화 함수와 cross entropy 오차 함수를 행렬을 이용하여 구현해 봅니다.

softmax 함수 구현해 보기

여기서는 다음 그림에 대해 softmax 함수를 구현해 봅니다.

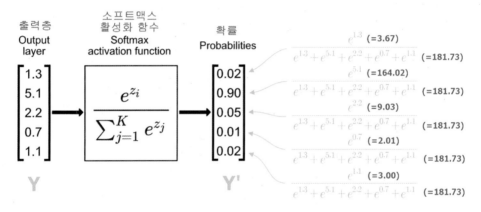

출력층에서 Y의 각 항목은 소프트맥스 활성화 함수를 거쳐 Y'의 각 항목으로 변환됩니다. Y'의 모든 항목의 합은 1이 됩니다.

다음과 같이 아두이노 스케치를 작성하여 테스트해 봅니다.

```
_541.ino

#include <iostream>
#include <ArduinoEigen.h>

using namespace std;
using namespace Eigen;

IOFormat HeavyFmt(StreamPrecision, 0, ", ", ",\n", "[", "]", "[", "]");

void setup() {

    Serial.begin(115200);
    delay(1000);
```

```
        cout << fixed;
        cout.precision(2); // 소수점 이하 2자리 출력

        MatrixXd Y(1, 5); // 그림에서 Y 행렬
        Y << 1.3, 5.1, 2.2, 0.7, 1.1; // 그림에서 Y 행렬의 값

        cout << exp(Y.array()).format(HeavyFmt) << endl;

        double sumY = exp(Y.array()).matrix().sum(); // 전체 항목 값 더하기
        cout << sumY << endl;

        Y.array() = exp(Y.array())/sumY; // 각 항목을 전체 항목 값의 합으로 나누기
        cout << Y.format(HeavyFmt) << endl;

}

void loop() {}
```

예제를 보드에 업로드한 후, 시리얼 모니터로 결과를 확인해 봅니다.

```
[[   3.67,  164.02,     9.03,     2.01,     3.00]] ❶
181.73 ❷
[[0.02, 0.90, 0.05, 0.01, 0.02]] ❸
```

다음 그림의 ❶, ❷, ❸과 출력 결과의 ❶, ❷, ❸을 비교해 봅니다.

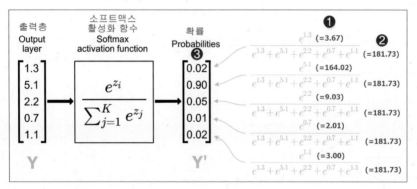

❶ 첫 번째 결과는 Y의 각 항목에 대해 exp 함수를 적용한 결과입니다.

❷ 두 번째 결과는 첫 번째 결과의 모든 항목을 더한 값입니다.

❸ 세 번째 결과는 첫 번째 결과의 값들을 두 번째 결과의 값으로 나눈 결과입니다.

softmax 함수의 분모 크기 줄이기

여기서는 softmax 함수의 분모 크기를 줄여 계산을 해 봅니다.

$$\begin{bmatrix} 1.3 \cdot 5.1 \\ 5.1 \cdot 5.1 \\ 2.2 \cdot 5.1 \\ 0.7 \cdot 5.1 \\ 1.1 \cdot 5.1 \end{bmatrix} = \begin{bmatrix} -3.8 \\ 0.0 \\ -2.9 \\ -4.4 \\ -4.0 \end{bmatrix}$$

$$Y_{-5.1} \longrightarrow Y_C$$

다음 그림은 변환된 Yc 행렬에 대해 softmax 함수를 적용하는 과정을 나타내는 그림입니다.

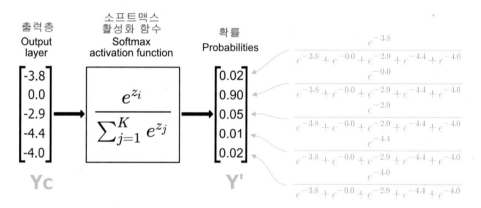

다음과 같이 아두이노 스케치를 작성하여 테스트해 봅니다.

_542.ino

```
#include <iostream>
#include <ArduinoEigen.h>

using namespace std;
using namespace Eigen;

IOFormat HeavyFmt(StreamPrecision, 0, ", ", ",\n", "[", "]", "[", "]");

void setup() {

    Serial.begin(115200);
    delay(1000);

    cout << fixed;
    cout.precision(2); // 소수점 이하 2자리 출력

    MatrixXd Y(1, 5);
    Y << 1.3, 5.1, 2.2, 0.7, 1.1;

    double YMax = Y.maxCoeff(); // 행렬의 최대 항목 값 얻기(=5.1)
```

```
    cout << YMax << endl;

    Y.array() -= YMax; // 각 항목에서 최대 항목 값 빼기
    cout << Y.format(HeavyFmt) << endl;

    cout << exp(Y.array()).format(HeavyFmt) << endl;

    double sumY = exp(Y.array()).matrix().sum(); // 전체 항목 값 더하기
    cout << sumY << endl;

    Y.array() = exp(Y.array())/sumY; // 각 항목을 전체 항목 값의 합으로 나누기
    cout << Y.format(HeavyFmt) << endl;

}

void loop() {}
```

예제를 보드에 업로드한 후, 시리얼 모니터로 결과를 확인해 봅니다.

```
5.10 ❶
[[-3.80,   0.00, -2.90, -4.40, -4.00]] ❷
[[0.02, 1.00, 0.06, 0.01, 0.02]] ❸
1.11 ❹
[[0.02, 0.90, 0.05, 0.01, 0.02]] ❺
```

다음 그림의 ❶, ❷, ❸, ❹, ❺와 출력 결과의 ❶, ❷, ❸, ❹, ❺를 비교해 봅니다.

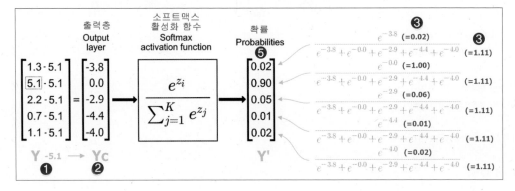

cross entropy 오차 구현해 보기

softmax 함수를 사용할 경우 다음과 같이 하나의 목표값만 1이고 나머지는 0이 됩니다.

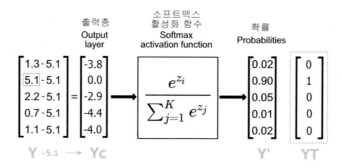

softmax 함수는 분류(classification)를 위해 사용하며 결과값 중 하나의 항목만 1에 가깝고 나머지는 0에 가까워지도록 학습하게 됩니다. 소프트맥스 함수는 확률의 총합이 1이 되도록 만든 함수이며 아래에 나타낸 크로스 엔트로피 오차 함수와 같이 사용합니다.

$$E = -\sum_k (y_{kT} * \log(y_k))$$

위 그림의 경우 오차는 다음과 같이 계산됩니다.

$$E = -(0*\log(0.02) + 1*\log(0.90) + 0*\log(0.05) + 0*\log(0.01) + 0*\log(0.02))$$
$$= -(1*\log(0.90)) = 0.11$$

다음과 같이 아두이노 스케치를 작성하여 테스트해 봅니다.

_543.ino

```
#include <iostream>
#include <ArduinoEigen.h>

using namespace std;
using namespace Eigen;

IOFormat HeavyFmt(StreamPrecision, 0, ", ", ",\n", "[", "]", "[", "]");

void setup() {

    Serial.begin(115200);
    delay(1000);

    cout << fixed;
    cout.precision(2); // 소수점 이하 2자리 출력

    MatrixXd Y(1, 5), YT(1, 5);
    Y << 0.02, 0.90, 0.05, 0.01, 0.02;
    YT << 0, 1, 0, 0, 0; // 크로스 엔트로피는 하나의 목표 값만 1, 나머지는 0
```

```
            cout << (YT.array()*log(Y.array())).format(HeavyFmt) << endl;
            cout << -(YT.array()*log(Y.array())).matrix().sum() << endl;


}


void loop() {}
```

예제를 보드에 업로드한 후, 시리얼 모니터로 결과를 확인해 봅니다.

```
[[-0.00, -0.11, -0.00, -0.00, -0.00]]
0.11
```

softmax 활성화 함수 정리하기

softmax 활성화 함수를 C/C++ 함수로 정리하면 다음과 같습니다.

순전파

```
void softmax_f(MatrixXd& X) {
    double XMax, sumX;
    XMax = X.maxCoeff();
    X.array() -= XMax;
    sumX = exp(X.array()).matrix().sum();
    X.array() = exp(X.array())/sumX;
}
```

역전파

```
void softmax_b(MatrixXd& XE, MatrixXd& X) {
        // do nothing
}
```

softmax 함수의 역전파 함수는 크로스 엔트로피 함수와 같이 계산될 경우 변환 과정이 따로 없습니다.

다음 그림에 대해 softmax_f, softmax_b 함수를 테스트해 봅니다.

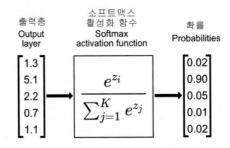

다음과 같이 아두이노 스케치를 작성하여 테스트해 봅니다.

```cpp
#include <iostream>
#include <ArduinoEigen.h>

using namespace std;
using namespace Eigen;

IOFormat HeavyFmt(StreamPrecision, 0, " , ", " ,\n", " [ ", " ] ", " [ ", " ] ");

void softmax_f(MatrixXd& X) {
    double XMax, sumX;
    XMax = X.maxCoeff();
    X.array() -= XMax;
    sumX = exp(X.array()).matrix().sum();
    X.array() = exp(X.array())/sumX;
}

void softmax_b(MatrixXd& XE, MatrixXd& X) {
        // do nothing
}

void setup() {

    Serial.begin(115200);
    delay(1000);

    cout << fixed;
    cout.precision(2);

    MatrixXd X(1, 5);
    X << 1.3, 5.1, 2.2, 0.7, 1.1;

    softmax_f(X);

    cout << X.format(HeavyFmt) << endl;

}

void loop() {}
```

예제를 보드에 업로드한 후, 시리얼 모니터로 결과를 확인해 봅니다.

```
[[0.02, 0.90, 0.05, 0.01, 0.02]]
```

softmax 활성화 함수/cross entropy 오차 함수 적용하기

여기서는 은닉층 활성화 함수를 ReLU로 출력층 활성화 함수를 softmax로 적용해 봅니다. 다음 그림을 살펴봅니다.

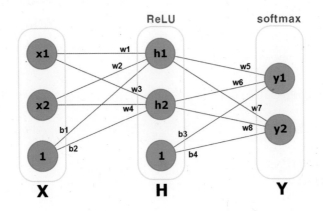

01 _535.ino 예제를 복사하여 다음과 같이 수정합니다.

_545.ino

```
01 #include <iostream>
02 #include <ArduinoEigen.h>
03
04 using namespace std;
05 using namespace Eigen;
06
07 IOFormat HeavyFmt(StreamPrecision, 0, ", ", ",\n", "[ ", " ]", "[ ", " ]");
08
09 void relu_f(MatrixXd& X) {
10     X = ((X.array()>0).cast<double>()*X.array()).matrix();
11 }
12
13 void relu_b(MatrixXd& XE, MatrixXd& X) {
14     XE = ((X.array()>0).cast<double>()*1*XE.array()).matrix();
15 }
16
17 void softmax_f(MatrixXd& X) {
18     double XMax, sumX;
19     XMax = X.maxCoeff();
20     X.array() -= XMax;
21     sumX = exp(X.array()).matrix().sum();
22     X.array() = exp(X.array())/sumX;
23 }
24
25 void softmax_b(MatrixXd& XE, MatrixXd& X) {
26         // do nothing
```

```
27 }
28
29 MatrixXd X(1, 2), H, Y, YT(1, 2);
30 MatrixXd WH(2, 2), BH(1, 2);
31 MatrixXd WY(2, 2), BY(1, 2);
32
33 double e;
34 MatrixXd YE, HE;
35 MatrixXd WYE, BYE;
36 MatrixXd WHE, BHE;
37 double lr = 0.01;
38
39 void dnn_test() {
40
41     X << 0.05, 0.10;
42     WH << 0.15, 0.25, 0.20, 0.30;
43     BH << 0.35, 0.35;
44     WY << 0.40, 0.50, 0.45, 0.55;
45     BY << 0.60, 0.60;
46     YT << 0, 1; // 크로스 엔트로피는 하나의 목표 값만 1, 나머지는 0
47
48     cout << fixed;
49     cout.precision(3);
50
51     for(int epoch=0;epoch<10000;epoch++) {
52
53         relu_f(H = X*WH + BH);
54         softmax_f(Y = H*WY + BY);
55
56         e = -(YT.array()*log(Y.array())).matrix().sum();
57
58         softmax_b(YE = Y - YT, Y);
59         relu_b(HE = YE*WY.transpose(), H);
60
61         WYE = H.transpose()*YE;
62         BYE = 1*YE;
63         WHE = X.transpose()*HE;
64         BHE = 1*HE;
65
66         WY -= lr*WYE;
67         BY -= lr*BYE;
68         WH -= lr*WHE;
69         BH -= lr*BHE;
70
71         cout << " epoch = " << epoch << endl;
72         cout << Y.format(HeavyFmt) << endl;
```

```
73
74        if(e<0.0000001) break;
75
76    }
77
78 }
79
80 void setup() {
81
82    Serial.begin(115200);
83    delay(1000);
84
85    dnn_test();
86
87 }
88
89 void loop() {}
```

46 : 목표값을 각각 0과 1로 변경합니다.
54 : 출력층의 활성화 함수를 소프트맥스로 설정합니다.
56 : 오차 계산 함수를 크로스 엔트로피 오차 함수로 설정합니다.

02 ✓ ➡ 🗎 ⬆ ⬇ 업로드 업로드를 수행합니다. 다음은 실행 결과 화면입니다.

```
epoch = 9999
[[0.050, 0.962]]
```
```
epoch = 9999
[[0.001, 0.999]]
```

이상에서 출력층의 활성화 함수는 소프트맥스, 오차 계산 함수는 크로스 엔트로피 오차 함수인 인공 신경망을 구현해 보았습니다.